XYZ 세대 공감 프로젝트

함께라서

함께라서
XYZ 세대 공감 프로젝트

초판 1쇄 인쇄 2021년 10월 6일
초판 5쇄 발행 2023년 10월 20일

지은이 최원설, 이재하, 고은비
펴낸이 최익성
편집 김정웅, 김신희
마케팅 임동건, 임주성
마케팅지원 안보라
경영지원 이순미, 임정혁
펴낸곳 플랜비디자인
디자인 유어텍스트

출판등록 제2016-000001호
주소 경기도 화성시 동탄첨단산업1로 27 동탄 ix타워
전화 031-8050-0508
팩스 02-2179-8994
이메일 planbdesigncompany@gmail.com

ISBN 979-11-89580-99-5 (03320)

XYZ 세대 공감 프로젝트

함께라서

최원설, 이재하, 고은비 지음

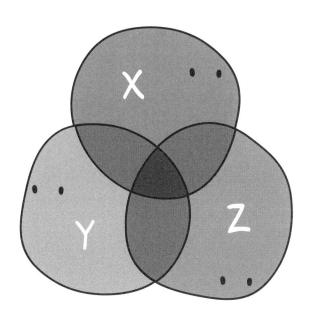

 플랜비디자인

**프롤
로그**

[X]님이 입장했습니다.
[X]님이 [플랜비]님을 초대했습니다.

X

대표님 안녕하세요.

플랜비

안녕하세요, X님. 잘 지내셨죠?

X

그동안 제가 경험한 다양한 연구, 기업 현장 실무 경험을 토대로 이번에 세대 관련, 특히 Z세대에 관한 책을 한번 써 보고 싶은데, 어떨까요?

플랜비

아… 네! 근데 세대 연구 관련해서 그동안 나와 있는 책도 많은데 특별히 책을 쓰시려는 이유가 있으신지요?

X

이미 관련 도서가 많은 건 사실입니다. 하지만 기존 책들은 대학생 또는 마케팅 차원의 책들인데, 회사 또는 직장에서 Z세대가 어떠한지, 그들과 어떻게 협업해야 하는지에 대한 책은 거의 없다고 생각합니다. 이미 회사에 Z세대가 조금씩 등장하고 있는데, 조직에서는 그들을 아직 잘 모르고 있다는 생각이 들어 책을 통해 소개하고 싶습니다. 또한 기존 세대 연구, 저서 역시 해당 저자 세대의 시각에서 바라볼 수밖에 없고, 무엇보다 서로를 이해하기 위한 노력이 현재보다 더 필요하지 않을까 싶어서요.

플랜비

그렇다면… 혼자 쓰지 마시고 진짜 Y, Z세대와 함께 책을 써 보시는 건 어떠세요?

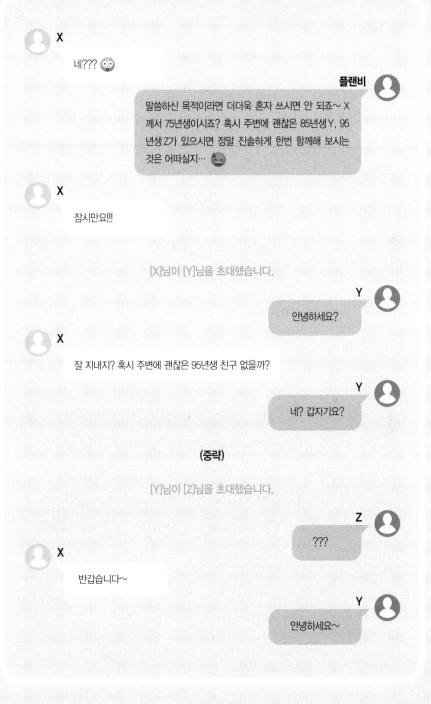

X

자, 우리 함께 서로에 대해 지금부터 알아볼까요? ㅎㅎ

Y

안녕하세요! '어서 와 책은 처음이지?' 느낌이지만 열심히 해 보겠습니다!

Z

???

공동 저자로 X, Y, Z가 처음 만나서 시작할 때는 과연 서로가 얼마나 책을 잘 쓸 수 있을지 의문을 가졌었다. 정말 소름 돋게도 X를 포함해 Y와 Z도 같은 생각을 했었다고 한다. X는 그동안 강의 때문이라도 다양한 연구와 실무경험을 보유하고 있지만, 처음 이 주제를 접하는 MZ세대 친구들의 경우 글쓰기가 가능할지 의구심도 생겼었다. 그래서 처음 기획 단계에서는 X가 반 이상 또는 70~80%를 우선 쓰고, Y와 Z가 각자의 의견을 추가로 넣는 방식을 고려했다. X가 책의 메인 저자가 되고, Y와 Z가 보조가 되는 것이었다. 짧은 기간 책을 써 나가는 입장에서 X가 집중해서 콘텐츠를 만들어 내고, Y와 Z에게 검증받는 방식을 생각한 것이다. 하지만 출판사에서 반대했다. 과연 얼마나 진정성 있는 내용과 결과가 나오겠느냐는 판단에서였다.

하지만 책을 쓰면서 X의 이런 생각은 바로 바뀌었다. X가 아는 영역, 책에서 본 영역, 여러 논문에서 언급된 내용은 출판사 대표가 말한 것처럼, 기성세대인 X가 생각하는 Y와 Z에 관한 생각일 뿐이었다. 당사자들은 사실 전혀 다른 생각을 하고 있었고, 서로 다른 언어로 말하고 있었다. 물론 X가 제삼자의 관찰자로 객관적으로 분석한 내용은 많이 일치하는 부분이 있었지만, 그 이면에 깔린 생각, 언어는 전혀 다른 느낌이었다. 세대 이해에 대한 큰 틀, 내용은 같지만, 그 느낌과 정확한 표현은 전혀 다른 것이었다. 그러면서 책을 쓰는 방향도 변경되었다. 서로 고민하고 한 챕터, 한 챕터를 함께 쓰는 방향으로 방식이 바뀌었다. 아예 목차를 새로 잡고, 들어갈 내용도 완전히 새롭게 구성하였다. 심지어 목차를 잡는 방식, 내용을 구성하는 방법도 세대별로 확연하게 다르다는 것을 체험했다. 특히 글을 쓰고 결과를 만들어 가는 방식은 전혀 달랐다.

 X

> 저희 첫 ZOOM 미팅이네요. 앞으로 각자 원고는 한글 파일로 작성해 주시고, 작성이 완료되면 메일로 보내주세요! 그래야 버전 관리도 되고 완성도가 높을 거로 생각합니다.

Y

> 아 그런데 요즘은 한글 프로그램은 잘 안 쓰는데요. ㅠㅠ 저희는 회사에서 MS 워드 프로그램만 쓰고 있어서….

Z

> 흠…. 어차피 같이 쓰고 고쳐야 한다면 중간 과정을 줄이기 위해 처음부터 구글 드라이브로 함께 작업하시는 것은 어떠실까요? 동시에 워드 작업도 가능하고요!

(중략)

X

와 ZOOM도 너무 새로운데, 구글 드라이브 사용은 부담스러운데… 저장도 잘 안 되는 것 같고….

Y

저도 사용은 해 봤지만 익숙하진 않네요. 아이고 파일 닫았다. ㅜㅜ 아까 누가 저장했나요?

Z

엣! 구글 드라이브는 누가 저장하지 않아도 알아서 저장해준답니다. ㅎㅎㅎ 저장 걱정은 놓아두셔도 됩니다~

처음에는 X와 Y가 저장이 안 돼서 날아가면 어떻게 하느냐며 원고를 드라이브에 올리더라도 개인 PC에 저장을 꼭 해두자고 'Save'를 Z에게 강조하였다. 물론 Z는 혼자 태평하였다. 드라이브의 장점이 저장하지 않아도 실시간으로 반영되고, 함께 수정이 가능하며 즉시 피드백을 주고받을 수 있기 때문이다. 중학교 때부터 친구들과 함께 과제를 하며 사용했던 방식이기에 Z에게는 전혀 낯설지 않았다. Z는 X와 Y의 지메일 계정을 받고, 구글 드라이브 공유 문서함을 만들었다. 각 파일을 수정하였고, 드라이브 안에서의 룰(?)도 공유하였다. 심지어 Y도 학창 시절에 미처 저장하지 못한 채 PC가 다운되어 애먹었던 라떼는 말이야를 자주 시전하였다.

이처럼 X, Y, Z의 작업은 마치 회사에서 같이 작업을 하듯이 각 세대가 다른 사고방식으로 계획을 세우고, 다양한 방식으로 표현하였으며, 전혀 다른 도구를 사용하여 글을 쓰고 있었다. 계획을 세울 때도 X가 기존 방식을 제시하면, Z가 새로운 방식을 제안했고, Y가 그 중간에서 중도점을 찾아내었다. 표현도 X의 언어는 정형화된 표현이라면, Y는 보다 자유롭게 본인의 의사를 분명하게 표현했으며, Z는 더 자유로운 표현으로 자신의 생각을 제시하였다. 그리고 사용하는 매체도 X가 오프라인 문서 저장 그리고 메일 공유 방식이라면, Z는 클라우드 방식의 문서 생성, 실시간 공동 작업 후 저장을 선호하였다. 그렇게 X, Y, Z는 서로의 다름을 경험하고, 배우면서 자연스럽게 세대 간의 차이를 이해하게 되었다. 반년이 지나면서, 회사 내의 수직 관계에서는 배울 수 없는 많은 것을 서로에게 배우게 되었다.

X, Y, Z는 서로에 대해 처음 시작했을 때와는 전혀 다른 인식과 호감을 가지게 되었다. 처음에 X는 Y와 Z가 아직 어리고, 사회 경험이 다소 부족하다고만 생각했었다. Y가 Z를 바라보는 시선도 같았다고 한다. 반대로 Z는 X를 오래된 사람, 옛날 것만 고집하는 사람으로, Y를 젊은 꼰대로 생각했다고 한다. 하지만 원고 작업의 마무리 단계에 있는 지금, 프로젝트 목적에 맞게 모두 변했다. 이제 X는 Y가 중간에서 자신만의 목소리를 내면서, 새로운 세대의 주인공이 될 만한 충분한 역량을 가졌다는 것을 알게 되었다. 또한 Z는 아직 사회 경험은 없지만, 기존 세대보다 더 깊은 성찰로 인생에 대한 깊은 고민을 하고,

그것을 실천하려고 하는 세대였다. 어떤 현상에 대해 사고하고 표현하는 방식은 다르지만, 같은 시대를 살아가는 고민은 비슷했다. 그런 다름이 하나의 목표를 향해 많은 시너지를 내고 있었으며, 다름을 서로 인정해 주고 이해해 주는 과정에서 결과적으로 더 많은 성과를 낼 수 있었다. 프로젝트가 끝나가는 이 순간, 여전히 서로에 대해 모르는 것이 더 많지만 각기 다른 세대인 X, Y, Z가 서로를 이해할 수 있게 된 데는 이 프로젝트가 신호탄이 되었다고 생각한다. 그리고 독자들 역시 이 책을 통해 서로 다른 세대를 이해하는 계기가 마련되길 기대해 본다.

차 례

2장
XYZ, 리더십을 말하다

3장

XYZ, 팔로워십을 말하다

4장

XYZ의 소통과 이해

5장
XYZ가 함께 만드는 문화

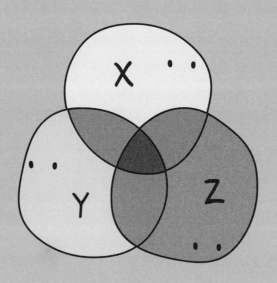

XYZ를 만나다

기존 세대들의 진심 어린 걱정과 안타까움이 새로운 세대들에게는 불합리하고, 때로는 자신들을 무시하는 것으로 받아들여질 수 있다. 동시에 변화하고 있는 세상에 대한 기존 세대들의 이해력이 떨어진다고 판단할 수도 있다. 결국 이 모든 문제의 원인은 서로에 대한 신뢰가 부족하기 때문에 발생한다. 만약 서로를 충분히 신뢰한다면 이것이 상대방에 대한 이해와 존중으로 발현될 것이다.

나는 XYZ 중 어디에 속할까?

미래 불확실성은 계속 증가하고 있고, 반면 세계 경제의 성장 엔진은 식어가고 있다. 코로나19 장기화에 따라 수많은 사람들이 고통받고 있고, 선의善意로 시작된 각 국가의 통화 완화 정책은 결과적으로는 부의 불평등을 오히려 확대시켰다. 다른 소득 계층 및 집단에 대한 상대적인 박탈감과 분노는 더욱 증대되고 있고, 정치적 관심과 목소리 역시 커지고 있다. 그래서일까? 최근 세대 간 갈등은 그 끝을 향해 치닫고 있다. 세대 간 이해와 존중보다는 확증된 편향과 선입견이 존재할 뿐이다. 확실히 과거에 비해 다른 세대의 목소리를 들으려는 노력보다는 이를 무시하거나 이용만 하려는 안타까운 모습들을 더 자주 목격할 수 있다.

가족보다도 많은 시간을 함께 보내게 되는 직장 내 세대 갈등 역시 마찬가지이다. 젊은 세대들은 업무가 끝났는데도 아직 퇴근하지 않는 상사들로 인해 불필요한 눈치를 보거나 심지어 야근을 한다. 반대로 기성세대들은 이해할 수 없는 MZ 세대 후배들을 보면서, 저들은 왜 이토록 공동체 의식과 책임감이 부족한지 모르겠다며 한탄한다. 대부분의 조직에서 개인의 역할은 회사에서 정해주는 것이라고 생각하며 묵묵하게 일하는 것이 미덕이라 생각했던 기성세대들과는 다르게 새로운 세대는 회사에 대한 생각을 다양한 관점에서 말하고, 행동한다. 이러한 세대 간 차이는 좀처럼 좁혀지지 않고 있다. 실제로 기성세대와 젊은 세대 간 갈등이 크다고 느끼는 사람은 68%에 달한다고 한다.[1]

사실 세대 간 갈등은 어제오늘만의 문제가 아니다. 기원전 1,700년경 발견된 수메르 점토판에도 맨날 놀기만 하고 공부를 안 하는 자식을 책망하는 내용을 발견할 수 있다. 기원전 425년경 테스 형(소크라테스)의 '요즘 애들은 버르장머리가 없다'는 이야기(하지만 해당 내용은 사실이 아닌 것으로 추정되고 있다)에서도, 고대 로마시대와 중세 시대, 심지어 조선왕조실록(숙종 17년 8월 10일)에서도 손쉽게 이러한 사례들을 찾아볼 수 있다. 기존 세대들의 진심 어린 걱정과 안타까움이 새로운 세대들에게는 불합리하고, 때로는 자신들을 무시하는 것으로 받아들여

---

1 문화체육관광부(2019), 한국인의 의식 가치관 조사.

질 수 있다. 동시에 변화하고 있는 세상에 대한 기존 세대들의 이해력이 떨어진다고 판단할 수도 있다. 결국 이 모든 문제의 원인은 서로에 대한 신뢰가 부족하기 때문에 발생한다. 만약 서로를 충분히 신뢰한다면 이것이 상대방에 대한 이해와 존중으로 발현될 것이다. 하지만 반대로 세대 갈등이 커진다는 것은 다른 세대에 대한 신뢰 감소로 그들의 말과 행동도, 누구나 인정할 수밖에 없는 족적(성과)도, 심지어 존재 그 자체까지 철저하게 배척하고 무시하도록 만들어 버린다.

신뢰信賴는 명사로서 굳게 믿고 의지함을 뜻한다. 동일한 의미의 Trust의 어원은 '편안함'을 의미하는 독일어 Trost에서 연유된 것이라고 한다. 즉 신뢰는 서로 편안한 심리적, 신체적 안정감 속에 서로를 믿고 의지함을 의미한다. 그리고 이 모든 안정감과 믿음, 나아가 의지함은 서로에 대한 충분한 이해와 공감에서 비롯된다. 하지만 이는 매우 어려운 일이다. 각 세대는 다른 차원(공간과 시간), 역사적 사건과 환경에서 서로 다른 시대적인 가치를 추구하면서 살아왔고, 가뜩이나 바쁜 현대사회의 삶 속에서 굳이 시간을 내어 다른 세대를 이해할 필요가 있나 생각할 수 있다. 하지만 우리는 가정뿐만 아니라 학교, 심지어 회사에서도 이미 세대 간 갈등을 경험하고 있으며, 어찌 되었든 우리는 함께 살아가야만 한다. 이 책은 XYZ 각 세대를 대표하는 75년생 X, 85년생 Y, 95년생 Z가 회사와 조직 생활을 중심으로 서로의 차이를 이해하고, 신뢰, 존중하며 성공적인 내:일('미래' 그리고 '나의 일' 모두를 의미함)을 함께 고민해 보는 과정을 담고 있다. 또한 각 세대가 생각하는 자신의 세대를 말하고, 다른 세대에 대해 듣고, 모든 세대가 함께 행복한 회사(조직)를 만드는 것을 목적으로 한다. 일반적으로 우리에게 알려진 XYZ의 세대별 특징은 다음 표와 같다.

■ XYZ 세대 구분

	X세대(1960~79년생)	Y세대(1980~94년생)	Z세대(1995~2010년생)
시대	정치적인 전환기 자본주의와 성과주의	세계화 및 경제적 안정 인터넷의 등장	유동적이고 복합적인 현실 소셜 네트워크와 디지털 네이티브
행동	물질주의적인(Materialistic) 경쟁이 심한(Competitive) 개인주의(Individualistic)	글로벌리스트(Globalist) 미심쩍어 하는(Questioning) 자기 지향적(Oriented to self)	정의되지 않음(Undefined ID) 서로 다른 사실(truths)을 연결 대화적 및 현실적
소비	지위(Status) 브랜드 및 자동차 사치품(Luxury articles)	경험(Experience) 축제와 여행 주력상품(Flagships)	고유한, 독특한(Uniqueness) 무제한(Unlimited) 윤리적(Ethical)

참고: True Gen_Genertion Z and its implication for companies[Mckinsey&Company]

그렇다면 글로벌 관점에서 XYZ는 어떻게 정의되고 있을까? 물론 각 나라마다 정의하는 것이 다르고, 학자마다 차이는 있지만, 일반적인 관점에서 공통적인 내용들 중심으로 분류하고자 한다. 세대란 동일한 정치, 역사, 문화적 경험을 바탕으로 구성된 동일한 정서의 구조이기 때문에 그 시대가 겪은 글로벌한 공통된 경험에 대해서도 정리하고자 한다.

각 세대가 경험한 정치, 경제, 문화, 기술이 글로벌 차원의 X, Y, Z 각 세대를 구성하였다. 각 세대들은 그들이 경험한 정치, 경제, 문화, 기술에 따라 같은 정서를 공유하고 있고, 이에 따라 조직 내에서 의사

■ Global XYZ(미국의 세대 구분과 성장기 주요 사건)

세대	X세대	Y세대	Z세대
출생연도	1965~1978년생	1979~1995년생	1996~2010년생
성장기의 주요 사건	베를린장벽 붕괴 챌린저호 사고 AIDS MTV 이란 인질 사태 걸프전쟁	911 테러 콜럼바인 총격 사건 소셜미디어 비디오 게임 Y2K	경기 대침체 IS 샌디훅 초등학교 총격 동성결혼 합법화 흑인대통령 당선 포퓰리즘 부상

출처: Fromm, Jeff(2018), 「최강소비권력 Z세대가 온다」, 홍익출판사.

결정 및 커뮤니케이션을 하며, 선호하는 리더십 및 팔로워십 방식도 결정한다. 이러한 글로벌 차원에서 세대 구분도 중요하지만 우리나라 조직 내에서 세대 이해를 위해서는 우리나라의 각 세대가 경험한 정치, 경제, 문화, 기술적인 차원의 고려도 필요하다. 한국 상황에 따른 X, Y, Z의 구분은 다음과 같다.

■ 한국의 XYZ(한국의 세대 구분과 성장기 주요 사건)

세대	X세대(70년대생)	Y세대(80년대생)	Z세대(90년대생)
출생연도	1970~1979년생	1980~1989년생	1990~1999년생
성장기의 주요 사건	6월 항쟁, 민주화 IMF 외환위기 88올림픽, 세기말 PC, 인터넷 등장	진보, 보수 정권 교체 취업난, 미국경제위기 2002 월드컵, 소떼 방북 휴대폰, 전자 상거래	촛불 혁명 경제위기 상시화 코로나19 팬데믹 4차산업혁명
주요 사건 연도 기준	1985~2000년	1995~2010년	2005~2020년

한국의 세대 구분은 글로벌과는 다른 기준이 필요한데 가장 영향을 주는 것은 출생연도이다. 그래서 한국의 세대 구분은 X는 70년대생, Y는 80년대생, Z는 90년대생으로 한다. 이렇게 구분한 이유는 다음과 같다. 첫째, 한국 사회는 연공서열이 강하기 때문이다. 그래서 글로벌 구분과 같이 정치, 사회, 경제적 큰 변혁기로 세대를 구분하는 것보다는 10년 단위, 출생연도로 세대를 구분한다. 흔히 70년대생은 이렇고, 80년생을 이렇고 등으로 표현하는 방식이다. 최근 많이 판매된 『90년생이 온다』도 이러한 한국의 정서를 반영하였다고 할 수 있다. 둘째, 한국의 빠른 세대 전환이다. 글로벌 세대 구분은 주로 15년이 기준이다. 하지만 한국의 빠른 변화를 감안할 때, 15년을 한 세대로 보는 것보다는 10년 정도를 한 세대로 구분하는 것이 더 적합하다. 최근 30년간 한국에서는 급변하는 일들이 많이 발생하였고 45년이라는 기간에 3개 세대를 적용하기 어려운 것이 한국 사회의 특징이라 할 수 있다. 셋째, 한국은 10년 단위로 국가 정책이 크게 변화하였다. 가장 큰 정책 변화의 예는 교육 과정이다. 교육 과정에 큰 변화가 있었던 5차(1987년), 7차(1997년), 07년(2007년도부터는 00차 교육 과정이란 말이 사라지고 07년 개정 교육 과정이라 함) 교육 과정 개편은 10년 단위로 이루어졌으며 X, Y, Z는 이 5차, 7차, 8차 교육 과정 속에서 영향을 받으면 성장했다. 그래서 앞선 표에서처럼 한국의 각 세대를 10년 단위로 구분하였다.

이 책은 각 세대의 중간인 75년생, 85년생, 95년생이 함께 모여 각 세대의 입장을 대변하며, 조직 내에서 어떻게 하면 더 나은 내일을 만들 수 있을지를 리더십, 팔로워십, 소통, 문화 부분에서 이야기를 나누어보고자 한다.

02

**XYZ를
말하다**

1 | 40대, 풍요와 위기를 모두 겪었던 X의 고민

94년 봄은 새로운 세대를 맞이하고 있었다. 94학번부터 본격적으로 X세대라는 말이 대학가에서 퍼지기 시작했고, 94학번이야말로 진정한 X세대의 길을 가고 있었다. 윌리엄(1977)은 세대란 특정 연령 집단으로 정치, 경제, 문화적 경험 속에서 정서의 구조를 만들어낸다고 하였다. 이 정의에 따르면 94학번은 기존 세대들이 경험하지 못한 급격한 정치, 경제, 문화적 경험 속에서 살아가고 있었다. 정치적으로는 민주화가 이루어지고, 군사정권이 끝나고 문민정부(김영삼 정부)가 시작한 지 1년이 지난 해였다. 대학에서 민주화와 사상(이데올로기)에 대한 논의는 급격하게 힘을 잃고 있었다. 경제적으로는 최고의 호황기였으며 풍요로운 시기가 지속될 것으로 보였다. 가난과 후진국이란 단어에서 벗어나 이제 한국은 선진국 대열에 올랐다는 시대 분위기가 부상하고 있었다. 문화적으로도 가장 팽창하고 있는 시기였다. 지금의 인기 가요 대부분이 이 시기에 만들어졌고, 사회 전체적으로 문화의 질과 양이 이전과는 비교가 안 될 정도로 확장되고 있었다. 1994년 겨울 크리스마스를 앞두고 서울의 거리는 긍정적 미래와 새로운 시대를 기대하는 희망으로 가득 차 있었다.

X세대의 중학교, 고등학교 시절 한국은 정치적 불안감이 높았으며, 경제적으로도 부족한 점이 많았다. X세대는 중학교 시절에 88 올림픽이라는 한국 역사의 중요한 순간을 경험하게 된다. 일명 '굴렁쇠 소년'이 올림픽 잠실 주 경기장을 가로지르며 갈 때, 전 세계는 한국에 평화가 오고 있다고 환영했다. 한편으로 민주화의 열망이 가장 컸던 시기였기에, 서울에서는 중학생이었던 X세대들이 최루탄과 전투 경찰의 모습을 일상적으로 보며 학교에 등교했었다. 경제적으로 아직은 개발도상국이라는 용어가 일반적이었고, 가야 할 길이 멀었다. 부모님들은 매일 야근을 하고 늦게 퇴근하였고, 직장을 다니든 사업을 하든 주변 대부분의 사람들이 열심히 일하였다.

기술적으로는 아날로그의 삶이었다. 그때는 불편한지 몰랐지만, 유선 전화가 유일한 통신 수단이었고, 편지로 서로의 안부를 묻는 시대였다. 중고등학생들은 라디오를 통해 〈별이 빛나는 밤에〉라는 방송을 들으면서 성장했고, 대부분의 영화는 친구 집에서 모여 비디오 테이프로 보는 시대였다. 이런 X세대가 대학에 들어가자마자 갑자기 신세계가 한 번에 열리고 있었다. 정치는 거의 안정되고 있었고, 경제도 선진국으로 한 걸음 한 걸음 더 다가가고 있었다. 대부분이 종이에 리포트를 썼지만, 컴퓨터로 리포트를 작성하는 학생들도 하나둘씩 늘어나고 있었다. 모든 것이 미래의 행복한 세상으로 가는 듯이 보였다.

하지만 X세대의 20대는 그렇게 호락호락하지는 않았다. 그들은 최초로 수능으로 입학한 세대였고, 대학별 고사를 본 사람은 대학 시험만 3번(수능 1, 2차, 대학별 고사)을 보고 입학을 했다. 그리고 바로 단기 사병 제도가 없어져서, 모든 남자들이 26개월 현역(또는 상근 예비역)으로 복무하게 되었다. 이후에도 한국에서 최근 50년간 가장 많은 일들이 있었던 시기라고 할 수 있을 정도로 94학번의 20대는 험난했다. 1994년 북한 김일성 주석의 사망으로 시작된 불길한 분위기는 한국 전체를 뒤덮었다. 1994년에 성수대교는 출근길에 내려앉았으며, 95년에는 강남 한복판에서 삼풍백화점이 무너졌다. 경제 호황기로 달려가던 한국 경제의 불안감이 이때부터 조금씩 피어나기 시작하더니 결국 1997년 IMF 국제 금융 요청이 시작되었다. 20대 초반에 IMF를 겪은 X세대는 기존 어느 세대보다 큰 충격에 빠지게 된다. 사업을 하는 부모님들은 거의 대부분 폐업하였고, 많은 사람들이 직장 생활을 타의로 그만두어야 했다. 휴전 후 한국 현대사에서 가장 고통스러운 시기였다. 특히 이때 94학번은 취업이 안 되면서 대학생 취업 시장 역사상 가장 불행한 세대가 되었다. 몇 년 전만 해도 희망으로 가득 찼던 대한민국은 한 치 앞도 모르는 길고 긴 어둠의 터널로 깊숙이 들어가고 있었다. 아무도 이 위기가 언제 끝날지, 한국이 과연 경제적으로 재생할 수 있을지 예측할 수 없었다.

그러나 생각보다 IMF는 빨리 끝났고, 99년 말에는 취업의 길이 열리고 있었다. 그래서 99년 말부터 94학번들은 IMF로 자리가 많이 비워진 기업에 진입하게 된다. 이런 분위기는 2~3년간 지속되었고 IMF로 공백이 생긴 많은 업무에 94학번들이 자리 잡았다. 2000년대 초반은 이렇게 많은 X세대가 기업의 신입사원으로 조직 생활을 시작했다. 이 시기 회사에는 베이비붐 세대들이 임원과 팀장의 위치에 있었고, 주로 70년 전후로 태어난 사람들이 과장과 실무진으로 조직을 이끌어 가고 있었다. 지금 X세대가 임원 혹은 팀장(부장)이고, Y세대가 중간 관리자(과장)와 실무진, Z가 신입으로 구성된 것과 유사한 모습이었다.

2000년대 초의 회사들은 한국이 다시 새로운 부흥기로 성장하리라는 기대감으로 매우 분주했다. 베이비붐 세대처럼 매일같이 밤을 새워서 일했던 시기는 아니었지만, 때로는 새벽까지 야근도 하고 일하다가 대중교통이 끊겨서 택시를 타고 퇴근하는 일들도 많았다. 주5일제가 시행되고 주말 근무가 사라졌지만 2000년대 초반은 토요일에도 회사에 나가서 짜장면을 먹고 퇴근하는 것이 일상이었다. 그 당시 평일은 야근을 하거나, 회식을 하면서 지내는 경우가 많았고, 평일에 개인적인 약속을 잡는 것이 그렇게 호락호락하지 않았다. 그래도 X세대는 IMF로 공백이 생긴 자리를 잘 메꾸어가면서, 선배들로부터 다양한 업무를 배우고, 조직의 중요한 자리를 차지해 나갔다. 2020년 그들은 중간관리자급 이상, 팀장으로서 또는 임원으로서 조직의 중요한 역할을 하고 있다.

X세대는 2020년 현재, 연령대와 세대의 특징으로 다시 정의되어야 한다. X세대는 원래 미국에서는 1965년 이후 태어난 세대를 말하지만, 한국에서는 1990년대 자기주장이 강한 신세대, 신인류를 말한다.[2] X세대라는 표현은 캐나다 작가 더글러스 커플랜드가 사용했는데[3] X는 '정의할 수 없음'을 의미한다. 즉 X세대는 이전 세대의 가치관과 문화를 거부하는 이질적 집단으로 정의할 수 있다. 더글러스는 X세대의 특징을 'PANTS'로 요약했는데, 이는 Personal(개별화, 개인화, 개성화), Amusement(인생의 가치관을 즐거움에 두고 심각함을 기피함), Natural(자연에 대한 강한 욕구), Trans-border(나이나 성에 대한 구분을 거부함), Service(서비스에 있어서 하이테크와 하이 터치를 추구함)를 지향한다는 것이다.

지금 생각해 보면, 기존 세대에게서는 찾아볼 수 없을 정도로 1990

---

2 인문정보학 Wiki, http://dh.aks.ac.kr/Edu/wiki/index.php
3 Douglas Coupland(1991), 『Generation X: Tales for an Accelerated Culture』, St. Martin's Griffin.

년대 X세대의 존재감은 대단했다. 하지만 어느 시대나 20대 청년층의 출현은 다른 세대의 시작을 의미하고, 기존 세대 입장에서는 파격적으로 보이기 마련이다. 그래서 X세대를 올바르게 정의하려면, 90년대 기존 세대가 느꼈던 X세대의 정의보다는 현재 시점의 X세대 특징을 살펴보고, 지금의 X세대 행동을 이해할 필요가 있다. 그렇다면 2020년 한국의 X세대는 어떻게 정의할 수 있을까?

광고 회사인 제일기획이 작성한 트렌드 리포트에서 한국의 90년대 X세대는 "주위의 눈치를 보지 않는 개성파였으며 경제적 풍요 속에 성장했던 세대로 경제적으로 원하는 것은 무엇이든 얻을 수 있었던 세대"라고 정의하였다. 이후 한 세대를 구분 짓는 기간(보통 한 세대를 30년이라 한다면) 정도의 시간이 흐르며 많은 변화가 있었다. 지금의 X세대는 풍요로운 경제 상황에서 대학 생활을 시작하여, IMF라는 경제 위기 속에서 대학 생활을 보냈으며, IMF 이후 경제 회복기에 직장 생활을 시작하고, 현재 조직의 중심 세력이 된 세대라고 할 수 있다. 그 연령대에게 나타나는 일반적 특징과 그 세대만이 경험한 정치, 경제, 문화적 차원의 특징을 모두 반영하여 X세대를 정의하면 다음과 같다.

먼저 현재 X세대의 연령대인 40대 중반 이후 세대가 가지는 특징으로 정의하면, "그동안 모든 어려움을 이겨내고 조직 생활을 이끌어가는 입장에서 과거의 성공에 많은 자존감과 만족감을 가지고 있으며, 새로운 세대에 대해서는 이기주의와 조직에 집중이 부족한 점을 아쉬워하는 세대"라고 정의할 수 있다. 다음으로 그들의 정치, 경제, 문화적 경험 차원에서 정의하면 "정치적, 경제적 자유와 풍요에서 시작하였지만, 경제적 위기, 디지털 전환의 시대를 겪으면서 성숙함과 조직 내 생존 필요성을 깊이 인식하여 조직 내에서 성공을 추구하며, 동시에 젊은 감각으로 후배들과 커뮤니케이션하고 성과를 내고 싶어 하는 세대"라고 정의할 수 있다.

현재 X세대의 고민은 깊어지고 있다. 이제 회사에서는 어느 정도 자리를 잡았지만, 중간 리더 Y, 신입사원 Z와 새로운 생활을 해야 한다. 직급이 올라가서 회사 생활이 편해진 것 같았지만, 또다시 시작인 것이다. 그래서 X는 Y와 Z를 이해해야 하고, 그들과 함께 성과도 내야 한다. 각자의 목소리를 내는 세대들과 함께, 행복한 회사를 만들어야 한다. 어떠한 리더십을 발휘해야 하고, 어떻게 소통을 해야 할지 생각이 많아지고 있다. 이제는 X가 주도적으로 조직 문화를 만들어가야 하며, 기존과 다른 새로운 변화가 계속 요구되고 있다. 기존 가치를 거부한다는 90년대 정의된 X세대의 역량이 필요한 시기이다.

2021년 X의 페르소나

X의 이름은 이정훈이다. 현재 40대 중반이며, 서울시에 거주하며, 조직의 팀장을 맡고 있다. 기혼이며 중학생과 초등학생 자녀가 있으며, 부인은 전업주부이다. 조직에서 많은 어려움을 이겨내고 부장으로 승진하여 팀장을 하고 있다. 그에게는 최근 다양한 고민들이 있다. 그나마 Y세대하고는 좋은 관계를 유지하고 있다고 생각하나, 새롭게 들어오는 Z세대와

의 관계에 대해 궁금한 점이 많다. 특히 조직 목표 달성을 위해 매일 고민이 깊어지고 있으며 이를 위해 Y, Z세대 모두와 커뮤니케이션을 잘하고 싶어 한다. 일단 Y와 Z세대가 다르다는 것을 인정하고 이를 수용해야 하며, 그들과 조직 목표 달성을 위한 기법 습득이 필요하고, 조직성과 창출을 위한 다양한 커뮤니케이션 스킬이 요구된다.

2 | 낀 중간관리자 Y의 고민

Y세대라는 단어는 1997년 미국에서 '2000년에 주역이 될 세대'로 지칭되며 보험회사인 프루덴셜社의 보고서에 첫 등장했다. 밀레니엄 세대라고도 불리며, 베이비붐 세대가 낳았다고 해서 '에코(메아리) 세대'라고도 한다.[4] Y세대의 출생연도 관련 여러 가지 정의가 존재하지만 일반적으로는 1980년도에서 1994년생까지가 이에 해당한다. Y는 85년생으로 조금 나이 든 밀레니얼 세대다. Y가 4살 때 88올림픽이 진행되었지만, 너무 어렸던지라 나중에 집 안에 있는 기념주화를 통해 알았다. Y가 어렸을 때는 요즘과는 달리 이사를 가면 떡을 돌렸고, 이웃집과 정겹게 교류하는 시절이었다.

당시에는 정치에 관심이 없었지만 Y는 중학교 1학년이던 김대중 대통령 시절, 98년 6월에 현대그룹 창업주 정주영이 소 떼를 실은 트

4　정성호.(2006). 『20대의 정체성』. 살림.

력을 몰고 군사 분계선을 지나 북한 지역으로 들어가는 모습을 기억한다. 이후 금강산 관광에 대해 전 국민적 관심이 높아졌고, 주변에 하나둘씩 다녀오시는 분들을 쉽게 찾아볼 수 있었다. 순수했던 어린 Y는 이러다 통일이 될지도 모른다는 생각도 하게 되었다. 그리고 프랑스 월드컵이 열렸다. 그때까지는 한국 축구에 대한 기대가 높지 않았었기에(당시 슈팅 대부분이 골대 위를 날아가는 독수리 슛이었다) 모 연예인이 경기 중계에서 "왜 저기는 밤에 축구를 해요?"라는 충격적인 시차 무시 발언을 하기도 했다. 그리고 이때부터 삐삐가 대중화되었다. 당시 Y세대 중학생들은 요즘 친구들의 신조어 못지않게 486(사랑해), 1010235(열렬히 사모)와 같은 숫자를 이용한 소통 방식으로 주로 연애를 했고, 제법 낭만이 있었다. 그러나 언제 어디서 볼지를 정하면 그 중간 과정에 일방에 무슨 일이 벌어지더라도 알 수가 없었다. 그래서 타인을 많게는 한 시간까지도 기다리거나, 약속 장소를 착각해 바람맞는 일도 허다하였다.

고등학교에 입학한 2001년, 미국에서 911테러가 발생했다. TV 속보로 비행기 두 대가 순차적으로 미국 뉴욕에 위치한 110층 세계무역센터 상단부를 들이받는 장면이 방영되었다. 세계에서 가장 강한 나라, 세계 경제의 중심지인 뉴욕이 무너져 내렸다. 너무나 충격적이었다. 이후 채 한 달도 안 되어 반격에 나선 미국의 응징 장면(주로 시커먼 밤에 발사되는 로켓)이 방영되었다. 진로/진학에 있어 가장 중요한 시기로 손꼽히는 고등학교 2학년 때, Y세대는 가장 큰 적(순수하게 학업에 있어서)인 2002년 한일 월드컵을 맞이하게 된다. 무더운 날씨였지만 온 국민이 붉은 악마가 되어 응원했고, 태극 전사들은 응원에 응답하였다. 매 경기가 각본 없는 반전 드라마였다. 아쉽게도(?) 최초이자 아마도 마지막이 될지 모르는 세계 4위를 하였다. 월드컵이 끝나고 공허한 마음은 당시 센세이션을 일으켰던 드라마 〈야인시대〉가 달래주었다. 김두한과 구마적의 대결을 보기 위해 전 국민의 57.1%(당시 시청률)가 조기 귀가하였다(Z는 아마도 사딸라가 더 익숙할 것이다). 이제 삐삐는 사라졌고, 휴대폰이 등장했다. 기술은 급속도로 발전하여 무려 16화음이 구현되거나, 가로로 회전되는 휴대폰이 등장했다.

그러다 2003년, 대망의 고3 그리고 수능! 6차 교육 과정의 마지막 세대인 Y는 역대 최대 재수생들에 치이며 예상보다도 실제 커트라인이 최소 10점 이상 높아 엄청난 입시 혼란을 겪었다(그렇게 재수의 길로 들어서서 새로운 수능을 준비한 사람들도 많았다). 힘들게 입학한 04학번의 캠퍼스는 나름 낭만적이었다. 잔디밭 일명 그린필드에 삼삼오오 모여 막걸리를 마시거나, 게임을 했다. 그러다 2007년 세계 금융위기가 발발했고, 이후 2010년 초반까지도 기업에서는 채용을 연기하거나 인원을 축소했다. 그렇게 지독한 취업난이 시작되었다.

Y도 사실 경쟁에서 이기기 위해 부단히 노력했던 세대 중 하나이다. 당시에도 공무원은 되기 힘들었고, 대기업에 들어가는 것 역시 힘들었다. 서류 전형에서 광탈(빛의 속도로 탈락)하기 일쑤였고, 문송(문과

여서 죄송합니다)했으며, 힘들게 취업한 기업들은 대부분 위계지향 문화를 가지고 있었다. 조직 내 안정적인 프로세스와 규칙을 그 무엇보다 중요시했고, 전형적인 상명하복 기조를 갖고 있었다. 그래도 과거에는 인간적 관계에 기반을 둔 끈끈한 선후배 문화가 존재했고, 능력보다는 태도와 인성이 더 인정받았다. 지금도 여전히 중요한 부분이긴 하지만, 당시는 그 비중이 훨씬 높았다.

X세대와 같이 IMF, 금융위기를 겪지는 못했지만, 그 어느 세대보다 상사, 선배들이 주는 '라떼(a.k.a 라떼는 말이야)'를 많이 마셨다. 그래서일까, Y의 내면에는 X세대에 의해 수년간 축적된 과거의 암묵지(조직 생활의 보이지 않는 Rule)가 차곡차곡 묵혀 있었고, 이것이 맛있게 숙성되지 못하고 상해버리면 요즘 신조어인 젊은 꼰대라는 이야기를 들을 수 있다. 대형 위기는 없었지만(최근 코로나를 제외하고…), 당시 기업은 고정비를 줄이고 생산성을 높이기 위해 가장 쉬운 방법인 인력 효율화를 추구했고, 그 때문에 기존 인력의 잦은 야근이라는 부작용이 발생하였다. Y는 저항했고, 변화의 필요성을 느낀 X세대와 함께 새로운 조직 문화를 만들어가고 있다. 어느덧 Y는 조직의 중간관리자 혹은 주무 사원으로서 자리 잡고 있다. 아직도 보수적인 X와 자유로운 Z 사이 낀 Y세대는 필연적으로 다음과 같은 고민을 가지고 있다.

앞으로 평생직장은 고사하고, 한 가지 직무로는 생존이 어려운 시대이다. 더 이상 한 조직에 충성할 필요성이 사라지고, 개인의 경력

개발에 더욱 관심을 가질 수밖에 없다. 요즘 세대는 다양한 일터 경험과 나만의 성과 창출을 통해 성장의 기쁨을 느낀다. 이제 과거의 선후배 문화에 기반을 둔 "그냥 시키면 해!"의 리더십은 더 이상 통하지 않는다. 그래서일까, 이미 메가트렌드로 자리매김한 CX/UX Customer/User eXperience 만큼은 아니지만, 직원경험(EX: Employee eXperience)이 주목받고 있다.

개인적인 삶보다 일을 중요시했던 베이비붐 세대, 나름의 적절한 균형점(워라밸)을 찾고자 했던 X세대. 그리고 Y세대는 일보다는 나의 삶이 더 소중하고, 일은 하나의 구성요소일 뿐이라고 생각한다. 그렇기에 진로를 결정하고, 취업을 준비하는 시기부터 직장 생활을 하는 내내 경험하는 직원경험이 더욱 중요하다. 직원경험은 실제로 성과 창출에 영향을 준다는 연구결과(Google의 '고성과 팀 모형', IBM의 'The Employee Experience Index')도 존재한다. 그렇기에 Y는 더욱 어렵다. 기존 선배 X세대도, 후배 Y세대도, 이제 막 조직에 몸담으려는 Z세대도 상당히 조심스럽다. X세대의 리더십은 사실 그대로인데, 앞으로 후배 Y, Z세대를 대상으로 기존의 리더십을 넘어 이들의 직원 경험까지도 고려해야만 한다.

또한 과거에는 어떻게 하면 나의 상사가 나를 신뢰할 수 있을까가 고민이었다면, 지금은 이야기가 다르다. 앞으로는 도대체 어떻게 해야 나의 구성원이 나를 신뢰할 수 있을까가 가장 큰 고민이다. 상사 신뢰에 기반을 둔 심리적 안정성은 2020년 아마도 대부분의 기업 인사, 교육, 리더십에서 큰 화두였을 것이다. 2000년 전미 대학체육협회 소속 농구팀 30개를 대상으로 연구한 결과 코치를 신뢰하는 팀의 경우 승률이 7% 더 높았다. 또한 코치에 대한 신뢰도가 가장 높은 팀이 최고의 승률을 기록했다고 한다.[5] 일반 기업에서도 리더에 대한 직원 신뢰가 직원의 업무 성과와 전반적인 업무 만족도, 조직 헌신도에 긍정적인 영향을 미친다는 연구 결과도 존재한다.[6] 과연 어떻게 하면 팀과 조직의 성과 향상을 위해 또한 공동의 이익을 위해 MZ세대의 신뢰를 얻을 수 있을지, 어떻게 이들의 직원경험을 향상할 수 있을지 Y는 항상 고민할 수밖에 없다.

한편 초기 밀레니얼 세대들은 자발적 동기부여보다는 권위에 의한 통제를 받았다. 스스로 잘해내야 했고, 넘치는 질책과 훈육을 통해 업무 역량을 키울 수 있었다. 그리고 안타깝지만, 이 방법은 단기적으로 충분히 효과를 발휘하는 가장 쉬운 방법이기도 했다. 실제로 업무 프로세스 내에서 소요되는 리드 타임을 줄일 수 있고, 단기적인 생산성을 높일 수 있다. 하지만 장기적으로는 매우 안 좋은 방법이다. 이머전 뉴로 사이언스의 CEO Paul J. Jack은 직원들이 상사의 비난을 통제하거나 예측할 수 없기 때문에 결과적으로 그들은 행동을 최소화

5   하버드 비즈니스 리뷰 경영 인사이트 BEST 11(2019), 마이클 E. 포터 외, 매일경제신문사.

6   Kurt Dirks, Donald L. Ferrin(2001), The role of trust in organizational settings.

하고, 실수를 고의로 드러내지 않으며, 동시에 자발성과 창의성 저하를 겪으며 엄청난 스트레스를 받는다고 한다. 또한 이러한 사회적 고통은 마치 복부를 세게 맞았을 때 느끼는 것과 같은 신체적 고통보다 심지어 더 오래 지속된다고 한다. 이러한 상황이 반복되다 보면 결국에는 해당 리더가 타고 다니는 차, 즐겨 먹는 커피만 봐도 심리적 고통을 겪게 될 정도의 트라우마에 시달릴 수 있다. 생산성은 저하되고, 조직 몰입은 자연히 감소한다. Y세대들은 전 세계 소비를 이끄는 고객, 조직 구성원 중 가장 많은 비중을 차지하고 있다. 하지만 조직에서 이 말은 얼마든지 대체할 수 있다는 의미이기도 하다. Y는 끊임없이 경쟁력을 갖추기 위해 노력하고, 스스로 가장 이상적인 팔로워십을 만들어 내야만 한다. 이 역시 고민하지 않을 수 없다.

"만약 수십억 달러의 실패가 일어난다면 아마존은 우리 회사의 규모에 맞는 실험을 한 것 Amazon will be experimenting at the right scale for a company of our size if we occasionally have multibillion-dollar failures"이라는 말은 아마존의 CEO 제프 베이조스 Jeff Bezos 가 2018년 주주들에게 보낸 편지의 일부이다. 대단한 신념이다. 보통은 주주들이 이 편지를 받으면 CEO 사임 안건을 상정했을 텐데 말이다! 애자일 조직이 성공하는 조직 형태로 주목받는 이유 중 하나는 고객과 트렌드, 기술 및 산업이 급변하는 비즈니스 융복합 시대에 적응하려면 유연성, 민첩함을 기반으로 끊임없이 새롭게 도전해야 하기 때문이다. 그리고 도전은 언제나 새로운 실패와 정(+)의 관계이다. 실패가 없다면 더 이상의 변화나 혁신 역시 존재하지 않는다는 의미이다. 어떻게 하면 X와 Y 그리고 Z가 서로를 신뢰하고 또한 이해하며 실패를 두려워하지 않는 도전과 이를 통한 성장을 함께 만들어 갈 수 있을까?

3 | 알딱잘깔센 Z

요즘 가장 많이 쓰는 단어인 '알딱잘깔센'은 '알아서 딱 잘 깔끔하고 센스 있게'의 줄임말입니다. 각자가 선을 지키며 살아가기를 원하는 Z를 표현하는 데 이만한 단어는 없다고 생각합니다. 서로에게 더도 말고 덜도 말고 딱 적당한 수위를 지키는 것이 중요한 미덕이 되었고, 이는 코로나의 영향으로 더욱 강조되고 있습니다. 어떻게 보면 편할 수도 있지만 선배들이 보기에는 이런 Z가 정이 없고, 개인적이라고 생각할 수도 있습니다. Z는 왜 이렇게 된 것일까요?

Z가 태어난 95년 배경의 회사 생활을 보여주는 영화 〈삼진그룹 영어 토익반〉이 최근 많은 인기를 얻었습니다. 그때 그 시절에는 실내에서 흡연이 가능했고, 여직원들이 커피를 탔으며, 상사의 심부름도 흔했습니다. 불과 이십 년 전의 일이지만 지금은 말도 안 될 정도로 낯설게 느껴지는 풍경이 바로 제가 태어났을 때는 당연하게 여겨졌던 일입니다(어머! 이때 X께서는 대학에 입학하셨을 시기시군요ㅎㅎ). 세대가 바뀌고, 시대가 원하는 인재로 변하기 위해 Z는 재빠르게 적응해야만 했습니다. 좋은 고등학교를 가기 위해 중학생 때부터 내신을 치열하게 관리했습니다. 그런데 웬걸! 고교 입시가 평준화 정책을 추진하면서 지역별 추첨으로 바뀌었습니다. '마음을 가다듬고 공부를 열심히 하면 좋은 대학을 가겠지'라는 생각이었지만 입학사정관제라는 낯선 제도가 미국에서 들어왔습니다. 모든 영역에서 적당히 잘하는 인재보다는 '하나'를 월등히 잘하는 인재를 원하는 시대. '덕후'가 더는 부정적인 것이 아닌 긍정적인 인재상으로 바뀐 첫 세대. 선택과 집중을 해야만 살아남는 것이 바로 Z세대였습니다.

트랜스포머처럼 여차여차 다시 적응을 하여 대학에 입학했습니다. 이제는 스펙을 관리해야 좋은 직장을 가지겠죠. 경험을 쌓기 위해 경험을 해야만 하는 헬에 오신 여러분을 환영합니다. 학점부터 팀 프로젝트, 동아리, 대외활동 모든 것이 스펙이기에 Z는 어느 하나 소홀히 할 수 없는 바쁜 대학 생활을 했습니다(이제는 다 잘해야 하는 것이지요!). 내 것을 지키기 위해 프리라이더(무임승차자)를 경계하였고, 팀 프로젝트에서 각자의 역할을 다하지 않으면 가감 없이 그들의 이름을 발표에서 빼기도 했습니다. 서운하다고 느낄 수도 있겠지만 Z세대는 이미 이런 것에 너무 익숙하고, 이를 서로에 대한 예의라고 생각했습니다. 자기 밥그릇은 자기가 챙겨야 하니까요. 그 누구도 나의 파이를 챙겨주지 않는다는 것을 너무 일찍 깨달은 것 같기도 합니다.

　　Z 중 일부는 회사에서 막내 역할을 하기 시작했습니다. 처음이라 모르는 것도 많고 X, Y 선배들과 협업하기 위해 눈치도 많이 보았습니다. 이해하려고 노력해도 안 되는 부분도 솔직히 많이 있었습니다. Z끼리는 넘어서는 안 되는 선을 가끔 넘어서 가슴이 웅장해질 때도 있었습니다. 직접적으로 업무 지시를 받으면 당연히 내 일이라 여기고 할 수 있겠지만, 중간에서 선배가 공을 가로챌 때는 얼마나 얄미운지 모르겠습니다. 업무 분장과 성과를 확실하게 측정하는 공정성이 필요하다 생각합니다. 일터에서 어떻게 하면 함께 현명하게 일할 수 있을지 선배들과 계급장 떼고 속 시원히 이야기해보고 싶습니다. 효율을 중시했던 Z는 자신에게 가장 잘 맞는 것을 일찍부터 찾고, 이에 매진하여 타율을 높이는 것에 익숙합니다. 각자가 잘하는 것에 집중하여 달려왔기에 Z는 서로 다 잘났습니다. 나에게는 내가 가장 소중합니다. 내 친구와 나는 잘하는 것이 다릅니다. 그렇다고 내 친구가

더 잘난 것은 아닙니다. 각자 다른 사람이고 그런 Z들이 만나 그룹을 형성하면 여러 색을 가진 다양한 집합이 되는 것이죠. 또한 세상에서 내가 제일 소중한 만큼 남도 소중하다는 것을 압니다.

다름을 알기에 배려할 줄 아는 것이 Z입니다. 하지만 왜 X, Y는 우리가 그러지 못한다고 생각하시는지 억울합니다. 왜 우리에게만 배려를 못 한다고 할까요? 과연 본인들은 다른 세대를 위해 얼마나 노력하셨나요? 알딱잘깔센의 선이 애매하다고요? 내가 불편하다고 생각하는 것은 남에게도 하지 않는 것이라고 답할 수 있을 것 같아요. 다시 돌아가서 Z가 정말 이기적이고 개인적인 걸까요? 오히려 다양성을 존중하는 게 당연한 거 아닐까요? 모두가 다른데 그 다름을 넘어 강요하는 것은 폭력이라 생각합니다. 서로의 생각을 말하되 그 너머의 영역은 침범하지 않는 Z야말로 딱 센스 있고 알맞은 거 아닐까요? Z에게 있어 세대 갈등은 바로 이러한 선을 침범하는 데 있습니다. 세대가 함께 어울리기 위해서는 서로가 '알딱잘깔센' 하면 되지 않을까요?

2021년 Z의 페르소나

Z세대 95년생 출신 박유진 씨는 최근 모 기업에 비대면 전형으로 입사한 신입사원이다. 수도권에 가족이 거주하여 출퇴근 시간을 아끼기 위해 서울에서 1인 가구로 거주하고 있다. 부친이 최근 대기업에서 은퇴를 하였으나 자라면서 회사 생활에 대해 어깨너머로 들은 바가 있다. 그녀는 회사에서 막내로 적응하기 위해 고군분투하고 있다. 싹싹하게 모든 사람과 잘 지내고 싶으나 그만큼 어려움도 많다. 특히 나이 차가 많이 나는 상사와의 대화와 회

식이 그녀에게 부담으로 다가온다. 단순히 제 몫만 잘하면 되었던 대학생 시절과 달리 막내로서 선배도 챙겨야 하고 먼저 다가가야 해서 실수도 많고, 모든 것이 어색하기만 한다. 그녀에게 지금 무엇보다 필요한 것은 조직 내 생존, 일하는 방식을 기존의 자신의 삶과 어떻게 현명하게 융화시키냐이다.

코로나
시대의
XYZ

1 | 인간관계 근본과 조직에서의 존재를 고민하는 X

코로나 이후 X의 삶은 여러 가지가 변하고 있다. 본인이 속한 조직 상황이 급격하게 악화되지는 않아서 회사 생활을 지속하면서 비대면 상황에서 리더십을 경험하고 있는 사람도 있고, 코로나로 회사가 어려워져 휴직 또는 퇴직을 한 사람도 존재한다. 코로나는 X에게 비대면 업무, 리더십 요구를 가속화하였다.

먼저 회사 생활을 지속하고 있는 X세대의 변화는 다음과 같다. 기존 회사 생활의 대부분은 대면 상황 중심이었다. 아침에 출근해서 인사와 함께 시작하고, 중간중간 대면 회의를 통해 업무를 이끌어 간다.

물론 중간 관리자 Y세대와 많은 의사소통을 하지만 필요에 따라 Z세대와 직접적인 소통을 하는 경우도 있었다. 업무 지시 및 보고도 대면으로 주로 이루어지고, 상대방과 근접한 거리에서 언어적, 비언어적인 메시지를 이용하여 소통하게 된다.

하지만 코로나 이후 직장 생활은 급격한 변화를 겪게 된다. 우선 재택근무라는 기존과 다른 시스템이 도입되고 있으며, 회의, 지시, 보고, 프로젝트 추진의 많은 부분을 비대면, 원격 근무로 진행하고 있다. 이는 X가 직장 생활을 통해 경험하지 못한 새로운 업무 방식이며, 이 부분에 대해서는 젊은 세대보다 약점일 수밖에 없는 상황이다. 가장 먼저 비대면 업무 플랫폼 사용에 어려움을 겪었다. 다양한 비대면 플랫폼 사용법에 적응해야 했으며, MZ세대와는 달리 온라인 세상에서 누군가를 만나는 것에 익숙하지 않은 X는 플랫폼의 어떠한 기능을 사용해서 소통해야 하는지를 알지 못했다. 하지만 X세대에서 관리자 정도 역할을 하는 사람이라면 플랫폼과 같은 디지털 환경에 금방 익숙하게 적응한다. 이미 대학 입학 당시 아날로그 방식에서 시작하여, 대학 졸업과 입사 시 디지털 방식에 적응해야 했던 X세대에게 새로운 디지털 플랫폼 방식에 적응하는 것은 가능한 일이다. 하지만 다음 영역이 더 어려운 부분이다.

가장 어려움을 겪고 있는 것은 커뮤니케이션을 포함한 리더십 영역이다. 기존에는 대면, 근거리에서 리더십을 발휘하고, 그 속에서 다양한 해결책과 방법론을 가지고 있었다. 하지만 비대면, 원격 근무 상황에서 어떻게 리더십을 발휘해야 하는지는 현재도 어려움을 가지고 있다. 대표적으로 온라인으로만 만나서 어떻게 업무 지시를 효율적으로 할지, 어떠한 방식으로 보고를 효과적으로 받을지, 그 결과를 바탕으로 조직 내에서 성과는 어떻게 달성할지 등에 대한 고민이 있다. 이는 코로나 상황에서만의 문제가 아니라 코로나 이후 디지털 트랜스포메이션 시대가 본격화되면 장기적으로 해결해야 할 문제이며, 그것이 코로나를 통해 더 빨라진 것뿐이다. 결국 비대면 원격 근무 상황에서 Y, Z와 커뮤니케이션하면서 리더십을 발휘해야 한다.

또한 코로나로 휴직이 장기화되고 있는 사람도 있다. 이런 경우 20년 가까이 직장 생활만 하던 X에게는 새로운 삶이 펼쳐진다. 출근하지 않는 삶, 업무로만 만나던 인간관계에서 기존과 다른 새로운 국면을 맞이하게 된다. 초기 코로나가 빨리 종식될 거라 생각했던 시기에는 잠시 휴식을 하고, 재충전을 통해 업무에 복귀한다고 생각했다면, 지금은 아무도 미래를 알 수 없는 시기가 되었다. 언제 회사에 복귀할 수 있을지, 기존 조직원들은 다시 만날 수 있을지 등에 대해 막연한 불안감만 존재할 뿐이다. 그리고 일부 X는 이미 조직에서 떠나 새로운 삶을 시작하고 있다.

그러면서 새로운 고민들이 생기기 시작했다. 먼저 과연 본인이 지금도 조직에 필요한 존재인가라는 고민이다. 조직에서는 이제 실무자

보다는 리더로서 많은 역할을 기대하고 있는데, 조직 복귀 후 어떠한 리더십을 발휘해서 조직 성과를 내야 하는지에 대한 고민이 더 깊어지고 있다. 또한 IMF 이후 때와 마찬가지로 한 세대가 지나가고, 새로운 세대들이 그 자리에 계속 들어올 텐데, 과연 그들과는 잘 지낼 수 있는지에 대한 고민이다. 그렇다면 Y에 대한 이해도 중요하지만 진짜 초신인류로 불리는 Z세대에 대한 이해도 필요하다는 생각이 든다.

　다음으로 생기는 고민이 회사 생활을 넘어선 인간관계 근본에 대한 고민들이다. 대학을 졸업한 이후 계속 회사에만 속해 있던 X에게 회사를 나가지 않은 지난 몇 개월은 새로운 경험이었다. 즉 회사가 아닌 삶에서도 인간관계가 지속되려면 어떻게 해야 하는가, 과연 회사에서도 좋은 리더, 회사 밖에서도 좋은 선배가 되려면 어떻게 해야 하는지에 대한 고민이 생기기 시작하였다. 세대도 다르고 성향도 다른 후배들을 회사에서 만나면서, 업무를 중심으로 이런저런 관계가 형성되었지만, 이제 회사를 나가지 않으면서, 인간관계가 끊기는 경험이 늘어나고 있다. 반대로 더 새롭게 더 깊어지는 관계들도 경험하면서 그동안의 관계 그리고 회사 생활에 대한 깊은 성찰이 시작되었다. 그래서 기존보다 더 다른 세대에 대해 이해하고, 그들이 진정으로 원하는 리더십을 발휘하며, 그들에게 필요한 팔로워십에 대해 서로 공유하여, 모두가 행복한 회사 생활을 만들어야 한다는 생각이 든다. 그래서 조직에서도 좋은 관계를 유지하고, 조직을 떠나서도 만나는 관계가 되고 싶은 것이다. 이러한 고민을 Y 그리고 Z와 함께 나누어보고자 한다.

2 | 정치, 사회, 산업 변화에 주목하는 Y

원래 코로나 ^{Corona}는 개기일식 혹은 월식에 찬란한 금반지와 같은
태양의 테두리를 일컫는 단어이자, Y가 대학생 시절 즐겨 먹었던 멕
시코 맥주의 이름이기도 하다(레몬을 꼭 넣어서 먹어야 맛있음). 하지만
이제 '코로나(COVID-19)'는 전 세계에 유행한 질병의 이름을 뜻하는 단
어가 되어버렸다. 이처럼 단순히 단어의 상징성이 바뀌는 것을 넘어
코로나로 정치, 경제, 산업이 급격히 변하고 있고, 함부로 예측할 수
없는 불확실한 미래가 만들어지고 있다. 당장 한 달 앞둔 결혼식을 못
할 수도 있고, 다음 달 업무 계획을 바꿔야 할지도 모른다.

코로나는 기업에 엄청난 변화를 가져왔다. 우선 비대면 업무 방식
을 도입해야만 했고, 그 과정에서 많은 어려움을 겪을 수밖에 없었다.
비대면 업무지시, 관리 방식이 익숙하지 않았던 리더나 대내외적으로
불안한 시국에 업무 몰입도가 낮아질 수밖에 없는 구성원들 모두 힘
든 시기를 겪었다. 하지만 결국에는 적응해냈다. 이제 비대면 화상회
의와 교육은 일상이 되었고, 심지어 랜선 회식과 송년회까지 등장했
다. 코로나라는 팬데믹 질병이 전 세계 업무, 생활방식을 순식간에 바
꾸어버렸다.

한편 현재 Y세대들은 정치, 사회에 대한 관심도가 높아지고 있다.
학창 시절에는 진학 혹은 취업 걱정에, 사회 초년생 시절에는 회사와

직무에 적응하느라 상대적으로 정치에 깊게 관심을 가지지 않았을 것이다. 아직 젊은 MZ세대들은 더욱 진화하여 벌써부터 환경, 각종 이슈와 사회적 가치에도 관심이 높다. 이제 Y들은 어렴풋이 느끼고 있다. 이 코로나가 정치, 경제, 산업에 어떠한 변화를 불러일으켰는지 말이다.

　우선 정치의 변화이다. 정치는 본디 하나의 거대한 이야기이다. 20세기 인류의 이야기는 '2차 세계대전'으로 시작되어 현재까지 '공산주의'와 '자유주의'로 구분된다.[7] 이 둘은 서로 대립하면서, 또한 닮아가고 있었다. 공산주의 국가들은 하나둘씩 자유주의의 시장경제를 도입했으며, 자유주의 국가에서는 상대적으로 소외받았던 계층들이 기존 기득권들에 대한 반감과 그들이 가진 권력, 부를 쟁취하고자 하는 욕망을 차곡차곡 쌓았고 이는 최근 미국에서 진보 정권으로의 교체로 나타났다. 하지만 코로나로 채 꺼내지 않았던 거대한 욕망이 폭발하기 시작했다. 정작 우리 사회의 가장 밑바닥에서 고통받은 사람들보다, 거대한 자본의 향기에 전 세계가 취해버렸다. 자산 가격의 상승과 이미 예상되는 인플레이션은 약자에게 가장 치명적일 수밖에 없다. 결국 배는 어느 쪽이든 한쪽으로 치우치면 전복된다. 적절한 균형과 견제는 언제나 필요하다.

---

[7]　유발 하라리(2020), 『21세기를 위한 21가지 제언』, 김영사.

갑자기 자유주의, 공산주의 이야기를 꺼낸 이유는 우리 삶을 지배하는 가장 중요한 거시적 환경 중 하나가 바로 정치이기 때문이다. 또한 과거 전쟁 이후 공산주의와 자유주의 국가 간 대립 구조에서 코로나 이후에는 나라 대 나라, 세대 대 세대, 계층 대 계층의 갈등 구조로 바뀌고 있다. 갈등의 방향이 외부보다는 내부로, 하루아침에 경쟁의 상대가 바뀌어 버리기도 한다. 경제/산업 상황도 유사하다. 대면 기반 항공, 여행, 외식, 영화, 서비스업은 초토화된 반면 가공식품, 커머스, IT 업계는 생각지도 못했던 매출과 영업이익을 기록했다. 과거 동일 업종 간의 경쟁이 이제 코로나로 변화된 시장 환경에 적응하느냐, 새로운 기회를 찾았는가로 바뀌었다. 또한 코로나 발생 일 년도 되지 않아 개인과 개인의 관계 역시 철저하게 언택트화되고 있다. 이 모든 것들은 코로나 종식 후 어느 정도 회복되겠지만, 이미 파괴되어 버렸거나 바뀐 환경에 완벽히 적응을 완료한 생태계는 결코 다시 원래의 모습으로 돌아갈 수 없다. 즉 가속화된 기술 발전은 우리의 일하는 모습, 배움의 방법, 소비의 방식, 관계, 나아가 개인의 관심과 이익 집단마저도 철저하게 세분화하고, 언택트화된 시대로의 진화를 완성하게 될 것이다. 그리고 이미 이러한 기조가 기업 조직 전반에서 조금씩 나타나고 있다.

거센 경영 환경의 변화와 비대면 경영 환경에서 많은 경영자들과 주요 의사결정권을 가진 리더들은 조직이 가진 실력보다는 환경에 대한 적응력, 유연한 대처가 가장 중요한 덕목임을 깨닫게 되었다. 그동안 정기적으로 이루어졌던 미팅과 회의, 성과 리뷰는 화상으로 대체되거나 혹은 내용 공유만으로도 충분히 대체가 가능했다. 조직의 단합을 위해 진행해야 하는 각종 행사, 회식이 사실은 불필요한 요소였을지도 모른다는 생각을 하게 되었다. 코로나라는 범세계적 재앙은 기존에 당연하다고 생각했던 업무 방식을 뿌리부터 바꾸어 버리기 시작했다.

분명 우리는 뉴노멀의 시대로 돌입하고 있다. 이제 후배들은 비록 업무상 이유라 할지라도 중요한 이야기가 아니라면 굳이 전화로 이야기하는 것을 부담스러워하거나, 비효율적이라고 생각한다. 이제 Z는 취업 준비기부터 학교(고사장)가 아닌 집에서 인적성 검사를 치르고, 화상으로 면접을 보고, 온라인으로 입문교육을 받고, 부서에 배치받는다. 아직 대면 그리고 기존의 방식이 더 익숙하고 편한 X나 Y와 괴리감을 느끼게 된다. 사실 그동안의 리더십은 충분한 대화, 상호작용, 축적된 신뢰관계를 기반으로 완성되었다. 하지만 비대면 환경 속에서 급격히 줄어든 대화와 상호작용, 신뢰는 어떻게 회복할 수 있을까?

코로나 시대는 분명 누군가에는 기회이자 위기이다. 그리고 그동안의 당연한 것들에 대한 이별을 의미한다. 프린터, 복합기 제조업체로 유명한 제록스에서는 빅데이터를 활용해 자사 콜센터 상담원들의 잦은 퇴사와 이직 경향을 분석해 보기로 했다. 이를 위해 채용 검정 시 직원 이력과 성격 검사 결과와의 관계를 분석했고, 그 결과는 매우 흥미로웠다. 퇴사율이 높은 직원들의 특징은 집이 멀거나, 외톨이거나, 소셜 네트워크를 지나치게 많이 하거나, 궁금한 것이 너무 많거나, 공감을 너무 잘하거나, 창의력이 부족하다는 것이었다. 즉 해당 조직과 업무에서는 일반적으로 선호하는 공감 능력이 불필요했고, 콜센터 업무에 전혀 상관없을 것 같았던 창의력이 필요했던 것이다. 기회는 현재의 위기를 재정의하는 것에서부터 시작된다. 기존의 프로세스와 업무 방식도 다시금 되돌아보려는 노력이 필요하다. 그리고 이러한 변화의 주체는 앞으로 Y세대이다.

2019년 동아비즈니스 포럼에서 하버드대 경영 대학원 교수인 로자베스 모스 켄터 Rosabeth Moss Kanter 의 '조직을 벗어나 생각하기: 디지털 시대를 이끄는 혁신이란?' 주제의 강연을 들었던 적이 있다. 그녀는 비즈니스 환경은 지정학적 사건, 기술 발달, 파괴적 혁신, 변덕스러운 소비자, 반대 여론 그리고 경영적 한계 때문에 언제나 모순적이며 불확실성으로 가득하다고 했다. 이러한 예상치 못한 사건들이 예측 불가능한 도전 과제를 발생시키기 때문에 현재의 조직에서 벗어나 생각하는 훈련이 필요함을 강조했다.

그리고 코로나가 발생했다. 코로나는 자영업자, 서비스업 종사자의 생계와 국민들의 생명을 위협했고, 우리는 소중한 많은 것을 잃어버렸다. 고통이자 위기인 것은 분명하다, 하지만 우리는 더 나은 내일을 계획해야 한다. 현재는 좋든 싫든 기존의 방식과 프로세스에서 벗어나 생각해 볼 수 있는, 성찰과 변화의 시발점이다. 이미 뉴노멀은 시작되었다. 그리고 이를 주도하는 것은 Y세대 선후배님들이다. X는 앞으로 더 큰 의사결정을 해야 하고, Z는 미래의 주역이 될 테니 말이다. 그렇게 Y는 이 불확실한 코로나 시대에서 새로운 뉴노멀을 준비하고 있다.

3 | 비대면으로 효율과 편리함을 누리는 Z

'ㅁㅎㅋㄹㄴ'라고 아시나요? '망할 코로나'의 초성으로 20대 청춘의 자조적인 슬픔이 담긴 단어입니다. 코로나가 휩쓸고 지나간 자리는 Z에게도 많은 숙제를 남겼습니다. 안 그래도 어려운 취업은 더욱 자리가 줄었고, 우리 안에서의 경쟁은 심화되었습니다. 한 분기 정도는 당연히 재수를 각오하고 달려들어야 그나마 위안이 될 정도입니다. 취업만을 바라보며 열심히 살아왔기에 곡소리는 그치지 않고 있습니다. 그 누구도 예상할 수 없었던 상황이었기에, 탓도 할 수 없고 발 빠르게 적응을 해야만 살아남을 수 있었습니다.

어려움 속에서도 간신히 기회를 얻어 취업 전형을 경험하더라도 다양한 변화라는 장벽이 존재합니다. 이쯤 되면 적응의 귀재라고 봐도 무방하겠죠? 이전에는 상상도 할 수 없었던 인적성 시험이 온라인으로 이루어지는 것은 첫 번째 충격이었습니다. 감독관이 화면으로 지켜보는 상황에서 여섯 명이 한 조가 되어 카메라 앞에서 시험을 치는 것이었습니다. 대면으로 보던 시험을 온라인으로 옮겨온 것이니 큰 변화는 없었으나 오프라인에서 이루어졌던 일부 분야는 삭제되거나 축소되는 식으로 이루어졌습니다.

문제는 면접입니다. 국내 기업에서는 아직 보편적으로 이루어지지 않았던 AI 검사가 등장했기 때문입니다. AI의 안내에 따라 자기소개, 지원 동기를 말하며 게임을 진행합니다. 화면 속 카메라에 의지하여 본인을 어필하는 것이죠. 시중에는 이미 발 빠르게 AI 검사 잘하는 법, 게임 잘하는 법 등 여러 책과 팁이 나왔습니다. 주관하는 곳에서는 이런 팁은 도움이 되지 않고, 솔직한 자세로 임하는 것이 중요하다고 합니다. 누구의 말을 믿어야 하는 것이죠? 경험에 의한 데이터가 또 필요하겠군요! 사실 AI에게 평가를 받는 것이 익숙하지도 않고, 과연 최선의 방법인지 의문이 가는 것은 사실입니다. (하지만 우리는 을이기에 아무 말 없이 따르겠습니다.)

비대면 시험과 AI 검사를 통과하면 화상회의 툴을 이용하여 드디어 실무진, 임원들과 화면을 통해 마주하게 됩니다. 짧게는 30분 길게는 1시간의 화상 면접을 준비하기 위해 부단히 노력을 합니다. 노트북 환경을 사전에 체크하기 위해 매뉴얼을 숙지하고 연결 테스트를 미리 진행합니다. 집보다는 깔끔하고 안전한 환경에서 진행하기 위해 한 시간에 2~3만 원 정도의 금액을 지불하고 스터디카페를 빌리며, 화상면접이지만 정장을 착용하고 면접에 임하게 됩니다. 뉴스에서 보는 상위 착장만은 아직 불안하다고 할까요. 비대면이 익숙하다고 해도 면접에 있어서는 비언어적인 커뮤니케이션도 중요하기에 우리의 모습을 최대한 많이 보여줘야 하는 입장에서는 대면 방식이 아직은 익숙한 것 같습니다.

채용형 인턴도 업무의 전면 혹은 일부가 비대면으로 이루어지는데 그 어느 것보다 이 부분이 가장 어렵습니다. 업무적인 능력에 있어서는 단순히 일만이 아니라 대면에서 이루어지는 많은 것들이 있기 때문입니다. 합격, 불합격을 떠나 인턴은 '수련생'에 속하기에 배움도 큰 목적인데 익숙하지 않은 입장에서 비대면으로 진행되다 보니 방치될 수도 있다고 생각합니다. 라포가 형성된 상태가 아니기에 선뜻 다가갈 수도, 온라인상에서 관계를 형성하기도 애매한 부분이 많이 있기 때문입니다.

자신의 모습을 100% 보여주지 못하는 측면에서 아쉬움은 존재하지만 기회의 평등 확대 측면에서 장점이 있기는 합니다. 시험, 면접을 보기 위해 지방에서 올라오거나 정장을 구매하기 위해 쓰는 비용 등이 절약되기 때문입니다. 또 누군가는 코로나가 자신의 적성을 찾아준 것 같다고 말하기도 합니다. 비대면이 일상화되다 보니 진짜 필요한 부분에 집중을 하게 된 것이죠. 재택근무와 생활 습관이 훨씬 잘 맞으며 효율과 성과도 증대되었다고 합니다. 우리는 '가짜'에서 조금은 벗어나 '진짜'에 집중하게 된 것 같습니다. 우리 Z에게는 뉴노멀이

효율과 편리함에 있어서 장점을 많이 가져다주었다고 봅니다.

코로나로 소통의 편리함은 더욱 증진된 것 같습니다. 비대면 소통은 이미 익숙했기 때문이죠. 집에 혼자 있으면서도 친구들과 어울리고 싶어 라이브 방송을 켜거나, 영상 통화로 이야기를 나눕니다. 게임을 하면서도 친구와 이야기를 나누고 싶어 따로 전화 앱을 켭니다. 코로나 시대의 뉴노멀은 기존의 오프라인 소통만을 고집했던 것에서 시공간의 확장으로 변한 것이라고 봅니다. 격식을 차리는 것이 아니라 서로가 목적에 맞춰 가장 편리한 방식으로 이야기를 나누는 것이죠.

세대 간 소통의 기본값이 오프라인에서 온라인으로 변한 것이 바로 뉴노멀이며, 우리는 이를 기회로 삼아 더 많은 다양성을 인정하여야 합니다. Z의 역할은 비대면에 조금 더 익숙하다 보니 어떻게 우리가 그 안에서 소통을 잘할 수 있는지 고민하고 제안해야 한다고 생각합니다. 함께하기 위해서 우리는 이 변화를 리드할 준비가 되어 있습니다.

04

**뉴노멀
시대의
XYZ**

1 | 마이크로 리더십, 공정 리더십을 발휘하는 X 리더

2020년 코로나가 전 세계를 고립의 세상으로 만들었다. 업무 출장이 아닌 세계 여행은 사실상 중단됐다. 코로나는 언젠가는 끝날 것이다. 코로나 이후의 삶이 중요한데, 코로나가 디지털 트렌스 포메이션을 앞당겼다. 기존에도 디지털 트렌스 포메이션에 대한 논의는 많이 있었다. 하지만 다소 서서히 진행되던, 디지털 트렌스 포메이션 시대의 업무 환경, 회사 상황들은 급속도로 진행되고 있다. 그렇다면 코로나 이후 뉴노멀 시대 X의 회사에서의 삶은 어떻게 변화할까?

코로나 이후 X의 삶은 기존과 상당한 차이가 있을 것이다. 우선 가장 큰 차이는 다양한 업무 형태이다. 전통적인 대면 중심의 한 사무실에서만 일하던 방식은 코로나로 재택, 비대면 회의 등이 활성화되면서 거점 근무 등으로 바뀌었고 이에 맞게 새로운 원거리 remote 리더십이 필요해졌다. 기존 X(팀장, 임원)의 하루 일과를 생각해 보면, 부서원 전원이 회사로 출근하면서, 공식적이든 비공식적이든 간략한 인사를 통해 업무를 시작한다. 이러한 오전 인사를 통해 대략적인 근태를 체크해 나간다. 오전 중에 중요한 이슈가 있으면 회의실에 모여서 회의를 진행하고, 이후 각자의 공간에서 개인 업무를 처리한다. 점심이 되면, 이런저런 그룹으로 식사를 같이 하거나, 외부 관계자와 점심 약속을 통해 비즈니스 미팅을 한다. 그러다 오후가 되면 공동 이슈가 있는 경우 회의실에서 만나 회의를 통해 업무를 처리한다. 또한 개별 지도나 면담이 필요하면 사무실이나 회사 근처 카페에서 이야기를 하면서 해결해 나간다. 미국 어느 회사 조사 결과를 보면 대면 상황에서 팀장은 하루 70% 이상을 이러한 회의, 미팅, 보고/지시, 면담 등 대면 소통 시간에 할애하는 것으로 나타났다.

하지만 뉴노멀 시대에서는 우선 전원이 출근하지 않는 경우가 발생할 것이다. 일부는 집에서 또는 집에서 가까운 곳에서 근무하는 거점 근무가 실행될 것이다. SK텔레콤은 2020년 을지로, 종로, 서대문, 분당, 판교 등 5개 지역에 '거점 오피스'를 구축하였고 앞으로도 더 확대할 것이라 한다. 그러면 기존같이 책상 너머로 대략적인 직원들의 근태를 파악하는 것이 불가능해질 것이다. 그래서 X는 근태를 관리하는 기법부터 변화가 필요하다. 매일 온라인으로 인사를 하거나, 시스템을 통해 관리하거나, 메신저 로그인 등 다양한 방법으로 근태를 체크하면 일과가 시작될 것이다. 유연근무제가 본격화되고 있기 때문에 개별 근태를 체크해 나가는 것이 새로운 과업이 될 것이다.

그리고 부서원 전원 또는 일부가 참가하는 회의가 진행될 것이고, 비대면 회의가 일상이 될 것이다. 기본적으로 비대면 플랫폼 사용이 활성화되며, X는 이러한 새로운 플랫폼에 적응해야 할 것이다. 기존 대면 회의에서 사용했던 커뮤니케이션 방식은 새로운 형태로 전부 변화해야 하며, 디지털 민감성이 더 요구될 것이다. 새로운 디지털 업무 도구는 계속 개발되어 회사에서 제공되며, 다양한 도구(화상회의, 공용 폴더, 클라우드 기반 문서 작성, 공용 일정 관리) 등의 사용은 기존의 선택에서 필수로 바뀌어 갈 것이다. X세대는 아날로그 시대에 대학에 들어가서, 디지털 시대(개인 PC, 인터넷, 스마트폰 등)를 경험하고 이에 적응해야 했으며, 이제는 모든 업무를 가상 팀에서 디지털로 처리하는 것에 익숙해져야 한다. 대학 때부터 디지털 업무 도구 활용에 익숙한 Z세대와 이러한 도구들을 함께 활용하고, 배워가야 할 것이다.

그리고 점심, 회식 문화도 급속도로 바뀔 것이다. 점심은 기존처럼 어울려 먹는 것도 있지만, 혼밥(혼자 먹는 밥)도 일상화될 것이다. 혼밥은 X에게는 정말 낯선 방식이며, 이 방식에도 적응이 필요할 것이다. 회식도 9시 이후 회식은 자연스럽게 그 수가 줄어들 것이다. 예전처럼 회식만 6시간 8시간 하는 시대는 이제 사라질 것이다. 회식을 통해 리더십을 발휘하고, 술을 통해 인간관계를 회복하고 유지하는 방식은 이제 더 이상 유효한 방법이 아닐 수 있다. 업무 시간에 더 많은 인간관계를 생성, 유지하는 방법을 고민해야 할 것이다.

개별, 집단 커뮤니케이션 방식도 변화가 필요하다. 과거와 같이 독립된 공간, 카페 같은 공간 활용을 통한 개별 면담은 지속될 것이다. 하지만 어떠한 경우는 사무실에서 오랫동안 못 볼 가능성도 있으며, 이런 경우 비대면 면담이나 전화 등 새로운 방식의 개별 커뮤니케이션이 이루어져야 한다. X는 본인의 기존 면담 방식을 고집할 수 없으며, 온라인 플랫폼, SNS를 통한 면담 등 다양한 방법을 시도해야 할 것이다. 외국 연구에서는 리더의 이모티콘 사용을 권장하고 있다. 보디랭귀지나 비언어적 제스처가 어려운 온라인 환경에서의 디지털 커뮤니케이션에서 이모티콘 활용이 중요하다고 한다. 사실 X에게 이모티콘은 가벼운 느낌, 어색한 방식, 다소 닭살 돋는 방식일 수 있다. 이렇게 기존에 익숙하지 않은 것들에 익숙해지는 시간들이 필요하다. 집단 커뮤니케이션 방식도 변화될 것이다. 비대면 중심의 회의를 하면 옛날처럼 X가 주도하는 방식 역시 바뀔 것이다. 온라인 플랫폼의 특징상 한 사람씩 말하게 되어 있다. 그렇다면 한 사람이 회의 시간을 독점하면 과거보다 더 많은 티가 날 것이며, 자연스럽게 발언권을 나누고, 더 적게 이야기하는 것이 확산될 것이다. 물론 기존대로 회의 의견을 독점하는 X도 있겠지만, 그러면 온라인, 비대면 커뮤니케이션 방식에서 선호하지 않는 사람이 될 것이며, 조직에서 훌륭하지 않은 리더로 분류될 수도 있다.

마지막 원격 리더십이다. 다양한 공간과 방식으로 업무와 커뮤니케이션을 하면서, 기존 형님 문화 같은 리더십 발휘는 점점 힘들어질 것이다. 대면 상황에서 말하지 않아도 표정으로 말하며, 서로 착착 움직이는 듯한 리더십 발휘는 앞으로는 힘을 잃게 될 것이다. 뉴노멀의 리더십이 계속 이슈화될 것이며, 이러한 새로운 시대 그리고 다른 세대와의 리더십은 리더가 끊임없이 고민해야 할 부분이다. 이 부분에 대해서는 이 책의 리더십, 팔로워십 파트에서 자세하게 논의될 것이다. 하지만 명확한 건 코로나 이전, 디지털 트랜스 포메이션 이전 시대의 성공적이고 검증된 리더십 방식으로는 더 이상 조직을 이끌어가기 불가능하다는 점이다. 뉴노멀 시대에 맞는 디지털 민감성을 가지고, 한 명 한 명을 신경 쓰고, 기존보다 더 많은 시간을 조직 관리에 투입하고, 계속 변화하는 리더가 돼야 하는 숙명은 X의 바로 앞까지 다가왔다.

리더십과 팔로워십은 3, 4장에서 구체적으로 다룰 것이다. 그전에 여기에서는 뉴노멀 시대에 필요한 X의 리더십과 Y, Z의 팔로워십에 대해 개략적으로 언급할 것이다. 이러한 변화 속에서 먼저 X는 마이크로 리더십을 발휘해야 한다. 신세대인 Z가 오고 있고 그들이 경험한 세상은 전혀 다른 세상이다. 그래서 그들이 학창 시절 겪었던 경험들을 이해하고 그에 따라 X의 리더십도 변화해야 한다. 개인의 역량과 재량권을 제한하기 때문에 부정적 이미지가 있는 마이크로 리더십도 새롭게 조명되어야 한다. Z세대를 대할 때 기본보다 더 꼼꼼하고 디테일하게 관리해 주는 마이크로 리더십이 필요할 것이다. 다음으로 공정 리더십이다. 한국 사회의 공정 이슈는 점차 확대되고 있고, 그것에 더 민감한 Z세대가 입사하고 있다. 그래서 그들에게 평가를 포함한 모든 조직 활동에서 공정을 기본으로 리더십을 발휘해야 한다.

그리고 X가 바라는 Y, Z의 팔로워십은 존중 팔로워십이다. 상대방에 대한 인정과 신뢰를 바탕으로 존중하고 배려해서 조직 시너지를 확대하기를 바라는 것이다. 존중이 기반이 되어 커뮤니케이션하고, 질문하며, 서로의 성과를 향해 노력하는 태도가 요구된다. 구체적인 내용은 다음 장부터 다룰 예정이다.

2 | 저항의 팔로워십, 거리 두기 리더십, 설렘의 문화를 만드는 Y

이제 모든 것이 바뀌고 있다. 곧 끝날 것 같던 코로나는 이제 돌이킬 수 없는 면까지 변화의 흐름을 가속화했다. 특히 코로나와 같은 팬데믹을 계기로, 환경 변화에 대해 젊은 MZ세대의 관심과 참여는 날로 커질 것으로 예상된다. 또한 급속도로 가속화된 언택트 환경의 흐름은 앞으로도 지속될 것이다. 기존 강자들도 앞으로의 변화에 적응하지 못하면 도태되는 터닝 포인트가 도래했다고 볼 수 있다. Y세대와 Z세대는 이미 우리나라 전체 인구의 43.9%를 차지한 지 오래이다.[8] 이들은 그 어떤 세대보다 '사회적, 환경적 이슈에 관심을 가지고 이를 지원하는 기업의 상품을 구매하고 싶다'는 이른바 '가치 소비'를 중시한다(전체 MZ의 89% 수준, 딜로이트 조사 결과). 또한 MZ 세대는 가장 높은 구매력을 가진 전 세계의 타깃 세대층이기도 하다.

전 세계적으로 많은 사랑을 받고 있으며, 우리나라에도 상륙한 패션 브랜드 파타고니아의 사례가 대표적이다. 이들은 매년 전체 매출의 1%를 환경보호에 기부하며, 1985년 이후 약 1억 4백만 달러에 달하는 금액으로 전 세계 환경단체를 후원했다. 그 노고로 UN 환경 분야 노벨상으로 불리는 '지구환경대상'을 받기도 했다. 또한 어느 패션 브랜드 홈페이지에서도 볼 수 없는(보통 광고로 도배되어 있는) 메인 홈페이지 배너를 가졌다. '송악산 그냥 이대로 놔둡서', '덜 사고, 더 요구하세요' 등의 메시지들이다.[9] 또한 삼성의 경우도 이와 비슷한데 기존에 참여 중이었던 호주 석탄 터미널 투자로 자국의 산불이 늘고 기후변화가 악화된다는 호주 청소년들의 반대 목소리에 과감히 사업을 포기하기로 했다. 실제로 가치 소비를 통해 세상을 바꾸는 것이다. 정말

---

8 통계청(2019), 장래인구추계.

9 파타고니아, http://www.patagonia.co.kr/shop/main/index.php.

멋지지 아니한가?

MZ 인구 비중의 증가 및 세대 구성의 변화는 이와 같은 소비의 형태뿐만 아니라 기업의 일하는 방식 또한 변화시키고 있다. 1977년 문을 연 미국의 패션 브랜드 아메리칸 이글은 16세에서 23세로 구성된 자체 위원회가 Z세대의 목소리를 경청하고, 임원과의 일대일 매칭을 통해 제품 제작과 마케팅 등 회사의 주요 의사결정에 참여하고 있다 (그 결과 2019년 43억 달러의 매출을 기록하기도 했다). 정말 멋지다는 의미로 쓰이는 '구찌 했다! That's Gucci'라는 신조어까지 만들어버린 패션 브랜드 구찌 역시 신세대 직원들로 구성된 그림자 위원회 shadow board 의 역멘토링과 경영 참여를 통해 낡은 브랜드 이미지를 벗어버리고, 파격적인 디자인과 가격으로 MZ세대들에게 최고의 명품 브랜드로 자리매김했다. 주 고객이자 기업 현장의 주인공으로서 이들은 기업의 성쇠를 좌우하는 린치핀으로 이미 자리 잡았다. 다만 아직까지도 이러한 변화를 받아들이지 못하는 기존 세대와 기업만이 존재할 뿐이다.

Y가 생각하는 뉴노멀은 이미 시작되었고, 코로나로 가속화되었다. 그리고 직장 내에서도 이러한 변화가 진행 중이다. 우선 일하는 방식의 변화이다. 우리가 일을 하기 위해서는 '동기 Motivation'가 필요하다. 과거에는 조직의 보상, 복리후생이 중요했다면 뉴노멀 시대에는 MZ세대가 필요로 하는 가치를 제공해 주는 것이 필요하다. MZ세대가 흔히 이야기하는 '일이 적성에 안 맞는다'는 이야기는 사실 그 회사의 리더와 일하는 방식이 싫다는 것을 의미한다. 오죽하면 직장인들

이 연봉 인상보다 상사의 퇴직을 원하겠는가(미셸 맥퀘이드 연구 中). 이 제는 자율적인 업무 기회를 제공하여 스스로 동기를 만들어 낼 수 있 도록 지원해야 한다. 그리고 이를 위해서는 합리적인 목표를 설정하 고, 충분한 권한과 책임을 부여하여 스스로 성과를 만들 수 있는 프로 세스를 구축해야 한다. 이들에게 도움(정보 혹은 업무 지원)을 충분히 제 공해 줄 수 있는 인프라까지 조성된다면 최고의 업무 환경이 된다. 이 때 상사는 지시하는 사람이 아니라, 이 과정에서 이들의 질문과 어려 움을 도와주는 지원자이자, 공정한 업무 R&R 분배와 평가를 내릴 수 있는, 즉 믿을 수 있는 리더가 되어야 한다. 그래야 혁신이 시작된다. 기존에 없었던 생각은 대부분 새로운 방식 그리고 사람에게서 나오기 때문이다.

코로나는 물리적인 개별화, 언택트 환경을 가속화시켰고, 이른바 GAFA(Google, Amazon, Facebook, Apple)와 같은 디지털 기업들의 독점 을 완성시켰다. 이들 플랫폼을 이용하여 지인들의 근황을 확인하며, 필요한 물품도 구매한다. 국내의 경우 삼성 스마트폰으로 네이버 뉴 스를 보고, 카카오 등 SNS를 통해 소통하며, 쿠팡을 통해 내일의 먹거 리를 주문한다. 반면 이들 몇몇 기업을 제외하고 기존 강자는 도리어 약자가 되었고, 기업뿐만 아니라 개인의 '부' 역시 재구성되었다. 결국 변화된 환경에 적응하는 것은 곧 생존과도 직결되는 일이다. 무려 2 억 년 가까이 지구의 주인으로 살아가던 공룡이 새로운 환경에 적응 하지 못하고 멸종되었듯, 앞으로의 미래는 새로운 생각과 새롭게 일하는 방식에 좌우될 것이다. 그리고 이러한 변화의 중심에는 Y세대가 있다. 뉴노멀 시대에 Y가 조직 변화의 주체임에는 틀림이 없다. 조직이 바뀌지 않았다는 것은, 결국 Y가 정체되었기 때문임을 의미한다. 어떻게 하면 현재의 X와 미래의 Z를 설득하고, 또한 그들과 공존하며 함께 새로운 물결을 일으킬 수 있을까?

우선 Y에게는 '저항'의 팔로워십이 필요하다. 저항抵抗의 사전적 의미는 권력이나 권위 또는 낡은 도덕에의 반항을 의미한다. 정신분석 이론에서는 어떤 사람의 행동이나 주관적 경험으로 작용하고 있는 무의식적인 동기를 인정하지 않고 거슬러 버티는 경향을 뜻한다. Y는 변화를 거부하는 조직 내 장벽을 무너뜨리기 위해 혼신의 힘을 다해야 한다. 기존의 방식을 고집하는 조직에 순응하지 말고, 새로운 것을 탐구하며, 새롭게 거듭나야만 한다. 그리고 무엇보다 중요한 것은 이를 지속해야 한다는 점이다. 물론 기존 세대가 가지고 있는 풍부한 경험과 능력을 존중하는 것은 필요하다. 또한 허무맹랑한 이유로 혹은 비효율을 명분 삼아 특별한 대안 없이 기존 프로세스를 부정하라는 의미가 아니다. 충분한 설득력과 논리로 무장하여 새로운 가치를 끊임없이 증명해야 한다. 상사인 베이비붐 세대 혹은 X세대가 '왜 쓸데없는 일을 하냐'며 매정하게 이야기해도 상처받지 말아야 한다. 필요하다면 주변의 반대에도 이를 지속할 수 있는 일종의 신념과 마음의 근력, 그것이 바로 '저항'이다.

만약 당일 계획된 업무를 모두 수행하고, 남는 근무시간에 업무와 관련된 혹은 전혀 관계없는 도서를 읽는 것은 잘못된 일인가? 리더가 반대했다면 향후 나의 업무 효율 향상에 분명 도움을 줄 수 있는 기존 자료의 DB 구축은 과연 어리석은 일인가? 안타깝지만 아직도 대부분의 기업과 조직에서는 이런 것들을 잘못된 행동으로 치부한다. 물리학자이자 바이오 테크 신타 제약의 前 CEO인 사피 바칼의 책『룬샷』에는 다음과 같은 구절이 나온다. "현실에서 아이디어는 조롱당하고, 실험은 실패하며, 예산은 삭감되고, 훌륭한 사람이 말도 안 되는 이유로 해고된다. (중략) 이를 이겨낼 수 있도록 바람 앞 등불 같은 룬샷Loon-Shots을 보호하고 성장시켜야 한다." 여기서 룬샷은 획기적인 아이디어지만 다른 사람들은 무시하는 프로젝트를 의미한다. 물론 이를 현실에 적용하기 위해서는 현명한 방법론이 필요하다.

다음으로 Y에게는 '거리 두기' 리더십이 필요하다. 그 대상은 익숙함이 될 수도 있고, 다른 이들의 개인적인 사생활이 될 수도 있다. 거리 두기는 장기적으로 조직에 새로운 창조물을 선사하거나, 다소 엉뚱하고 아직 젊은 Y와 Z의 미래 아이디어도 충분히 수용할 수 있도록 도와줄 것이다. 또한 이러한 결과물은 장기적으로도 리더 혹은 선배 X의 성과 향상과 새로움에 대한 그들 마음의 장벽을 낮춰줄 것이다. 우선 익숙한 것들과의 거리 두기에서 얻게 되는 아웃풋은 창조력이다. 창조력은 대부분 한 분야의 대가 혹은 새로운 세대의 도전 속에서 탄생한다. 그렇기에 기존의 대가인 X의 경험과 노련함은 유용하다.

하지만 더 나아가 때로는 낯설게 보고, 다양한 시도에 도전할 필요가 있다. 블라우스 특허를 낸 알베르트 아인슈타인이나, 새로운 수문 잠금장치를 개발한 레오나르도 다빈치 등은 현실적인 문제들을 해결하기 위해 다양한 다른 발명을 시도했고, 토머스 에디슨은 실용적인 많은 특허를 가지고 있는 것으로 유명하지만 동시에 미래 소설을 집필하면서 비약적인 상상력을 발휘하기도 했다.[10]

마지막으로 Y는 '설렘'의 문화를 만들어야 한다. 이 설렘은 Y 스스로뿐만 아니라 후배, 나아가 X까지, 조직 전체를 위한 최고의 선물이다. 설렘의 대상이 일 그 자체가 되든, 과정 혹은 결과이든, 함께 일하는 사람이 되었든, 가슴 뛰는 비전과 미션이 되든, 복지와 즐거움이 넘치는 직장 그 자체가 되든 말이다. 물론 이것을 만들어 낼 수 있는 가장 큰 주체는 X이며, 가장 강력한 추진자는 Y이다. 그리고 미래에는 이조차도 과거가 되고 Z가 더 나은 설렘 문화를 진화시켜 줄 혁신가가 될 것이다. 이러한 저항, 거리 두기, 설렘의 주제로 앞으로 X 그리고 Z와 함께 리더십과 팔로워십, 문화의 측면에서 XYZ의 공생을 넘어 개인 그리고 조직의 성과를 만들 수 있는 방법에 대해 추가적으로 논의해볼 예정이다.

---

10 데이비드 이글먼, 앤서니 브란트(2019), 『창조하는 뇌』, 쌤앤파커스.

3 | 효율적이고 공정한 환경에서 진짜 일을 찾아내는 Z

비대면 상황에서의 협업은 대학교 조별 과제를 진행하면서 이미 익숙해졌던 것 같습니다. 과제가 주어지면 각자가 역할을 나누고 중간중간 상황을 공유하고, 최종 결과물을 내기까지 이제 만남은 필수 요소가 아니기 때문입니다. 학기 초 조별 과제 팀이 나누어지면 한 사람이 주도적으로 단체 카카오톡 방을 만듭니다. 온라인으로 간단한 인사만을 주고받고 자료 조사, 초안, ppt 제작, 발표로 역할을 나눕니다. 데드라인을 정하고 각자가 완성 후 단체 방 혹은 공유 드라이브에 업로드를 합니다. 결과물에 대하여 서로 온라인으로 피드백을 주고받고 수정하여 다음 차례로 넘기게 됩니다. 4학년쯤 되면 단 한 번의 만남도 없이 단체 방에서 필요한 이야기만 주고받고 발표까지 원활하게 끝낼 정도로 팀 프로젝트의 달인이 될 수 있습니다.

Z 사이에서 비대면 협업이 잘 이루어질 수 있었던 것은 공정성 때문입니다. 각자의 역할과 마감 시간이 확실하게 정해져 있고 이미 우리는 이 방법이 너무나도 익숙하기에 어려움 없이 해냈습니다. 애매하게 다 같이 하기보다는 확실하게 업무를 분배하고 자신의 역할만을 잘 해내는 것이 효율적이고 전체적으로 결과도 좋다고 생각합니다. 회사에서도 분명한 업무 배당과 각자의 업무를 완료하면 그에 따른 성과 평가가 공정하게 이루어져야 한다고 봅니다. 대면이 아닌 상황에서 모든 것이 확실하지 않다면 오히려 눈치만 더 보고, 같은 일을

두 번 하게 될 수도 있기 때문입니다. 다양한 세대가 모여 있는 회사에서 각자가 최고의 성과를 낼 수 있는 방법은 여러 가지일 것입니다. 누군가는 협력을 위한 의사소통을 중요시해 함께 일하는 것을 선호하고, 다른 이는 혼자만의 집중을 위해 재택근무를 선택할 수도 있습니다. 조직원 개인에 맞는 근무 환경을 제공하기 위해 회사는 다양한 선택권을 제시할 수 있어야 합니다. 끊임없이 변화하는 환경에서 동일한 근무 환경을 제시하는 것은 성과는 물론, 조직원의 일에 대한 동기를 저하시키기 때문입니다.

우리가 원하는 뉴노멀의 일터는 다양한 선택권이 제시되면서 효율성과 공정성이 보장된 곳입니다. '가짜 일'이 아닌 '진짜 일'을 찾아 스스로가 학습 능력을 갖출 환경을 제공받아 변화하는 환경에 살아남기 위해서입니다. 우리를 믿고, 역할을 맡겨 주세요. 한 명 그 이상의 몫은 분명히 할 수 있기 때문입니다. 그리고 잘 해냈을 때 이에 따른 '확실한 보상'을 준다면 더할 나위 없이 결과는 좋을 것이라 자신합니다.

XYZ 티키타카

서로 다른 시대를 살았고 서로 다른 경험, 가치관을 가지고 있는 X, Y, Z 각 세대가 조직 내에서 이렇게 진솔하고, 허심탄회하며 치열하게 이야기를 나누는 것은 사실상 어렵다. 본격적인 논의에 앞서 회사, 조직 생활과 관련해 어떤 솔직한 생각을 가지고 있는지 이야기를 나눠보았다.

Q. 메뉴 선정, 점심 회식 등 각자가 원하는 이상적인 회식의 모습은?

 X

당연히 무조건 저녁에, 최대한 많은 사람이 모인 곳에서 해야 회식의 의미가 있지 않나? 그리고 중요한 것은 대화를 할 수 있는 단독 공간이 필요하지(룸). 뭐 메뉴는 내가 고르는 것은 아니지만 그래도 내가 싫어하는 음식을 후배가 센스 있게 알아주었으면 좋겠어. 아직까지도 내 취향을 모르나? 하는 생각이 들게 하지 않았으면 해. 나는 참치 메뉴를 선호해. 공간도 독립적이고, 분위기나 음식도 괜찮고, 무엇보다 내가 말할 때나 다른 사람들이 말할 때 집중할 수 있는 곳이 좋아. 술은 마실 수 있는 사람은 조금 마실 수 있는 공간이나 분위기가 좋음.

Y

저는 저희에게도 메뉴 선정 권한이 있었으면 좋겠어요. 탑 혹은 막내가 메뉴 선정 권한을 독점하니까요. 이왕 하는 거면 고기 회식이 좋고, 상석과 독립된 구석이 좋습니다. 물론 신입사원들에게 상석(가장 상위 리더의 앞자리)을 권유하는 것은 아니라고 보지만, 저 역시 그곳은 부담스럽습니다. 고기는 구워주는 곳이 좋으나, 술 먹기 싫은 날은 팀장이랑 말하는 것보다는 차라리 고기를 굽는 것도 좋을 때가 많습니다. 최근에는 비건 등 다양한 성향들이 있기 때문에 회식 멤버 구성에 따라서 조절도 가능합니다. 문제는 꼭 전체 회식이 아니더라도 마음, 취향 맞는 사람들끼리 나눠서 하는 회식이 필요하다고 생각합니다. 이왕 하는 것 메뉴가 가장 중요합니다.

 Z

인스타에 자랑할 수 있는 맛진(맛있고 멋진) 음식이 좋습니다. 평소에 가보지 못했던, 혹은 가보고 싶었던 핫플이 좋습니다! 대신 술은 자유롭게 마셨으면 좋겠습니다. 권유를 한다거나, 건배 제의 같은 일은 너무 싫습니다. 특히 회식 장소 알아보라고 시키지 말아 주세요. 선호하는 회식 스타일은 오마카세. 자랑하기도 좋고, 이야기도 많이 안 해서 좋습니다. 소규모 회식을 선호하고, 2차가 없는 간단한 치맥도 나쁘지 않습니다! 분위기가 가장 중요합니다~.

Q. 회사에서 점심시간에 팀끼리 꼭 먹어야 할까요? 혼밥에 대해 어떻게 생각하시나요?

 X

팀별 식사를 우선으로 하는데, 개인 약속이 있는 경우에는 각자 하고…. 그래도 X와 먹을 사람은 필수로 한 사람이라도 있어주었으면 해. 솔직히 안 챙겨주면 X는 삐진다. 서운하고 섭섭해. 말하기 애매해서 말은 안 하는데, 알아서 좀 챙겨줬으면 해(점심시간에 헬스장 가는 경우도 있는데, 다이어트 목적도 있지만 같이 밥 먹을 사람이 없어 애매할 때가 있어서 가는 사람들도 있음). 그래도 한 팀인데 팀별 식사를 우선으로 하는데, 뭐 급한 일이 있으면 이해는 해. 또는 매주 특정 요일 또는 특정일에는(격주, 월간) 팀별 식사를 필수로, 물론 그때도 개인 약속이 있는 경우는 각자 하고! 혼밥은 어려워, 아직….

솔직히 팀끼리 항상 먹을 필요는 없다고 생각합니다. 하지만 혼밥은 아닌 것 같아요. 주로 마음이 편한 옆 부서 선후배 혹은 네트워킹 목적으로 다양한 사람과 먹는 것도 괜찮을 것 같습니다. 요즘 MZ세대들은 일부러 점심을 굶거나 도시락으로 대체하는 경우도 많아요. 사실 점심시간만이라도 나를 위한 시간을 가지자는 건데, 충분히 존중합니다(솔직히 X가 안 챙겨주면 섭섭해하는 것은 알지만, 항상 함께하고 싶지는 않아요…).

Y

 Z

기본적으로는 팀끼리 먹어도 상관없는데, 개인 약속이 있을 때는 존중해 주세요~. (그런데… 점심시간에 사적인 얘기는 안 했으면 좋겠습니다. 특히 고정 질문 "주말에 뭐 했어?"는 제발… 월요일마다 에피소드를 준비해 가야 하나 싶은…)

Q. 회의 준비와 진행은 어떻게 이루어져야 할까요? 누가 주도적으로 이끌어야 할까요? 화상회의는 어떤 식으로 이루어져야 할까요?

 X

당연히 준비는 막내가 해야지. 줌 주소도 막내가 준비하면 좋고… 이건 가장 하기 쉬운 거니깐. 회의 주도는 Y가 했으면 좋겠고, X는 중요한 결정 위주로 했으면 해. 효율적으로. 일반적인 회사라면 X가 가장 나중에 들어오고, 가장 먼저 나가고 싶어. X 입장에서도 보고 (윗사람에게 보고하는 형태)보다는 회의(서로의 의견을 교환하는)를 선호해. 요즘 유행한다는 스탠딩 회의는 별로임. 삼십 분 이내 서서 하는 문화인데 실제로 해 보면 다리도 아프고 집중도 잘 안 됨.

Y

솔직히 리더뿐만 아니라 주무, 막내가 주도하는 모든 경우를 경험해 봤지만, 모두 각각의 장단점이 존재한다고 생각합니다. 다만 그 주체가 누가 되었든 모두의 발언권이 고르게 분배돼야 한다고 생각합니다(듣기만 할 거면 뭐하러 이렇게 모이나 싶음). 혹은 참석자에게 정보를 전달하기 위한 일방적인 회의라면 메일로도 충분히 대체 가능하다고 봅니다. 특히 회의는 꼭 필요한 사람들만, 효율적으로 진행되는 것이 중요하다고 봅니다.

 Z

어차피 준비는 저희가 할 텐데, 무언가 아이디어를 요하거나, 첫 발표 같은 경우 막내가 무조건 하는 것은 부담스럽습니다. 매 회의 때마다 테스트를 보는 것 같아요. 아이디어를 나누는 가벼운 분위기로 진행되었으면. 회의록도 돌아가면서 쓰면 안 될까요? 사실 신선한 아이디어가 무엇일까요? 서서 하는 회의도 일찍 끝난다는 전제하에 너무 좋은 것 같습니다. 절대 오래 못 하도록! 할 말만 하고 일찍 끝났으면 합니다. 솔직히.

Q. 경조사는 어디까지 알리고, 신경 써야 할까요? 온라인으로 축의금 송부도 좋은가요?

X

실 단위의 부서 사람의 결혼식은 대면 참가, 부모님 및 직계(빙모상 등)는 무조건 대면 참가가 원칙임. 그래도 결혼식 선물 정도는 갖고 오는 게 좋지 않나. 돈으로 치면 인당 2,000원 이하 정도인데. 그리고 최소한의 예의로 성의 표시, 즉 축의금은 아직 온라인으로 전달하는 것은 아닌 듯. 당연히 만나서 주거나, 대신 오프라인으로 전달해 주는 게 좋음. 특히 선배에게 온라인 전달은 예의 없다고 생각함. 나 때는 내가 가기 싫어도 축의금 대신 전달을 위해 가야 하는 경우가 많았음.

Y

저는 경사의 경우 같은 팀이면 대면으로, 타부서는 안면이 있고 평소 친한 사람 혹은 친해지고 싶은 사람만 갑니다. 특히 코로나로 이와 같은 기조가 더 심해진 것 같아요. 다만 조사는 특히 직계인 경우 다소 덜 친하더라도 최대한 가려고 합니다. 축의금은 퇴사 후에도 볼 수 있는 사람이면 최소 10만 원 이상, 대면 혹은 봉투 전달 시는 5만 원을 내고 옵니다. 솔직히 친하면 가고, 애매하고 전달해 줄 사람이 없으면 편하게 온라인 축의금 정도는 직접 보내도 좋다고 봅니다.

Z

팀까지는 오케이. 그 외는 챙기는 거 굳이? 이런 생각을 합니다. 결혼식 선물 문화는 솔직히 이해가 안 됩니다. 축의금은 같은 팀원이면 Y 기준보다 높은 최소 십만 원 정도를 생각합니다. 오히려 축의금 면에서는 사회적인 시선을 더 신경 씁니다. 동기나 친구랑 비슷하게 맞추기 위해. 온라인 축의금도 완전 가능합니다~.

Q. 요즘 많이 하고 있는 재택근무에서 출퇴근 관리는 어떤 식으로 하는 게 좋을까요? 정말 바람직한 퇴근 문화는 무엇일까요?

 X

온라인인 경우 출근 사실을 한 번 채팅으로 표현하고 업무를 시작하면 좋을 듯해. 대면 근무의 경우는 눈에 보이니깐 인사는 안 해도 되는데, 비대면이라면 파트별로만 결근자 혹은 재택근무자를 파악해서 알려주었으면 해. 퇴근의 경우는 자유롭게 해도 되는데 주변에 있는 분들에게는 눈인사로 집에 간다는 것은 알려 주었으면 해. 저녁 먹으러 간 건지, 집에 간 건지 알 수가 없으니까. 온라인(재택)의 경우 퇴근은 그날 핵심 업무라도 기록하고 갔으면 해. 최소한의 조직 관리 차원이야.

Y

재택근무의 경우 출퇴근 보고를 의무적으로 하는 것은 요즘 시대에 적합한 관리 방법이 아니라고 생각합니다. 약속된 근무 시간에 외출을 한다거나, 연락이 안 되는 경우에는 당연히 문제이겠지요. 다만 주어진 R&R 업무 관련해서 중간중간 경과나 결과 보고는 확실히 해야 된다고 생각합니다. 원격 관리의 주체는 근태가 아니라 업무라고 생각합니다. 주어진 일을 충분히 잘하고 있는 것이 중요하겠지요.

 Z

아침에 출근해서 왜 팀장님께 가서 인사를 꼭 드려야 할까요? 한명 한명 인사하면 오히려 업무 시작이 늦어지는 것 아닐까요? 재택일 때는 아침 인사하는 것은 괜찮다고 생각합니다. 퇴근은 눈치 보지 않고 했으면 좋겠어요~ 일은 다 끝났는데 눈치 보느라 못 가는 상황이 너무 많아요~.

Q. 각자 원하는 보고 방식이 있을까요? 휴가도 보고가 필요할까요?

 X

Z가 직접 X에게 보고할 필요는 없고, Y에게 보고해서 Y가 정리하고, 종합 보고해 주면 됨. 다만 X가 주도적으로 지시한 일에 대해서는 X에게 직접 보고하기를 바람. 다만 가장 바라는 건 중요한 프로젝트는 중간보고를 1번 이상은 미리 했으면 좋겠음. 진척 사항을 알아야 하니…. 휴가의 경우 특별히 말 안 해도 되는데, 결재는 꼭 올려주고, 사전에 공유해 주었으면 해. 특히 3일 이상 장기 휴가는 사전에 직책자(파트장 또는 팀장)하고 당연히 논의했으면 해. 단기는 일주일 전 보고도 괜찮지만, 장기는 최소 한 달 전에 미리 보고하는 것이 맞는 듯해.

Y

보고 방식은 주제에 따라 대면/비대면으로 나뉘어야 할 것 같습니다. 반복적이고 큰 이슈가 없는 보고는 비대면이, 사안이 주요하고 변동, 위험성이 높은 주제면 대면이 적합하다고 생각합니다. 보고의 대상은 정해진 프로세스에 따르면 되나, 2차 상사 보고의 경우 특히 1차 상사가 해당 내용에 대한 충분한 정보 파악이 안 된 상황이면 함께 들어가는 것도 좋은 것 같습니다. 1차 상사가 해당 보고 내용, 배경을 충분히 이해하지 못하고 헛고생만 하는 경우를 너무 많이 봤습니다. 상사의 스타일에 따라 다르나, 대놓고 깨는(?) 분들에게는 최대한 수정, 고민했다가 납기일에 맞춰서 보고합니다. 휴가는 당연히 보고해야죠. 그래야 전체 업무 일정을 조율하고 필요시 대체자가 존재해야 하니깐요. 하지만 사유는 묻고 따지지도 않고 사실 안 궁금합니다. 일만 잘하면 됩니다.

 Z

Y에게는 부담 없이 중간보고했으면 좋겠습니다. 대신 빠른 피드백을 원합니다. 보통 Y들은 너무 바쁘신 것 같아요(잠시면 되는데…) 최종 보고, 혹 X에게 가는 경우 Y와 함께 갔으면 좋겠습니다. 휴가의 경우 물론 쓰기 전에 말씀은 드릴 예정입니다. 일정을 미리 알려드리고… 다만 자기 결재로 했으면 좋겠습니다. 굳이 이야기도 했는데 결재를 또 받기가 부담스럽습니다(팀장님은 참조 정도만). 단기 휴가는 그래도 2~3일 전에, 장기는 일주일 전에 말씀드리면 적당할 것 같습니다.

Q. 온라인 커뮤니케이션은 어떤 식으로 이루어져야 할까요? 퇴근 후/주말 카톡 어떻게 생각하세요?

X

일단 업무 시간 이후(주말 포함)의 카톡은 대부분 회사에서 못하게 하기 때문에 최소화함. 다만 업무 시간에 카톡은 30분 안에 답변을 했으면 좋겠어, 퇴근 후에는 안 할 테니! 친구 신청하면 친구 승낙 정도는 해 주면 좋겠는데 잘 안 해주더라고…(페이스북, 인스타그램 친구 신청했다는 것은 그래도 애정이 있는 구성원이라는 것). 친구 요청 오면 웬만하면 ok 해주기 바람.

Y

온라인 커뮤니케이션은 필요한 경우, 필요한 방식에 따라 최소화하여 시행하면 됩니다. 생각보다 불필요한 커뮤니케이션이 너무 많습니다. 다만 단톡방은 단체 정보 전달에 매우 유용한 것은 사실입니다. 심지어 이력 관리에도 좋습니다. 퇴근 후/주말에도 긴급한 이슈나 갑작스러운 경조사 공유 등은 괜찮습니다! 다만 나와 관련 없는 이슈 혹은 긴급하지 않은 업무 관련 연락을 퇴근 후/주말에 하는 것은 상대방에 대한 배려가 부족하다고 생각합니다.(굳이 왜 회사 사람들에게 본인 여행 간 사진을 올리고, 주말 잘 보내라고 하는지…) 호감이 가는 분들이 SNS 친구 신청하는 것은 OK. 하지만 조금이라도 우려되는 사람은 그냥 무시합니다.

Z

단체 톡은 회사에서 쓰는 메신저로만 가능했으면 합니다. 카톡은 개인 고유의 영역으로 남겨 주세요! 팀장님께 인스타그램 친구 신청 올까 봐 비공개 계정으로 바꿨어요. 퇴근 후나 주말에는 연락해도 답장 안 하겠습니다. 오죽하면 회사용 SNS 계정이나 추가 전화번호를 파는 경우가 많이 생겼어요(차라리 090 등 가상번호 매우 좋음!). 업무용으로 문자, 전화까지는 되는데 카카오톡은 관심 꺼주셨으면. 카톡에 번호 등록하면 프로필 자동으로 보이는 기능도 없어졌으면 좋겠어요ㅜ 그래서 요즘은 카카오톡 내 친구별로 프로필 사진을 다르게 설정하는 기능도 생겼더라고요! 적극 사용 중이랍니다.

Q. TMI! 굳이 이런 것까지? 이런 이야기는 삼가주세요! 등이 있을까요?

X

물어보고 싶은 것은 어디 사는지, 고향이 어딘지, 부모님 뭐 하시는지, 형제가 어떻게 되는지, 이성친구는 있는지, 주말이나 저녁에 뭐 하는지, 군대 뭐 했는지. 묻지 않으면 하는 것은 별로 없음. 왜냐면 이게 다 조직관리 차원. 오히려 밑에 사람들이 나에 대해서 먼저 물어봐 줬으면 좋겠다. 상대방의 관심사를 찾아 먼저 물어봐 주는 후배가 좋음.

Y

사실 별로 친하지 않거나, 싫어하는 사람이 묻는 질문, 특히 개인 정보 관련 질문 혹은 본인 이야기는 다 싫습니다. 설사 친하더라도 가족, 재산 등 민감한 질문들에는 선뜻 대답하기 어렵습니다. 솔직히 굳이 안 물어봤는데, 혹은 너무 심취해서 장시간 한 주제로 말하는 TMI가 더 무섭습니다. 선배뿐만 아니라 후배도 마찬가지입니다. 보통 선배들이 너희가 말이 없어서 자기 목도 아픈데 이야기 많이 한다는데, 솔직히 자연스러운 침묵은 이제 집에 가자는 뜻이니 다음부터는 일부러 이야기 마시고, 자리를 파하시면 됩니다.

Z

여자친구, 남자친구 유무는 그냥 묻지 마세요. 그리고 물어볼 거면 "애인 있어요?"라고 물어봐 주세요(젠더 이슈, 다양성 관련 존중). 퇴근 후 뭐 하는지, 왜 애인 안 사귀는지, 이렇게 제발 이성친구 강조 좀 하지 말아 주세요. 또 애인이 있으면 주말에 뭐 할 거냐, 만난 지 얼마나 되었냐, 휴가는 애인과 갔는지 같은 게 왜 궁금하세요. 귀찮아서 없다고 하면 왜 연애 안 하냐고 묻고….

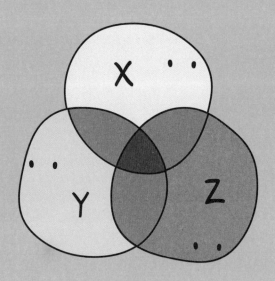

2장

XYZ,
리더십을 말하다

빛을 내는 것은 온전히 개인의 몫이다. 하지만 리더는 분명 여기에 기름(코칭과 지원)을 부어줄 수 있다. 그리고 이때 조직(특히 CEO와 임원, HR/HRD)은 거울을 늘려나가는 것이 중요하다. 양초 그 자체에만 집착하고 결과를 강요할 것이 아니라, 다양한 거울을 비춰 이들이 고객 나아가 세상을 더욱 환한 빛으로 비출 수 있도록 조직 차원에서도 꾸준히 지원해야 한다.

01

X의 리더십 키워드는 '마이크로'와 '공정'

X세대는 이제 조직에서 가장 높은 자리로 향하고 있다. 아직 조직 내에서 베이비붐 세대와 공존하며 생활하고 있지만 향후 몇 년 안에 대부분 조직의 최고의 자리에 올라가게 될 것이다. 현재는 최고의 자리가 아니라 하더라도 조직에서 누군가의 리더로서 역할을 하고 있을 것이다. 이제는 팔로워보다는 리더 역할이 중요한 X에게 MZ세대를 대상으로 어떠한 리더십을 발휘하면 좋을지에 대해 기존 세대의 특징을 중심으로 다음과 같이 정리해 보았다.

1 | 구체적이고 단기적인 목표와 업무를 지시하라

우선 가장 먼저 필요한 리더십은 마이크로 리더십이다. 마이크로 리더십은 보통 리더가 목표 설정과 결과 달성까지 세심하고 꼼꼼하게 업무 추진 과정을 챙기는 리더십을 의미한다. 이와 관련된 대표적인 리더가 애플의 스티브 잡스이다. 그는 작은 디테일 하나하나까지 챙기면서, 애플의 기술 혁신을 이끌어 낸 것으로 유명하다. 통상적으로 마이크로 리더십은 직원들의 창의력과 재량을 크게 제한하게 되어, 그들의 역량을 충분히 발휘하지 못하게 하는 단점이 있다. 하지만 지금까지 살펴본 Z세대의 특징을 고려해 보면 Z세대 신입사원에게는 이러한 마이크로 리더십이 더욱더 필요할 거라 생각한다.

먼저 마이크로 리더십의 일환으로 소확행으로 목표를 수립하는 방식을 추천하고 싶다. 신세대, MZ세대의 특징을 흔히 소확행으로 정의하는 경우가 많다. "소소하지만 확실한 행복", 이 단어만큼 새로운 세대가 조직 내에서 원하는 것을 명확하게 말하는 단어가 없다. 데이터마케팅코리아 이진형 대표는 20대의 포털 검색 키워드 중 '핵꿀잼', '나야 나'와 함께 '소확행'이 가장 높은 순위에 랭킹 되었다고 하였다. 그리고 임홍택은 『90년생이 온다』에서 90년대생의 특징을 "간단하거나"로 정의하였다. 이를 통해 과거와 달리 새로운 세대는 조직에서의 장기 목표, 먼 미래에 대한 관심이 적다는 것을 예상할 수 있다.

X가 조직 생활을 처음 할 때는(라떼는…) 대부분 조직에서 임원이 되기를 꿈꾸는 신입사원이 많았으며, 공공조직에서도 고위 공무원이 되기 위해 신입의 시간을 인고의 시절로 생각하였다. 사실 그때는 아직 내 집 마련에 대한 희망이 있었고, 젊은 시절의 고생으로 중년 이후에 성공과 부의 축적이 가능하다는 생각을 하면서 밤샘 근무와 야근 그리고 회식에 열심히 참여했었다. 하지만 최근 각 조직에 들어온 MZ에게는 이런 장기적 관점보다는 바로 앞 성공에 대한 기대가 크다. 정보화 사회, 인터넷, 모바일 속에서 학창 시절을 보낸 어린 MZ는 의사결정이나 업무 처리에서 더 빠른 관점을 선호하며, 바로바로 앞의 일들에 대한 관심이 더 많다. 그래서 미래 10년 후, 20년 후에 대한 관심보다는 6개월, 1년 후에 대한 관심이 주를 이룬다.

이러한 Z세대에게 업무를 지시하고, 그들과 같이 목표 수립을 하는 X 리더는 짧은 기간 단위로 일할 필요가 있다. 장기적인 관점인 대리가 승진할 시점, 3~5년 후가 아니라 바로 내년에 대한 목표 수립, 더 짧게는 6개월, 3개월 일 중심으로 목표 수립에 집중할 필요가 있다. 최근 팀제가 보편화되면서 6개월, 3개월 단위의 목표 수립과 성과 점검이 많은 조직에 일상화되고 있다. 하지만 이러한 단기간의 목표 수립, 성과 관리를 단순히 회사에서 지시하는 대로 형식적으로 하는 X 리더가 있다면, 이것이 바로 구세대가 되어 가고 있는 증거이다. 회사가 6개월, 3개월 단위로 성과 면담 결과를 입력하고, 평가하라고 시켰다고 해도 리더는 Z의 특성을 이해하여, 목표와 성과를 짧은 단위로 같이 계획하고 관리해야 하므로 지금보다 더 열심히 수행해야 한다.

보다 구체적으로 말하면, 3개월 단위의 업무에 대해 Z 개인별로 같이 목표를 수립하고, 3개월이 끝나는 시점마다 반드시 1시간 이상의 면담을 통해 업무 성과를 점검하고 다시 목표를 세우는 일을 반복해야 한다. 리더로서 조직 모든 사람과 3개월 단위로 목표 수립을 함께하는 것은 생각보다는 리더에게 많은 시간이 요구된다. 하지만 새로운 세대가 바라는 리더십은 바로 앞에 놓인 목표를 같이 수립해 주고, 그 성과를 통해 개인의 내적 만족감을 얻을 수 있도록 지원해 주는 것이다. 글로벌 최고 기업에서는 본부장의 가장 큰 역할을 조직원들의 1:1 면담(목표 수립, 피드백)이라고 했으며, 본부장들에게 대부분(80% 이상)의 업무를 여기에 집중하라고 했다고 한다. Z 업무에서의 소확행 지원이 리더로서 X의 중요한 역할이 될 것이다.

다음으로 What에 집중하여 코칭 하는 것이다. Y와 Z는 다르다. 밀레니얼에 관한 리더십 연구를 보면 "Why"에 대한 언급이 많다. 기존 X세대가 "Who 누구와", "How 어떻게"를 중심으로 코칭 하였다면, 밀레니얼은 "Why"에 집중하라고 한다. 이 Why는 기존 세대에 대한 반항의 표시가 아니라 업무에 대한 관심에 표현으로 봐야 하며, "나는 왜 이 일을 해야 하는가"부터 시작하는 신세대의 사고방식이라 할 수 있다. 하지만 Z세대에 대한 코칭은 또 변화가 필요하다. 미국 연구에 따르면, Y와 Z의 차이를 다음과 같이 구분하고 있다. Y는 공상적이며, 낙관적이며, 유명해지고 싶어 하며, 다양성에 유연함을 지녔다. 이와 상대적으로 Z는 이상적이지 않으며, 현실적이며, 성공을 위해 열심히 일하며, 안정성에 유연함을 가진 것으로 나타났다. 미국 연구와 한국의 상황이 다를 수 있지만, 중요한 것은 기존 밀레니얼에 대한 리더십과 또다른 Z세대 리더십이 필요하다는 것이다.

한국의 Z는 기존 Y와 다른 대학 생활을 보냈다. Z는 중고등학교 때부터 자기의 미래(대학의 전공)가 기획된 대로, 학교 대외 활동을 하면서, 대학 수시 입학을 준비하였다. 그리고 대학에 입학해서는 본인의 전공이 강점이 되는 직업을 위해 열심히 4년간 준비해서 회사에 입사하였다. "무엇 What"을 해야만 하는지 명확했던 세대에게 "무엇"이 명확하지 않은 회사 생활은 새로운 도전일 수 있다. 봉사활동, 직장 체험, 학교생활 등이 모두 대학 전공에 초점화되어 학창 시절 대부분을 보낸 Z에게 갑자기 다양한 업무가 주어지는 회사가 어렵기만 한 것은 사실이다. 회사, 조직 생활이라는 것이 보통은(라떼는⋯) 명확하지 않은 일들을 스스로 고민하고 고생하면서 해결해야 할 때가 많다. 그래서 기존에는 명확하지 않은 회사 일을 많은 노력을 해야 할 만큼 가치 있는 일인가 Why를 Y세대에게 설득하면 업무를 추진하였다. Z에게는 기존과 다르게 업무를 시작할 때 무슨 일 What을 하는지 구체적으로 설명할 필요가 있다.

어느 세대나 젊은 신입사원에게 무엇을 해야 하는지 알려 주는 것은 중요하다. 산업심리학의 사회화 이론에서 보통 신입사원의 역할 모호성에 대한 언급이 많다. 신입사원의 역할 모호성이 조직 사회화에 많은 장애물이며, 신입사원은 스스로 다양한 방법을 활용해서 이러한 모호성을 제거하는 노력을 해야 한다는 내용이다. 기존의 한국 조직이 신입사원에게 이러한 스스로의 노력을 강조하고, 실패하면 낙오자로 생각했다면, 이제는 변화가 필요하다. X 리더가 적극적으로 마이크로 리더십을 통해 Z의 어려움을 같이 고민할 때이다. Z세대의 성향상 조직에서 "What"에 대한 어려움을 기존 세대보다 더 많이 겪고 있다면 이 부분에 대한 지원이 필요하다. Z세대는 학원을 선택하는 경우에도 이미 무엇이 필요한지 명확한 목적과 상황에서 수강해야 할 강의를 결정한다. X는 중고등학교 시절 본인이 대학의 무슨 과에 지원할지도 모른 상태에서 그냥 열심히 하였다면, Z는 본인이 무슨 과를 가야 하는지, 무슨 학원을 선택해야 하는지 명확한 가이드라인이 제공된 상태에서 공부한 세대이다. Z가 잘못되고 부족한 것이 아니라, 그들이 경험한 학창 시절이 다른 것뿐이다.

보다 구체적으로 직장 생활에 적용해 보면, X는 Z 업무에 관해 코칭 할 때, 무엇을 해야 하는지를 더 명확하게 이야기해야 한다. 우선 할 일에 대해 보다 구체적으로 지시하며, 그 업무를 추진하면서 발생할 일들에 대해 사전에 가능한 부분들을 세부적으로 알려 준다. 그리고 Z의 질문을 통해 명확하게 역할을 모르는 부분이나 막연한 부분에 대해 듣고, 자세하게 설명해 준다. 조직에서 X와 Z의 직급 차이가 크다면, 이 역할을 Y에게 위임해서 그 역할을 수행할 수 있도록 Y를 코칭 할 필요가 있다. 과거와 같이 왜 해야 하는지 설명한 이후 스스로 문제를 해결해 나가는 방식보다는 마이크로 리더십을 기반으로 사전에 구체적인 업무 지시가 보다 확대되어야 한다. Z가 학원을 선정하고, 미래 학과를 구체화하는 작업에 부모와 교사, 학원 선생님이 많은 도움을 준 것을 이제 조직에서도 이해하고, 신입 기간이라도 더 자세한 도움을 주어야 한다. 이것이 Z의 조직 몰입을 강화할 것이다.

2 | 성과 위주의 평가 공정성을 확보하라

한국 사회는 최근 입시 부정 등에 대해 상당히 민감해졌다. 유명 정치인들도 자녀 입시 문제가 생긴다면, 이전 시대와 다르게 많은 공격을 받고 있다. Z는 이러한 언론을 보고 자라온 세대이다. 또한 Z는 중고등학교 시절 수시, 정시 등 다양한 입시 제도에서 전략을 세우고, 남들보다 더 많은 노력을 해서 대학에 입학하였다. 대학 1학년 때부터 경쟁이 일상화된 대학에서 낭만보다는 공정한 평가에 더 많은 부분을 집중하며 생활하였다. 이런 Z에게 "공정"이라는 단어는 기존 세대보다 중요한 키워드이며, 조직에 들어온 Z에게도 중요한 이슈이다. 앞에서 언급한 이진형 대표가 말한 20대 최다 포털 검색어 중 "나야 나"도 이런 세대를 반영한 키워드이다. 다른 사람도 중요하지만 내가 가장 중요한 Z에게 본인과 조직의 공정성은 무엇보다 중요한 단어가 되었다.

조직에서의 공정성은 사회과학 분야의 오랜 연구 주제이다. 절차 공정성, 분배 공정성, 상호작용 공정성에 대한 많은 연구가 이루어졌으며, 그 중요성은 여러 학술 논문에서 실증적으로 입증되었다. 그래서 조직에서 "공정 리더십"을 강조하는 것은 다소 진부한 주제라 생각할 수 있다. 하지만 최근 Z가 막 입사하기 시작한 조직에서 발생하는 공정성과 관련된 최근 이슈들을 보면 공정은 단순히 누구나 아는 단어가 아닌 핵심 키워드로 부상하고 있다. 최근 공공 조직에서는 베이비붐 세대와 X세대 관리자를 대상으로 하는 사내 비리 고발 문제가 급격하게 늘고 있다. 물론 조직에서 비리를 저지른 사람을 내부 구성원이 고발하고, 정도 경영을 하는 것은 조직의 올바른 방향이다. 기존 세대에서도 있었고, 반드시 필요한 제도이다. 하지만 Z가 조직에 들어오기 시작하면서, 기존 세대 때와는 다른 새로운 양상이 벌어지고 있다. 기존보다 더 다양한 제보가 더 많이 들어오고 있다고 한다.

조직 생활에서 규정에 어긋난 행동을 서로 감시하는 것은 가장 중요한 활동이다. 단, 고발의 전부가 그렇지는 않지만 일부는 인간관계의 상처로부터 시작되고 있다는 것이다. 그 인간관계 문제 발생의 가장 중요한 원인이 "평가의 공정성" 때문이라는 이야기가 많이 들린다. 그래서 평가 시즌, 승진 발표 바로 직후에 사내 비리 제보가 많이 접수된다고 한다. X가 보기에 별로 큰 문제는 아닌 듯한데(조직에서 작은 비리도 절대 문제가 되지 않는 것은 아니다), 무언가 자신에 대한 조직의 평가로 기분이 안 좋은 Z가 문제를 크게 만들었다고 생각하는 사람들이 생기기 시작했다. 그 기분 나쁜 무언가가 주로 "공정성"에 대한 불만이라는 것이다.

이 부분에 대한 해결은 X도 Z에 대해 깊이 이해하고, Z도 X를 깊이 이해해야만 해결이 되어 나간다고 생각한다. 단순히 X 입장에서 Z는 '왜 저런 문제까지 고발하지? 이상하네.' 하고 생각할 것도 아니며, Z도 '저 윗사람은 뭐 저런 비리를 아무 죄책감 없이 저지르지.' 하고 다 고발할 문제는 아닌 것이다. 기본적으로 상호 이해가 전제되어야 한다. 당연히 조직 내에서 서로에게 이야기하면서 공정하고 청렴한 조직을 만들어 가야 한다. 예를 들어 X도 Z도 모두 세대 간 교육을 받은 상태에서, 상대방 세대에 대한 이해를 바탕으로 조직 내에서 비리에 대한 문제가 생기려고 하면, 발생 후에 신고를 통해 해결하는 것이 아니라, 사전에 서로 이야기하면서 발생하지 않게 하는 노력이 필요할 것이다.

이러한 비리 발생, 고발, 방지와 별개로 조직 내에서 "공정성 확보"가 무엇보다 중요한 시대가 왔다. 공정성은 집단 혹은 사회의 조직적 생활 과정에서 여러 인격에 대한 대우 또는 배분 등을 기준에 따라 공평하게 하는 것을 말한다. 애덤스는 조직 내의 구성원 개인은 자신이 조직으로부터 받은 보상을 비교함으로써 공정성을 지각하며, 자신의 보상을 동료와 비교하여 불공정성을 지각하게 되면 이를 감소시키기 위한 방향으로 동기를 작용하여 균형을 찾는다는 "공정성 이론"을 주장하였다.[11] 조직 내 성과의 배분이 평등하게 이뤄진다는 것은 기본적으로 산술적 차원에서 논의되는 것이지만, 오히려 공정하게 분배된다는 것은 개인의 주관적인 평가에 따른 인식과 심리의 차원에서 논의되는 개념일 수밖에 없다는 것이다.[12] 즉 조직 내에 공정에 대한 것들은 개인이 느끼는 감정이 중요하다는 것이다. 공정성 이론을 모르는 Z이지만, Z는 기존 세대보다 더 많은 공정성에 대한 감정을 고등학교, 대학교 때부터 경험하였고, 이 세대가 X, Y와 함께 조직 생활을 시작하였다. 그래서 앞으로의 리더에게 공정은 가장 중요한 항목이 되고 있다.

공정 리더십을 구체적으로 적용해 보면, 우선 모든 평가를 매번 공정하게 해야 한다. 과거와 같이 막내이니까, 승진이 몇 년 남았으니까 등으로 평가의 공정성을 훼손하면 안 된다. 회사 내부 규정에 따라 목표를 수립하며, 중간중간 면담을 통해 평가 결과를 기록하고, 본인에게 피드백 하며, 그 결과에 대해 개인에게 공지하고 공개하는 것이 과거보다 더 요구된다. 평가가 나이나 직급, 성별에 따라 결정되어서는 안 되며, 평가 모델에 따라 그 연도의 성과 목표 달성과 개별의 역량 평가 결과에 의거 평가되고 공개되어야 한다. 또한 과거와 같이 공동의 성과와 개인의 성과를 동일시하여 윗사람에게 좋은 평가를 주거

11 Homans(1961), Social Behavior, Harcourt, Brace & World.

12 Colquitt, J. A. (2001), On the dimensionality of organizational justice: a construct validation of a measure, Journal of applied psychology, 86(3).

나, 명확한 기준이 없는 평가는 앞으로 조직에서는 철저하게 배제해야 한다. 한국 사회에 연공서열 위주의 평가, 직급 위주의 평가는 현재 큰 전환점을 맞이하고 있다. 향후 Z가 조직에 확대되는 시점에는 당연히 성과 위주의 평가, 직무급 중심의 평가가 확대될 것이다. 이러한 조직 내 제도와 리더의 평가 공정성을 통해 Z세대의 조직 내 조기 정착 지원이 가능할 것이다.

1 | 경청과 배려에도 거리가 필요하다

Y세대를 지칭하는 말은 생각보다도 많다. 밀레니얼 세대, 미^Me 세대, 에코 부머, 넷^Net 세대 등등 여러 정의가 존재한다. 이렇게 여러 단어와 의미로 정의되는 만큼 사실 복잡한 성격을 가지고 있고, 개인차도 물론 존재한다. 다행히 우리 Y세대들은 공통적인 경험적 특징을 가지고 있다. 베이비부머 부모 세대의 희생과 아낌없는 사랑, 극진한 보살핌 속에서 유년기를 보냈고, 성장의 순간마다 매우 특별하다는 소리를 많이 들으며 성장했었다. 필자 Y 역시도 어른이 되면, 정말 무엇이든 될 수 있을 것 같았다. 사실 당시 가족뿐만 아니라 교사, 멘토, 각종 미디어에서도 그렇게 얘기해 주었다. 그래서인지 자기 효능감

이 기존 세대보다 높은 편이다.

하지만 회사에 입사하는 바로 그 순간 기존 세대들의 거대한 장벽에 우리는 가로막힌다. 우리 Y세대들은 그 누구보다 목표 지향적이고 긍정적인 태도를 가졌지만 당시 기존 선배들로부터 너무 효율성만 중요시하고, 끈기가 부족하며, 생각과 행동이 개인적이라는 이야기를 많이 들었다. 심지어 실제 보유한 능력보다 자신감이 너무 넘친다는 부정적 피드백도 있었다. 그렇게 우리는 싫든 좋든 과거 베이비부머 세대의 리더와 X세대 선배들에게 길들여졌다. "당연히 조직에 맞춰야지! 싫으면 떠나야지!"라는 말을 수없이 반복하여 들으면서, 어느새 그런 방식에 익숙해졌다.

시간이 지나고, 비교적 이른 시기에 입사한 Y세대들은 이미 조직에서 관리자가 되었거나 혹은 팀의 주무로 자리 잡았다. 그리고 이들 대부분은 다소 권위적이었던 기존 베이비부머, X세대들과는 다른 리더가 되고야 말 것이라는 강한 신념을 가지고 있다. 최소한 내가 당했던 불합리하고 불공평한 경험이 후배들에게 전이되기를 원치 않기 때문이다. 그리고 먼저 다가가는 멋진 리더, 선배가 되고자 한다. 순수하게 후배들에게 더 많은 관심을 갖고자 페이스북, 인스타그램에서 먼저 친구를 신청하며 스스로 열린 리더, 멋진 선배라 생각한다.

그런데 다음 날 우연히 여행 중인 사진을 보며 "여기 어디야?, 누구랑 갔어?"라고 묻는 바로 그 순간 후배들은 Y에 대해 불편함 나아가 불쾌함을 느낀다. 오죽하면 어린 이 친구들이 회사용 계정 혹은 휴대폰을 따로 만들겠는가. 카카오 멀티 프로필 기능은 이런 면에서의 니즈를 정확하게 캐치해 준 것 같다(다른 부작용도 예상되지만, 순수하게 일터와 일상과의 분리 측면에서는 긍정적이다). 이들은 어디까지나 회사에서 만난 인연은 비즈니스 관계로, 사생활과는 철저히 분리되기를 원한다. 상호 간의 충분한 신뢰가 형성되고, 두터운 친분이 선행되지 않는다면 이들과 친해질 확률은 마치 도로에서 내 차를 들이받은 낯선 사람과 절친이 될 확률만큼 낮다. 더 많은 것을 이야기해 주고 싶고, 가까워지고 싶은 리더 혹은 선배 Y의 진심은 오히려 Z 구성원, 후배들에게 상처가 된다. Y뿐만 아니라 X의 경우에도 어린 MZ세대들의 사생활에 대해서는 적당한 거리 두기가 필요하다. 정말 이들과 평소에 충분한 친분을 쌓았고 그들을 이해하고 있다면 왜 매주 월요일 "주말에 뭐 했어?"라는 고정된 질문을 던지는가.

또한 많은 Y 관리자들은 함께 협력해서 일하는 것을 즐긴다. 그렇기에 팀원의 의견을 듣는 것을 좋아하며, 경청하는 것이 리더의 최고의 덕목이라고 굳게 믿고 있다. 그리고 이는 매우 중요한 역량인 것도 사실이다. 동등한 위치에서 서로 협력하고, 내가 구성원을 좋아하는만큼 구성원이 나를 좋아하기를 원한다.[13] 하지만 이 경우에도 선의

---

13 브래드 카쉬, 커트니 템플린(2016), 『넥스트 리더십 3.0』, 글로세움.

로 시작한 경청이 때로는 상처로 돌아와 버린다. 리더 혹은 선배로서 Y는 Z세대들을 수평적이고 합리적으로 대우해 준다. 분명 과거의 나였으면 이 정도 배려에 감사함을 느끼고 리더를 신뢰하고 업무도 더 잘할 수 있을 것 같은데, 안타깝게도 후배들이 생각처럼 따라오지 않는다. 지시한 업무 처리 속도도 더디고, 왜인지 기다린 만큼 결과물의 수준이 나오지 않는 것 같다. 설상가상으로 MZ세대 구성원들의 요구는 점점 늘어나는데, Y의 리더인 X는 여전히 수직적이고 언제든 불이 붙을 정도로 건조한데, 일까지 잘해야 하니 이거야 원. 오늘도 리더 Y의 시름은 깊어만 간다.

그렇다, 경청과 배려는 하나의 수단일 뿐, 목적지가 아니다. 이 밖에도 코로나 이슈 장기화로 많은 리더들이 물리적 거리 두기 상황에서 효과적인 리더십을 고민하고 있다. 월간 인재경영의 인사담당자가 꼽은 2020 리더 이슈 중 "비대면 환경에 맞춰 일하는 방식 개선 문제"가 2021년 가장 고민되는 이슈로 손꼽혔다. 앞으로 MZ세대들과 함께 일하고 지속적인 성과를 창출해 내기 위해서는 여러 분야에서 Y의 거리 두기 리더십이 필요하다.

2 | 성급하게 조언하지 말고 Z의 자발적 성장을 기다려라

Y의 리더십은 복합적인 구조를 가지고 있다. 여전히 그들의 리더

인 앞 세대의 요구에 부합하면서, 동시에 새로운 MZ세대를 위한 조직 관리, 리더십 역량을 요구받는다. 또한 과거보다도 더 성과에 대한 강한 압박을 받고 있다. 리더십 역량을 발휘하며 동시에 높은 성과를 만들어내는 생산자의 역할을 수행하다 보면 가끔은 아찔한 외줄 타기처럼 위태로워지는 순간이 늘어나고, 이내 불안해진다. 이러한 불안감은 후배, 구성원에게 그대로 전이된다. 그럼에도 아무도 알려주지도 않고 스스로 생존해야 했던 과거를 떠올리며, MZ세대 후배들에게 많은 것을 알려주고 싶고 또 도와주고 싶어 한다. 그런데 바로 이 순간 문제가 발생한다. 분명 도움을 주고자 하는 선의로 시작되었으나 그 결과는 '젊은 꼰대'로 돌아올 수 있기 때문이다. 미국의 저명한 심리학자 칼 로저스의 "도움을 구하는 사람이 개선을 원하지 않을 때는 치유적 관계를 시작하는 게 불가능하다."라는 명언에서 우리는 정답을 확인할 수 있다. Y는 스승이 아니라 후배들이 필요로 하는 부분을 지원해 주는 '지원가'가 되어야 한다. 또한 직장뿐만 아니라 일상에서도 지나친 도움은 자칫 간섭이 되고, 의도하지 않았던 결과로 이어진다는 사실을 명심해야 한다.

리더 혹은 선배 Y는 생각을 바꿀 필요가 있다. 우선 후배들이 가능한 한 스스로 해낼 수 있도록 믿고 맡기되, 이를 가능하도록 업무 환경을 조성해야 한다. Y의 생각보다도 그들은 뛰어나다. 다만 아직 충분한 업무 자원 활용이 어렵고, 경험이 부족한 그들이 도움을 요청했을 때에는 든든한 지원이 필요하다. Candor, Inc의 공동 창립자이자

CEO, 동시에 Drop Box, Twitter, Shyp 등 여러 IT 기업 자문을 맡고 있는 킴 스콧은 그의 저서에서 실리콘밸리에서 일하고 있는 팀장들은 과연 무엇이 다른지를 소개해 주었다. 그들은 지시하지 않았고, 결과를 재촉하지 않았으며, 과도한 간섭 없이 팀원의 아이디어가 충분히 실행될 수 있는 시간을 부여해 주었다. 또한 기대만큼 성과를 올리지 못했더라도, 그 실패에서 교훈을 얻을 수 있도록 하여 그들의 자발성을 위축시키지도 않았다. 모든 것을 알려줄 필요는 없다. MZ세대들에게 과도한 간섭은 그들의 자발성을 저하시키는 원인이 된다.

물론 여기는 대한민국이고, 실리콘밸리와는 기업 환경, 정서도 다르고, 심리적 물리적 거리 역시 멀다. 여전히 우리나라 대다수의 기업들은 수직적인 조직 구조와 조직 문화를 가지고 있고, 조직에서 실패는 곧 나의 평가 혹은 승진 그리고 나아가 생존과도 직결된다. 그래서 X 그리고 Y가 변화해야 한다. 대내외 경영 환경, 트렌드, 기술 변화뿐만 아니라 주 고객, 임직원들의 세대 변화는 곧 우리의 일하는 방식이 왜 변화해야 하는지를 알려준다. 이러한 변화는 미래의 후배 그리고 조직을 위한 Y의 사명이기도 하다. MZ세대들이 더 자율적으로 일하고 성취감을 느낄 수 있도록 만들어야 한다. 또한 책임감을 강요할 것이 아니라, 그들 스스로 결과에 대해 책임지도록 만들어주어야 한다.

물론 관리자 혹은 리더로서 X 그리고 Y에게 거리를 두는 일은 마냥 즐겁지가 않다. MZ의 업무 결과물은 당연히 업무 경험과 역량이 높을 수밖에 없는 X, Y의 기대에 결코 100% 만족스러울 수는 없다. 때로는 아쉬운 마음을 미처 숨기지 못하고, 질타를 할 수도 있다. 특히 열정은 충만하지만 가고자 하는 목적지인 바다가 아니라 먼 산으로 신나게 달려가고 있는 구성원 혹은 후배들을 지켜보는 리더, 선배의 마음은 너무나 고통스럽다. 그렇다, 당장이라도 입 밖으로 꺼내고 싶은 조언을 봉인하는 일은 마치 먹고 싶은 음식을 못 먹을 때와 마찬가지로 어려운 일이다. 하지만 참아야 한다. 코칭을 하지 말라는 이야기가 아니라, 최대한 정제하여 꼭 필요한 순간에 임팩트 있게 전달해야 한다. 또한 그들의 눈높이에서 코칭이 이루어져야 한다. X, Y의 기준으로는 적어도 '나였으면 이 정도는 했다!'에 근접하거나 이를 넘어서야만 진정으로 후배들을 인정할 것이다. 그런데 그 기준은 과연 합당한가? 만약 진짜로 Z세대의 능력이 현재의 Y 리더보다 뛰어나거나 동등하다면 무슨 일이 일어날까? 조직에서 Y를 필요로 할까? 아니면 상대적으로 낮은 인건비에 더 높은 가능성을 가진 Z를 원할까?

결국 거리 두기는 두 개의 기다림이다. 하나는 지시한 업무가 완성되기까지와 그리고 후배들의 성장을 위한 최적의 코칭 타이밍을 기다리는 일이다. 리더 X와 Y는 전혀 조급해할 필요는 없다. 사회개혁가 야콥 리스 Jacob Riis는 "세상이 날 외면했다고 여겨질 때 나는 석공을 찾아간다. 석공이 100번 망치를 내리치지만 돌에는 금조차 가지 않는다. 101번째 내리치자 돌이 둘로 갈라진다. 나는 그 마지막 타격으로 돌이 갈라진 게 아님을 알고 있다. 그건 그 전에 계속 내리친 일들의 결과다."라고 했다. Y는 후배들이 충분히 100번 이상의 망치를 내려칠 수 있는 기회를 주어야 한다. 그리고 묵묵히 기다리는 법을, 조급함과 거리를 두는 법을 배워야 한다. 후배들이 스스로 잘할 수 있는 환경이 조성된다는 전제하에 고요한 기다림은 언젠가 단단한 돌도 깨버리는 역량을 가진, 절대 해결할 수 없었던 일을 해내는 미래 MZ세대의 성장으로 이어질 것이다.

유명한 데일 카네기의 저서 『인간관계론』에는 다음과 같은 구절이 있다.

> 사람들이 당신을 피하고, 당신 모르게 당신을 조롱하고, 심지어 경멸하게 만드는 방법을 알고 싶다면 그 비결을 알려 주겠다. 절대로 다른 사람의 말을 오래 듣고 있지 마라. 끊임없이 당신에 대한 이야기를 늘어놓아라. (중략) 대화를 잘하는 사람이 되기 원한다면 다른 사람의 이야기를 열심히 듣는 사람이 되어야 한다. 찰스 노샘 리 여사가 말하듯 "관심을 받고 싶으면 먼저 관심을 가져라!"

기존의 경험, 상식과의 적당한 거리 두기가 필요하다. 특히 '라떼는 말이야', '내가 해 봤는데 그건 안돼'와 같은 이야기는 절대 Y세대 리더들의 입에서 먼저 나와서는 안 되는 이야기이다. 물론 그동안의 암묵지적인 지식, 정보는 유용하다. 과거의 시스템을 무시하거나 그것들이 전혀 불필요하다는 이야기는 결코 아니다. 다만 경영 환경도, 산업도, 고객도 심지어 임직원들도 바뀌었다는 사실을 꼭 기억해야 한다. 그렇기에 전에 안 되었던 그 일이 오늘 그리고 내일에도 과연 안 될 일인지, 과거의 실패 이유가 지금도 유효한지, 이를 극복할 수는 없는지 충분히 고민해 보고 이야기해야 한다. 과거의 지식과 경험은 더 이상 하나의 레퍼런스 자료의 가치 그 이상도 이하도 아니다. 이때야말로 최적의 솔루션은 결국 경청이다. 보다 정확한 표현은 진심 어린 관심과 경청을 통한 상대방의 생각을 '수용'하는 것이다.

우리는 기존에는 없었던, 혹은 기존의 것을 더욱 발전적인 방향으로 만들어 줄 수 있는 창의적인 그 무언가를 항상 추구한다. 물론 숙련된 개인이 발휘하는 창의력도 중요하지만, 이른바 집단지성을 통한 창조는 경청과 수용 그리고 상대방과의 상호작용을 통해 발휘된다. 인간의 창의성이 특별한 이유는 사회성을 바탕으로 서로 '상호 작용'하고 '공유'하려는 특성 때문이며, 서로 간의 협력으로 뇌에서 새로운 아이디어를 발생시키기 때문이다. 반 고흐, 어니스트 헤밍웨이, 아이작 뉴턴도 기존에 알려진 바와는 다르게 사회의 영향을 받고, 주변과의 네트워킹을 통해 창의력을 발휘했다. 아마도 성공한 Y 리더들 역시 이러한 상호작용을 적절하게 잘 활용했을 것이다.

그리고 그 상호작용의 시작은 역시 경청이다. 누구나 인정하는 세계적인 CEO 제프 베조스, 저커버그, 피차이, 나델라는 비전가가 아니다. 그들은 '촉진자 facilitator'다. 그들의 혁신에 원동력이 된 창의성은, 바로 Bottom의 아이디어를 경청하는 일부터 시작되었다. 아마존과 페이스북, 구글, 마이크로소프트의 모든 의사결정의 키를 잡고 있는 이들은 자신의 아이디어가 아니라 직원들의 아이디어를 현실로 바꾼 것이다. 결국 MZ의 목소리에 우선 귀 기울이고, 그들의 아이디어를 현실로 만드는 긍정적 상호작용은 앞서 소개한 아메리칸 이글, 구찌의 그림자 위원회의 업적과 같이 혁신적인 업무 성과로 충분히 이어질 수 있음을 기억해야 한다.

3 | 적응과 발전에 필요한 좋은 습관을 만들어주자

그렇다고 모든 것에서 거리를 두다가 자칫 방관하는 사례가 발생해서는 안 된다. 적어도 눈에 보이는 거리에서, 최소한의 간섭이 가능한 범위 내에서 MZ세대의 성장을 지원해 줄 수 있는 가장 좋은 방법은 일을 잘하는 습관을 만들어주는 것이다. 우리는 흔히 아이들은 마냥 순수하고 착할 것이라는 착각을 한다. 하지만 실제로는 나이가 들면서 악한 면을 통제하는 법을 배우며, 더 친절해지고 양심적으로 변하며 정서적으로도 안정된다.[14] 또한 약한 사람을 노골적으로 괴롭히는 현상은 학교 운동장에서는 자주 보이지만 성인 사회에서는 확연히

---

14 Roberts, B. W, Mroczek, D(2008), Personality trait change in adulthood.

줄어든다.[15] 그러한 이유로 과거 그리고 현재에도 학교 폭력은 사라지지 않으며, 최근에는 코로나로 인하여 사이버 폭력(언어폭력, 집단 따돌림 등)으로 변질되어 발현된다고 한다. 심지어 가해자 중 77%는 같은 반, 학년이라고 한다.[16] 결국 성장 과정에서 부모, 교사의 적절한 개입과 훈육, 교육과 사회화 과정을 통해 한 명의 아이가 성인이 되어 세상에서 다른 사람들과 건강한 관계를 맺고, 온전히 살아갈 수 있는 사회성을 갖게 되는 것이다.

신입사원인 Z의 경우에도 마찬가지이다. 물론 성인이고 충분한 사회화를 거쳤으며, 끝을 모르는 가능성을 가지고 있는 것은 사실이지만 그 어떠한 선도 기업에서도 학생 시절만큼의 자유가 허락되지는 않으며 어느 기업이든 통제된 규율, 즉 Work Rule이 존재한다. 무엇보다 노력의 목적과 목표가 완전히 바뀌어버린다. 이제는 배움이 아니라 어떤 방식이든 조직에 기여하고, 성과를 창출해야만 한다. 그러려면 기존 조직의 일하는 방식과 업무 자원 활용 방법, 프로세스 등에 대해서는 적절히 간섭이 필요하다. 특히 초기에 이들의 안착安着과 적응을 위한 Y의 역할은 매우 중요하다. 물론 적당한 거리를 두며 또한 적절한 개입을 하는 일에는 많은 기술적인 어려움이 존재한다. MZ세대들의 자발적인 성장에 필요한 성공적인 루틴을 만들어 주기 위해

---

15   Olweus, D(1994), Bullying at school.

16   교육부(2020), 학교폭력 실태조사.

『아주 작은 습관의 힘 Atomic Habits 』의 저자이자 자기계발 전문가 제임스 클리어가 제시한 자기계발 노하우를 직장인의 업무 버전으로 각색하여 소개해보고자 한다.

첫째, 업무 지시는 구체적일수록 좋다.

우리의 뇌에서 특정 행동을 시작하게끔 자극 신호를 보내는 것은 음식과 같은 1차적 보상의 기대와 명예, 지위, 칭찬과 같은 2차적 보상에 대한 기대 때문이다. 신호는 구체적 시간과 장소를 분명하게 설정하고, 충분히 반복하면 '왜'라는 의문을 품지 않고 적시에 하게 되면서 습관을 형성할 수 있다. 만약 난이도가 높지 않고, 충분히 MZ가 수행할 수 있는 루틴 업무를 부여하는 경우 초기에 다소 번거롭겠지만 업무에 대한 대략적인 가이드와 기대 사항, 원하는 납기일을 구체적으로 전달할 필요가 있다. 아직도 많은 리더들이 업무를 지시할 때 "○○관련 보고서를 써 와."라고 지시하고, 이후 이들의 결과물을 코칭하는 방식을 가지고 있다. 이 경우 추가로 수정 사항이 발생하고, 실제 보고서의 완성까지 꽤 많은 업무 시간이 소요된다. 반대로 리더 X, Y가 해당 업무에 대해 기대하는 아웃풋을 조금 더 구체적으로 제시해 준다면 어떠할까. 예를 들어 후배 A에게 업무 지시를 하는 경우 다음과 같은 커뮤니케이션이 가능할 것이다.

"해당 보고서는 프로젝트 수행 배경과 목적, 구체적인 추진 일정과 인력, 예산이 포함되어 차주 월요일 14시까지 작성되었으면 합니다. 이 프로젝트는 ○○ 회의에서 ○○님께서 ○○한 이유로 제안하셨으며, 해당 프로젝트 수행을 위한 예산, 인력에 대한 저 그리고 상사의 허용 수준은 ○○~○○ 수준입니다. 함께 공유드리는 기존 3개년 DB 중 예산 분석을 통해 그래프로 함께 포함되었으면 좋겠습니다. 여기에 A님께서 해당 프로젝트가 더욱 효과적으로 운영되기 위한 방법론을 고민해 주시고, 제가 알고 있는 정보는 ○○ 정도입니다. ○○에 도움이 되는 자료가 많을 것으로 생각됩니다. 진행 중 추가적인 질문이나 도움이 필요한 경우 언제든 말씀해 주세요."

둘째, 어려운 업무는 매력적으로 만들어라.

우리가 어떠한 일에 진심을 다해 몰입하는 경우는 세 가지 중 하나이다. 그 자체가 너무나도 재미있는 일이거나, 혹은 일의 결과를 통해 내가 얻을 수 있는 정량적, 정성적 보상이 많거나, 마지막으로 너무나도 매력적인 일을 수행할 때이다. '매력적이고 싶다'와 같은 열망은 모든 습관 뒤에 있는 동기적 힘으로 습관 자체에 대한 것이 아니라 습관이 가져올 변화에 대한 것이다. 결국 이때 변화에 대한 부분을 매력적으로 만든다면, 습관의 동기를 강화시킬 수 있다.

특히 중요하고 창의성을 요하는 업무라면, 업무 지시 전에 이 일이 얼마만큼 중요한지, 어떤 의미를 가지고 있는지, 이 일로 인하여 어떤 변화가 이루어지는지를 MZ 구성원들로 하여금 충분히 상상하도록 만들어야 한다. 여기서 중요한 것은 실제 매력적인 MZ의 결과물에는 충분한 보상이 부여되어야 한다. 칭찬과 인정 그리고 평가까지 말이다. 이는 MZ 구성원들로 하여금 업무에 대한 매력과 흥미, 결과에 대한 성취감을 느낄 수 있도록 도와준다. 이를 반복하면 이후 특별한 X 혹은 Y의 사전 작업(?) 없이도 MZ는 주어지는 어떤 일이든 그 일의 본질과 의미, 일을 통한 변화를 스스로 상상하게 될 것이다. 아주 자연스럽게 자신의 업무 혹은 그 일의 결과물을 더욱 매력적으로 만들기 위해 노력하게 되는 것이다.

예를 들어 미국 ABC 방송은 목요일 저녁 인기 드라마를 편성하고 시청자들이 팝콘과 레드와인을 마시면서 즐기도록 홍보한 결과, 시간이 지남에 따라 사람들은 목요일 ABC 방송 시청을 즐거운 휴식과 연관 짓기 시작했다. 즉 일을 '해야 한다 have to'를 '해내다 get to'로 바꾸는 것이다. 마치 '저녁밥을 차려야 해'에서 '음식을 만들어낸다'처럼 관점을 바꾸면 '부담'이 아니라 '기회'라는 시선으로의 변화가 이루어진다.[17]

셋째, 일단은 하기 쉽게 만들어야 한다.

신입사원들에게 가장 어려운 업무 중 하나는 타부서 상급자에게 메일 혹은 전화를 할 때이다. 사실 상급자를 대상으로 한 통화 자체가 어렵다기보다는 커뮤니케이션 과정에서 갑작스럽게 상대방이 내가

---

17   제임스 클리어(2019), 『아주 작은 습관의 힘』, 비즈니스북스.

모르는 질문을 던진다던가, 혹은 내가 알고 있는 정보가 부족한 경우에 어려움을 느낀다. 이 경우 Y가 매뉴얼을 제시해 주면 좋다(가능하다면 처음에 시범, 실습을 해 보는 것도 필요하다. 물론 MZ가 원한다면 말이다). 좋은 습관에 잘 반응하기 위해서는 나와 습관 사이의 단계들을 줄이고, 습관이 일어나기 쉬운 환경을 조성하는 것이 필요하다.

또한 기존 X, Y세대가 반드시 고민해야 하는 사실이 하나가 있다. 현재 내가 가지고 있는 것이 실력인지, 혹은 경험을 통한 지식인지를 구분해야 한다. 예를 들어 기존에 X 그리고 Y가 수행했던 업무 관련 정보와 협업 파트너가 어디에 있고, 누구인지는 그리 고급 정보가 아니다. 반면 사회 초년생인 어린 MZ세대 구성원들은 대부분 처음 해 보는 일이거나, 아직 해당 업무에 대한 경험이 부족하여 이와 같은 정보 취득에 취약하다. 이러한 정보들은 조직 구성원 모두가 손쉽게 찾아볼 수 있도록 DB화하여 관리하고 공유해야 한다.

넷째, 만족스럽게 만들어야 한다.
마지막으로 습관을 즐겁게 지속하기 위해 습관을 완수하면 즉시 스스로 보상하는 강화 요인을 마련하고 지속적으로 추적하며 습관을 두 번 거르지 않도록 해야 한다. 마치 우리가 외식비용을 아껴서 해외여행을 위한 통장을 만들고 저축하는 것처럼 말이다. 1993년 캐나다의 한 주식 중개인은 클립 120개가 들어 있는 통과 빈 통을 책상 위에 두고 영업 전화를 한번 할 때마다 클립 하나를 빈 통에 옮겨 담는 습관 추적을 지속했고, 이는 다음 행동을 촉발하는 기제가 되었다. 신입사원 MZ가 특정 업무를 잘 수행할 때마다 일종의 달성 배지, 혹은 보상 기제를 부여하고 이를 평가, 보상 등에 연계한다면 좋을 것이다. 긍정적 행동 결과에 따른 눈에 보이는 보상 기제는 이들의 업무 성취감뿐만 아니라 입사 초기 자발적인 업무 습관 형성에 도움을 줄 수 있다. 물론 여기에 재미요소까지 가미된다면 금상첨화이다.

4 | 구성원의 경험에 집중하라

작년 한 포럼에서 우연히 지인 A를 만났다. 같은 학교, 고향 친구는 아니지만 과거 회사 간 모임으로 우연하게 만나게 된 동갑내기 친구이다. 함께한 추억도 몇 없었지만 마치 유년기 오랜 시간 함께했던 친구와 재회한 것처럼 무척이나 반가웠고, 짧은 시간이었지만 유익한 대화를 나누었다. 최근에도 연락을 통해 가까운 미래에 다시 만나기를 기약했지만, 코로나 사태 장기화로 아직까지 약속이 이루어지지 않고 있다. 정말 신기한 사실은 그와 오래 알고 지내던 사이도 아니고, 실제로 만난 횟수는 3~4번 정도에 불과했는데도 유난히 친근하고 그리운 느낌이다. 특정 사람에 대한 호감은 분명 그 사람의 성격, 나와의 공통점, 알고 지내게 된 계기와 시간 등 여러 가지 요소로 결정될 것이다. A는 물론 두루 좋은 인품과 성격을 가졌지만, 사실 그와 공통점은 많지 않다. 아마도 그와 함께했던 그룹 채용 경험이 지금까지의 회사 생활에서 가장 즐거웠고, 치열했으며, 인상 깊은 절정 Peak 의 시기였기에, 오래오래 좋은 기억으로 남아 있는 것 같다. 이처럼 사람은 일반적으로 경험을 기억하는 데 몇 가지 특징(원칙)을 가지고 있다. 그중 첫 번째가 바로 "절정-대미의 원칙 Peak-End Rule"이다.

또 한 가지 인상 깊었던 회사 생활은 그룹 연수원 경험이었다. 입사 후 꽤 오랜 시간 인사 업무만을 수행하다가 처음으로 교육 담당자가 되어 직무 전환이 이루어졌던 시기이고, 새로운 스타일의 선후배, 동료들을 만나 그전까지와는 전혀 다른 업무 방식을 경험했었다. 마치 평소 열심히 푸시업을 해서 삼두 근육(밀어내는 힘)을 벌크업 해놨는데, 그동안은 써본 적 없던 등의 이두 근육(당기는 힘)을 사용하는 것처럼 말이다. 처음에는 기대했던 수준의 성과(무게)를 감당(수행)할 수 없어 다소 무력감을 느꼈지만, 다행히 그동안의 경험이 전신 근육 형성과 심폐지구력 향상에 도움이 되고 있었다는 사실을 깨닫는 데에는 그리 오랜 시간이 걸리지 않았다. 교육 업무를 시작하고 6개월이 지나자 서서히 성과가 나타났고, 이는 경력 경로의 큰 변화이자 오랫동안 기억될 경험이었다. 이것이 두 번째 "전환점 원리 Transition Rule"이다. 그 밖에도 승진, 수상 등 가끔씩 발생하는 이정표적인 사건에 발생하는 이벤트를 오래 기억하는 세 번째 원리 "경계점 원칙 Landmark Rule"이 존재한다. 이와 같은 경험은 앞으로 수행하게 될 업무에 있어서도 많은 도움이 될 것이다.

직원 경험과 기업 성과를 연구한 여러 가지 모형은 왜 리더가 구성원들의 경험에 집중해야 하는지를 보여준다. 비교적 많이 알려진 구글의 고성과 팀 모형에서 우리는 업무, 사람, 환경에 대한 중요한 경험이 구성원들의 심리적 안정감과 상호 신뢰, 일의 의미 및 영향력을 변화시켜 고성과 창출에 필요한 열정, 창의, 몰입 등을 이끌어준다는 사실을 알 수 있다. 또한 2017년 IBM의 Smarter Workforce institute가 발표한 'The Employee Experience Index' 보고서에서도 직원 경험이 직원 개인의 성과뿐만 아니라 조직성과에도 기여하는 것으로 나타났다. 양질의 경험 수준을 나타나는 'EX Index Score'가 Top 25%에 드는 근로자들의 퍼포먼스는 96%로 하위 25%에 비해 23%나 높았던 것이다. 그 밖에 Medallia Analysis, Business Metric 등의 연구 결과에서도 EX가 매출액 또는 영업이익 향상에 도움을 준다는 사실을 확인할 수 있다. 이처럼 직원들의 조직 내 긍정적 경험은 그들의 몰입, 동기에 영향을 미치고 실제 성과 향상에도 도움을 준다는 여러 연구 결과와 기업 사례가 존재한다. 또한 유로모니터 소비자 트렌드 2021에 따르면 공간, 기술, 문화 등 직원 경험 관리를 통해 직원 몰입이 증가했고, 생산성도 25% 증가했다고 한다. 우리에게 경험보다 위대한 스승은 존재하지 않듯, 임직원들의 경험 관리는 이들을 더욱 위대하게 만들어 줄 수 있다.

직장 내, 일터에서 주요한 경험(특히 긍정적인, 성공의 경험)들은 개인의 성장과 조직 몰입 과거뿐만 아니라 현재 그리고 미래의 이정표가 될 수도 있다. 때로는 당장의 조직, 리더에게서 느끼는 분노와 실망스러움을 이겨낼 수 있는 든든한 방패가 되어주기까지 한다. 여기 또 하나의 직원 경험이 조직 성과로 발현된 사례가 존재한다. 아마존이 12억 달러라는 파격적인 가격에 인수해서 화제가 된 신발 쇼핑몰 자포스. 당시 제프 베조스는 해당 기업의 조직 문화를 사고 싶다고 천명했고, 자포스의 창업자이자 CEO였던 토니 셰이 역시 '훌륭한 직원 경험은 훌륭한 고객 경험을 만들어낸다'며 우수한 조직 문화, 직원 경험 관리 역량을 가진 자포스를 극찬했다(너무 안타깝게도 화재로 인해 이 천재 CEO는 2020년 11월 별세했다).

이미 EX는 꽤 많이 알려진 Major Trend로 진화 중이며, 가까운 미래에 CX/EX와 같은 메가트렌드로 자리 잡을 것으로 예상된다. 한편 조직 차원에서는 EX의 중요성을 인지하고, 인사 제도를 설계/실행할 필요성도 높지만, 흔히 이야기하는 고객 접점, 즉 구성원과 조직의 가장 빈도 있는 만남이자 경험인 리더십의 측면에서 더욱 중요한 개념이라 생각된다. 구성원에게 회사의 복리후생 등의 제도보다도 실제 직장 생활, 직원 경험에 가장 지대한 영향을 미치는 것이 바로 리더이기 때문이다.

5 | 신입사원의 눈높이에 맞게 시좌視座를 바꿔라

흔히 바라보는 위치가 다르면 풍경도 달라진다고 한다. 마치 산 정상에서 마을을 바라보았을 때 그동안에 보이지 않았던 높은 빌딩이나 동네, 몰랐던 길을 발견하기도 한다. 이처럼 바라보는 위치를 시좌視座라고 한다. 베스트셀러 작가이자 미래학자인 제이콥 모건 Jacob Mogan은 그의 저서『직원 경험 The Employee Experience Advantage』에서 시대 변화에 따른 직원 경험의 진화를 유용성, 생산성, 몰입, 직원 경험의 시기로 분류하였다.

아마도 베이비부머 세대가 한창 회사 생활을 하고 있을 때까지만 해도 직원은 그저 거대한 회사의 하나의 톱니바퀴에 불과했고, 이때는 '유용성'을 가장 중요시했던 시기였다. 회사를 위해 그 어떤 세대보다 희생했지만 조직 전체로 보면 그저 하나의 생산 설비나 사무용품과 같은 도구로 취급당했다. 물론 그들의 희생은 산업 현장을 견인했다. 이 선배 세대들은 끊임없이 쓸모 있음을 증명하기 위해 야근도, 주말 근무도 서슴지 않았다. 당연히 개인의 업무가 끝나도, 심지어 부당한 업무 지시도 당연하게 받아들였다. 이후 글로벌화가 가속화되고 무한 경쟁 시대를 맞이하여 '생산성'이 주목받는 시대가 되었다. 아마도 X세대가 신입사원이었던 시절, 한정된 시간 내에 더 많은 것을 얻어내기 위해 했던 개선활동과 프로세스 최적화가 곧 실력이었고 성장의 원동력이었다. 실제 업무와 무관하더라도 어학 역량 향상을 위해 퇴근 후 영어 학원을 다니는 직장인들은 늘어났고, 이제는 승진 시 어학점수가 필수가 되었다. 이후 85년생 Y가 신입사원이었던 시절에는 이미 대다수의 기업들이 어떻게 하면 직원들의 더 높은 '몰입'을 통해 성과를 창출할 수 있을지를 고민하고 있었다. 매력적인 비전과 미션을 선언하고, 정기적인 조직 문화 진단을 통해 문제를 발굴하고, 이를 개선하기 위한 프로그램을 기획했다. 일터를 이른바 GWP Great Work Place로 구축하기 위한 다양한 조직 문화 프로그램이 병행되기도 했다.

하지만 시간이 흐르면서 일부 학자들과 선도 기업들은 본질적인 변화의 필요성을 느끼기 시작했다. 아무리 폐차장에서 차를 가져와서 새롭게 내장재와 외관을 교체하고, 타이어 휠을 업그레이드한다고 해도 주행 성능을 개선할 수는 없다. 결국에는 새롭게 엔진을 교체하는 수밖에 없다. 제이콥은 이러한 조직 몰입 향상을 위한 프로그램들이 조직을 더 좋아 보이게 만드는 것은 가능하겠지만, 실제 성과를 내는 데는 거의 영향을 주지 않는다는 사실을 지적한다. 충분한 분석 없이 일부 기획자들의 주관적 경험에 의해 일방적이고 일회성으로 시행되는 조직 몰입, 문화 프로그램의 한계가 발생했다. 구성원의 경험을 관리한다는 것은 잘하고 있던 기존 방식을 송두리째 바꾸어 버린다는 이야기가 아니다. 기존에 운영되고 있는 제도, 리더십 등 전 부분을 구성원들의 경험 측면에서 접근할 필요가 있다. 다만 경험 관리 EX는 기존의 방식을 부정하는 것이 아니다. 단지 구성원의 시야로 마주치는 경험들을 더욱더 매력적으로 만들자는 것이 주목적이다.

예를 들어 장기근속자 시상과 정년 퇴임식의 경우를 떠올려보자. Y는 과거 신입사원 때 조직 문화 담당자로서 2년간 약 5회 정도의 정년 퇴임식을 직접 진행했다. 30년이 넘는, 인생에 가장 소중한 순간들을 조직 발전을 위해 노력했던 위대한 족적들이 소개되고, 든든한 선배의 뒷모습이 못내 아쉬운 후배들이 그동안 감사한 마음을 담아 자발적으로 제작한 영상 메시지는 다른 구성원들의 마음까지 감동시킨다. 존경의 마음을 담은 기념패와 꽃다발을 든 그의 마지막 발걸음에는 모든 구성원들이 도열 인사로 화답한다. 이와 같은 이벤트는 우리가 이미 하고 있었던 직원 경험 관리의 좋은 예시이며, 실제 해외 EX 우수사례로 소개된다(퇴직 직원 환송회). 명예롭게 퇴직하시는 선배 역시 마지막으로 회사와 조직에 감사함을 느끼고, 앞으로 회사 생활을 이어나갈 후배들의 마음속에는 나도 언젠가는 저렇게 명예롭게 회사 생활을 마무리할 것이라는 다짐이 샘솟는다.

하지만 시대가 변화했다. 잡코리아와 알바몬이 직장인 530명을 대상으로 한 직장인들의 체감 퇴직 연령은 2013년 52세에서 2020년 49.7세로 낮아졌고, 앞으로 더욱 가파르게 낮아질 것이다. 사기업에서 사실상 정년퇴직은 불가능에 가깝다. 실제로 직장 재직 평균 기간은 대기업과 비영리기업이 7~8년, 중소기업은 3년에 불과했다.[18] 많게는 30년 넘게 기존의 기준, 즉 10년 이상부터 시작되는 장기근속 시

---

18 통계청(2019), 경제활동 인구조사.

상과 정년퇴임식은 이제 직원 경험 EX 측면에서는 적절하지 않다는 생각이 들 수밖에 없다.

　게다가 그동안의 리더십이 성공적이었다 하더라도, 앞으로의 성장까지 보장해 줄 수는 없다. 이제 시대 변화에 따라 산업도, 고객도, 리더십의 대상도 바뀌었기 때문이다. 그렇다고 완전히 새롭게 무에서 유를 창조해내기를 리더에게 기대하는 것이 아니다. 업무 지시와 코칭, 커뮤니케이션, 회의 등 일상에서 구성원이 바라볼 수 있는 시좌가 바뀌어야 한다. 그 순간 앞으로 바뀌어야 할 방식이 비로소 보일 것이다.

6 | MZ의 가치 있는 직원 경험은 리더에게서 시작된다

　대부분의 기업 홈페이지에서 해당 조직의 비전과 미션을 공개하며, 이를 구성원들에게 끊임없이 노출한다. 하지만 미션을 아는 것과 실제 업무로 연결하는 것은 완전히 다른 이야기이다. 본인의 업무가 미션에 어떠한 공헌을 하는지 알고, 직접 경험해야 한다. 시간이 지나도 자율적으로 참여할 수 있는 요건을 만들어 주어야 한다. 실제로 MZ세대의 많은 후배들은 조직에서 보다 가치 있는 기여를 통해 회사와 개인의 성장을 함께 이루어나가고자 한다. 이때 조직의 미션과 구성원의 업무와의 연결고리를 만들어 줄 수 있는 유일한 사람은 바로 리더이다. 실제로 업과 너무 동떨어졌거나 공감할 수 없는 미션이 설정된 조직은 많지 않다. 다만 리더가 구성원의 역할과 책임^{R&R} 이 얼마만큼 중요한지, 구성원이 어떤 기여를 하고 있으며, 비전 및 미션 달성을 위해 조직 그리고 리더가 기대하는 사항들은 무엇인지를 분명하게 전달할 수 있어야 한다. 비전과 미션 달성의 주역인 MZ 구성원들에게는 단순히 본인 일을 잘하는 매니저보다 위대한 코치가 필요하다. 그들은 스스로 성장할 수 있는 경험을 원하며, 업무에 대한 명확한 지시와 적절한 코칭은 이들의 생산성과 열정을 함께 증진할 수 있는 소중한 경험으로 그들 성장에 양질의 자양분이 된다.

리더의 코칭 방식은 철저하게 일대일로, 가급적 Micro 코칭이 효과적이다. 특히 평가권을 가진 리더라면 말이다. MZ 구성원들은 그 어떤 세대보다 자기효능감 즉 어떠한 일이든 해낼 수 있다는 자신감과, 어려운 과제를 피하려고 하지 않는 자세와, 과제 수행 과정을 효과적으로 통제할 수 있다는 믿음이 높다. 이런 구성원들이 가장 싫어하는 리더의 행동 중 하나가 바로 '비교'이며, 그렇기 때문에 공개된 장소에서의 긍정적 혹은 부정적 피드백은 지양해야 한다. 여기서 긍정적 피드백이 의외라고 생각하는 리더들이 존재할 텐데, 모든 팀원들이 모여 있는 자리에서 특정 대상에 대한 칭찬이 자칫 다른 구성원들에게는 부정적 경험이 될 수 있다. 특정 인물만 편애한다는 느낌 혹은 '나도 열심히 했는데 왜 쟤만!'이라는 불필요한 생각이 들게 할 필요는 없다. 칭찬 역시 일대일로 진행하는 방식이 더욱 효과적이다.

한편 잡코리아와 알바몬에서 2020년에 시행한 한 설문에서 MZ세대가 추구하는 직장 생활 키워드 중 1위는 '나 자신이 성장하는(25%)' 이었다. 아이러니한 점은 기존 세대들도 마찬가지이지만 MZ세대들이 기업에 입사하게 될 때 에세이(자기소개서) 혹은 면접에서 큰 비중을 차지하는 지원 동기와 포부는 실제로 단기간 내 발휘되기 매우 어려운 구조다. 그들은 우선 회사의 제도와 암묵적인 룰을 배우고, 기존 리더십과 조직 문화에 동화되도록 너무 오랜 시간 강요받는다. 물론 당장은 기존 사원들처럼 높은 성과를 창출하기는 어렵다. 회사에 존재하는 프로세스와 원칙, 네트워크, 업무 자원 활용 능력 등은 일정 수준 이상의 경험을 요한다. 하지만 당장 입사한 신입사원의 빛나는 아이디어는 얼마든지 실제 사업 성과로도 이어질 수 있다.

Y가 처음 입사했던 회사는 그룹 차원에서 신입사원들의 아이디어 경진대회를 시행했고, 수많은 아이디어가 실제 고객들에게 제품 혹은 서비스의 형태로 구현되어 제공되었다(하지만 수상자 역시 부서 배치 후 다른 이들과 똑같은 인고의 시간을 겪게 되거나, 동화되지 못해 이탈하는 경우도 발생한다). 직원 경험[EX] 차원에서는 취업 준비기부터 해당 지원 기업에 가지고 있는 긍정적인 생각, 구체적인 비전 등이 실제 입사 초기 퍼포먼스와도 밀접한 연관을 가지고 있다. 신입사원이더라도 그들이 가지고 있는 강점을 마음 놓고 발휘할 수 있는 최소한의 기회를 리더는 부여해야 한다. 당연히 경험이 부족해서 발생할 수 있는 문제를 지적하여, 활화산 같은 이들의 열정의 불꽃을 꺼뜨려서는 곤란하다. 결국은 리더로 귀결된다. 리더는 이들의 열정이 온전히 성과로 발현될

수 있도록 진심 어린 관심과 지원, 적절한 코칭을 해줄 책임이 있다.

　한 조직의 문화는 곧 리더가 구성원들의 경험 속에서 보여주는 행동의 집합체이다. 자신의 경험을 공유하고 연결하려는 Z세대가 앞으로 어떠한 변화를 보여줄지 상상해보라. 이미 MZ세대가 주도적으로 이끌고 있는 블라인드^{Blind}에서 우리는 관심 회사의 연봉 등 보상 정보뿐만 아니라 조직의 문화와 일하는 방식, 각종 복리후생, 감추고 싶은 민낯을 적나라하게 확인할 수 있다. Z세대가 주역이 되는 가까운 미래에는 지금도 3월 한 달간 진행되는 '망한 시간표 경진대회' 대신 '망할 리더 공유회'가 열리지는 않을까?

7 | MZ가 흥미와 강점을 잃지 않도록 만들어라

　『논어論語』의 옹야편雍也篇에는 다음과 같은 구절이 나온다. "知之者 不如 好之者 好之者 不如 樂之者^{아는 자는 좋아하는 자만 못하고 좋아하는 자는 즐기는 자만 못하다.}" 이 문구는 시대를 불문하고 꾸준히 인용되는데, "자신의 일을 사랑하라", "자신의 일을 즐겨라" 등의 변형 형태로 현재까지 많이 사용되고 있다. 오죽하면 『사람을 즐기는 자가 행복하다』, 『스트레스를 즐기는 사람이 성공한다』 등 '즐기다'를 주제로 한 도서들도 여럿 존재한다.[19] 김난도 교수의 『2021년 트렌드 코리아』에서는 Z세대의 라이프 스타일을 롤러코스터에 타는 것으로 비유했다. 짧은 유행에 사람들과 함께 참여하고, 그 안에서 재미를 찾고 얼마 지나지 않아 곧 다음 놀 거리로 넘어가는 트렌드를 의미하는데, 이른바 밈, ○○ 챌린지 등 재미있고 사람들이 많이 참여하는 것을 즐기며, 또다시 유행이 종료되면 다른 관심의 대상을 찾게 된다.

필자는 과거 신입사원 300명을 대상으로 자기효능감과 정서적 몰입 관계에서 그릿GRIT의 조절 효과 연구 논문을 작성한 경험이 있다. 해당 연구 결과 내 신입사원, 즉 당시 어린 Y세대의 자기효능감은 월등히 높았으나, 그릿의 하위 변인인 '관심의 일관성'이 떨어지는 집단의 경우 결과적으로 정서적 몰입이 감소하는 경향을 발견했다. 즉 구성원의 지속적 노력뿐만 아니라 흥미를 유지시켜줄 필요가 있다는 것이다. 또한 육성 차원에서 기존에 중시했던 한 가지 분야에서의 Up-skilling(더 복잡한 업무를 더 잘할 수 있는 능력)뿐만 아니라 보다 다양한 분야와 방식의 업무 경험을 통해 Re-Skilling(여러 기능을 수행할 수 있도록 만드는 능력)을 병행해 줄 필요가 있다.

그렇기에 리더는 구성원의 관심사, 선호하는 업무 방식, 강점 영역

19 명성훈(2007), 『사람을 즐기는 자가 행복하다』, 크레도./피터 G. 한슨(1995), 『스트레스를 즐기는 사람이 성공한다』, 한국산업훈련연구소.

등을 꼼꼼하게 파악할 필요가 있다. 그리고 이들을 위해 업무를 흥미로운 경험으로 변화시켜 주면 된다. 마치 세렝게티 초원에 있는 사자에게 안정적으로 풀만 뜯는 루틴 한 업무만 주어진다면 그(혹은 그녀)는 곧 업무에 대한 모든 흥미를 잃어버릴 것이다. 투입되는 열정과 노력 심지어 결과물의 수준도 감소할 수 있다. 또한 창의적인 접근을 요하는 업무인데 리더가 해당 내용물Contents 보다 오탈자에 빨간 줄을 그으며 나무라는 행위는 구성원에게 최악의 경험으로 기억될 것이다. 즉 리더는 구성원의 강점에 집중할 필요가 있다. 이들이 강점을 아낌없이 발휘하고 일을 통해 즐거움을 느낄 수 있도록 말이다. 한편 양질의 좋은 경험은 성장의 연료가 되지만, 부정적인 경험은 리더뿐만 아니라 리더에 대한 신뢰를 감소시키며, 구성원의 자발적 업무동기와 생산성을 감소시키고 최악의 경우 그들은 부정적인 소비자가 되어 떠나버린다. 그 증거로 우리는 비교우위에 있는 자사보다 월등히 품질이 떨어지는 경쟁사의 제품과 서비스만 의도적으로 이용하는 기현상을 자주 목격하기도 한다. 리더가 이들의 경험을 관리해 주지 못한다면, 조직은 소중한 구성원과 고객을 모두 한순간에 잃어버리게 된다.

현생 인간을 보통 호모 사피엔스Homo sapiens 라고 한다. 생각하는 사람을 뜻한다. 과거에 근로자에게는 슬기로움만이 요구되었다. 하지만 인간은 누구나 행복해질 권리가 있다. 누구나 행복을 추구하며, 이러한 인간의 본성으로 회귀하려는 여러 가지 움직임이 일어나고 있다. 이제 우리의 일터에서는 의미 있는 목표에 재미있게 도전하는 인

121

2장 XYZ, 리더십을 말하다

간을 지칭하는 호모 파덴스 _{Homo Fadens} 가 곧 미래의 인재상이다. 즉 우리 MZ세대들을 의미한다. 무엇인가를 만들어내고, 그것에 의미를 부여하며 그 속에서 새로움을 통해 즐거움을 찾아내는 MZ 세대들. 그들을 맞이하고 함께 일하기 위해서는 리더십의 패러다임이 변화해야 한다.

그렇다고 모든 책임을 리더에게만 두는 것은 부당하다. C 레벨과 HR 조직에서도 리더가 구성원의 경험을 효과적으로 관리하며 리더십을 발휘할 수 있는 제도와 조직 문화 구축, 교육에 앞장서야 된다. 또한 요구받는 역할을 온전히 수행할 수 있도록 조직 차원에서 리더의 목소리에도 귀 기울이고, 관심과 지원을 아끼지 않아야 한다. Airbnb의 경우 사내 Employee eXperience HR팀을 조직하여, 소비자뿐만 아니라 직원의 피드백을 적극적으로 경청하고, 실제 개선하는 조직 문화를 구축해 나아갔다. 채용, 인사운영, 성과보상, 인프라 측면 역시 이러한 직원 피드백, 직원 경험 측면에서 지속적인 노력을 통해 2016년 Glassdoor가 선정한 일하기 가장 좋은 직장으로 선정되기도 했다. 영화계의 거장 마틴 스콜세지의 대표 영화 〈순수의 시대〉의 원작자이자 퓰리처상 수상자이기도 한 저명한 소설가 Edith Wharton이 이런 말을 했다.

세상을 밝게 하는 두 가지 방법이 있다. 하나는 불을 밝히는 초가 되는 것이고, 나머지 하나는 빛을 반사하는 거울이 되는 것이다.

빛을 내는 것은 온전히 개인의 몫이다. 하지만 리더는 분명 여기에 기름(코칭과 지원)을 부어줄 수 있다. 그리고 이때 조직(특히 CEO와 임원, HR/HRD)은 거울을 늘려나가는 것이 중요하다. 양초 그 자체에만 집착하고 결과를 강요할 것이 아니라, 다양한 거울을 비춰 이들이 고객 나아가 세상을 더욱 환한 빛으로 비출 수 있도록 조직 차원에서도 꾸준히 지원해야 한다.

X가 만난 최고의 리더

#자기계발 #함께가자 #조직에Commit

X는 이제 대략 20년 정도 직장 생활을 했다. 20년간 매년 5명의 리더만 생각해도 약 100명 이상의 리더를 만났다. X가 직장 생활을 시작했을 때는 흔히 말하는 군대 그리고 산업화 시대 문화가 끝나지 않은 상태의 조직이었다. 이런 문화 속에서 좋은 선배, 리더를 만나기 어려웠다고 생각한다. 그중에 X가 좋아하는 리더 세 명에 대해 소개하려고 한다.

첫 번째는 개인의 미래와 비전이 있으며, 그것을 회사 안과 밖에서 실현해 가는 리더이다.

첫 직장의 우리 층에 약 200명 이상이 근무를 하고 있었지만, 야간 대학원을 다니는 사람은 우리 팀 대리 한 명이었다. 이러한 유형을 경력개발 이론에서는 프로티언 경력 태도를 가지고 있다고 한다. 프로티언 경력 태도는 자신에게 의미 있는 가치와 목표를 추구하는 경력관리에 있어서 개인 가치 지향적이며 자기 주도적인 개인의 특성 및 태도를 말한다. [20] X가 처음 시작한 수직적인 직장 생활 문화에서 그 선배는 상당히 멋있어 보였다. 자신의 개인적인 목표를 가지고 열심히 살아가는 모습이 옆에서 볼 때 많은 시사점을 주었고, 나도 저런 삶을 살아야겠다고 생각했다. 사실상 인생의 롤모델이 되었다. 물론 개인적인 개발만 열심히 하고 회사 일을 등한시한다면, 직장인의 윤리 면에서 문제가 있다. 그 선배는 직장 생활에서도 본인이 스스로 공부한 것, 대학원에서 학습한 것들을 적극 적용하면서, 회사에 많은 기여를 하고 있었다. 그 리더가 한국형 프로티언 경력 태도의 모습이었다고 생각한다.

두 번째는 같이 가는 리더이다.

나의 리더로서 첫 도전은 일 못하는 후배였다. 기업의 마인드로 볼 때 회사 이윤 창출에 방해가 되는 후배는 조직에서 나가는 것이 맞는다고 생각하던 때였다. 그런 후배가 있다면 이 친구가 더 잘 맞는 직업을 찾아 행복하게 지낼 수 있는 길을 열어 주는 것이 옳다고 생각했다. 그때 한 선배가 말했다. 조직은 "같이 가는 것"이라고. 평소 후배를 대하는 나의 태도를 보고 저녁에 조언을 해 준 것이다. 리더는 다양한 구성원들을 만나게 된다. 그렇다면 리더가 그 상황에 맞는 리더십을 발휘하면서 조직을 이끌어 나가야 한다. 그래서 후배의 역량

---

20 Briscoe, J. P., Hall, D. T., & DeMuth, R. L. F. (2006). Protean and boundaryless careers: An empirical exploration. Journal of vocational behavior, 69(1).

과 상황에 따라 언제나 똑같은 리더십을 발휘하는 것이 아니라 때로
는 이상적인 영향력을 발휘하고, 개별적 배려도 하며, 지적 자극도 하
고, 영감적 동기 부여를 하면서 리더십을 발휘해야 한다.[21] 즉 리더가
먼저 후배에 맞는 리더십을 발휘하면서, 조직 성과를 같이 달성해 나
가야 하는 것이다. 그 선배가 나에게 말한 것은 그런 것이었다. 그 선
배는 현장에서 배운 리더십에 대한 개인적 철학을 바탕으로 영향력을
발휘하고 있었고, 30대 중반의 나이에도 훌륭한 리더의 행동을 실천
하고 있었으며, 그를 따르는 사람들이 많이 있었다. 그 선배만이 가지
고 있었던 그 영향력을 배우고 싶었으며, 그 영향력이 바로 "리더십"
이라는 것을 나중에 깨닫게 되었다.

세 번째는 개인적 이익이 아닌 조직에 헌신하는 리더이다.

어느 날 모든 직원들이 퇴근한 날 업무가 남아 있어 회사 회의실
에서 잠깐 일을 하고 있었다. 모든 조직원이 일찍 퇴근하는 날이었
다. 그런데 회사의 최고 경영진이 회사 전체를 돌아다니면서 불을 끄
고 있었다. 그때 알았다. 이분이야말로 회사를 위해 헌신 commit 하는
구나. 회사 내에 아무도 있지 않았고, 이분이 불을 끈다고 해도 아무
도 모르는 상태인데, 묵묵하게 회사 내 불을 꺼 나가는 모습에서 실천
의 리더십을 보았다. 영어로 Commitment는 약속, 전념, 헌신, 몰입
등으로 해석된다. 하지만 이보다는 더 깊은 뜻이 있다고 생각한다. 조

---

21 Bass(1985), Leadership and Performance Beyond Expectations, Free Press.

직에 Commit 한다는 의미는 일정한 기간 동안 그 어떤 희생, 불이익이나 방해에도 불구하고, 나는 지금 내가 약속하는 바를 어기지 않을 것이며, 그와 마찬가지의 진지한 태도를 다른 구성원들에게 바란다는 의미라 생각한다. 때로는 조직이 나에게 서운하게 할 때도 있고, 나를 몰라봐 줄 때도 있다. 하지만 조직에 몸담은 사람으로서 조직에 기여하기 위해 스스로 실천하고, 언제나 조직을 위해 모든 의사결정을 한다면, 언제가 조직은 그 사람의 진가를 알고 다시 중용한다는 것을 그분을 통해 교훈을 얻었다.

Y가 만난 최고의 리더
#책임감 #믿고맡겨주는

지금까지 1차 직속 상사로만 10분이 넘는 리더를 만났습니다. 생각해 보면 멋진 리더를 모실 수 있는 많은 기회가 있어 감사한 일도, 배웠던 것도 참 많았습니다. 오늘은 그중 가장 기억에 남는 두 분을 소개해 보고자 합니다.

첫 번째는 책임감이 강했던 리더입니다.

제 추억 속 그분은 뛰어난 커뮤니케이션 역량과 패션 센스, 폭넓은 인적 네트워크를 가졌고, 누구보다도 자기애(?)가 강한 분이셨습니다. 업무 영역에서는 전형적인 카리스마 리더십을 보유한 이 리더는 말투와 인상이 너무 과하게 무섭고, 후배의 작은 잘못도 끝까지 기억하고 혼내야 직성이 풀리는 사람이지만, 적어도 본인의 말에는 반드시 책임을 질 줄 아는 사람이었습니다. 특히 잘못한 것은 분명하게(사실 많이 지나치게…) 지적하시지만, 그만큼 결과물에 대해서는 구성원의 실수도 본인의 잘못으로 천명하는 모습을 많이 보여주셨습니다. 살이 찌지 않는 마른 체형의 그였지만, 당시 그분의 등은 그 누구보다도 넓어 보였고, 함께일 때 든든했습니다.

이와 같은 리더의 책임감은 저뿐만 아니라 XYZ 모두가 원하는 참 리더의 덕목일 것입니다. 코로나 발생 전, 그리운 2019년. 대학내일 20대 연구소에서 조사한 '세대별 일과 동료에 대한 인식 조사' 결과에서 가장 많은 분들이 최고의 리더의 덕목으로 '책임감'을 선택하였습니다. 이는 70년대생부터 90년대생까지 모든 세대의 공통적인 1위 응답이었으며, 유사한 시기 잡코리아에서 직장인 363명과 대학생 260명을 대상으로 시행한 '리더에게 필요한 덕목'에서도 동일한 결과가 나타냈습니다. 리더에 대한 강한 믿음 그리고 신뢰는 '책임감'에서 비롯되기 때문입니다.

두 번째는 나를 신뢰하는 리더입니다.

이 역시 많은 분들이 원하는 리더상이지만, 해당 케이스는 특히 구성원 스스로의 직무 역량이 절정일 때 비로소 빛을 발합니다. 한 직무에서 충분한 업무 관련 지식과 경험이 축적되면 어느 순간 시좌(바라보는 위치)는 높아지고, 시야가 넓어집니다. 그동안은 보이지 않았던 길이 보이니 원하는 방향으로 달릴 수 있게 되고, 달리는 속도(업무 생산성) 역시 폭발적으로 증가하는 시기가 도래하는 것이죠. 이때 만약 구성원의 잠재력을 알아봐 주고, 도전적인 과제를 믿고 맡겨줄 수 있는 리더가 함께한다면 그 결과는 너무나 아름답습니다. 저 역시 해당 시기에 너무나 소중한 리더를 만나 뵈었고, 스스로 방향과 속도를 결정하도록 믿고 맡겨 주셨으면, 결코 스스로 생각하지도 못했을 원대한 목적지와 방향을 제시해 주셨습니다. 물론 당해 연도 성과와 업무 역량 성장의 크기 역시 비약적으로 증가했습니다. 그리고 이후 담당 업무에 대해서 스스로 계획하고, 실행하며, 결과에 책임지는 주인의식과 일하는 방식의 변화로 이어졌습니다.

구성원의 역량이 다소 부족하더라도 충분한 임파워먼트와 자율성이 제공되고, 업무 수행에 필요한 자원을 제공받을 수 있으며, 결과에 대한 공정한 평가 및 보상이 제공되는 조직 내에서 구성원은 스스로 책임감을 가지고 최선을 다할 수밖에 없습니다. 또한 이 과정은 부족했던 역량을 향상할 수 있는 훌륭한 기회가 됩니다. 물론 구성원들의 신뢰 문제도 존재합니다. 스스로 무언가를 해내기에는 아직 경험과 역량이 부족할 수도 있습니다. 다만 적어도 리더가 구성원의 모든 일, 분야를 결정해야만 한다고 믿는 X세대 선배님들이 이제는 없으셨으면 합니다. 줄탁동시啐啄同時라는 사자성어가 있습니다. 알 속의 병아리가 껍질을 깨뜨리고 나오기 위하여 껍질 안을 쪼고 있을 때, 바로 그 위치를 어미 닭 역시 밖에서 쪼아 깨뜨린다는 의미입니다. 구성원이 스스로 알을 깨고 나오기만을 기다리는 것이 아니라, 더 빨리 알에서 나와 더 넓은 세상에서 비상할 수 있도록 도와주는 것이 바람직한 리더 그리고 선배의 모습이라고 감히 생각합니다.

Z가 만난 최고의 리더
#스테키 #수평 #젠더감수성

아직 리더를 X와 Y보다는 많이 만나지는 못했지만, 짧게나마 만났던 멋지고 기억에 남는 선배의 모습을 소개하겠습니다. 우리 Z가 원하는 리더의 상은 여러 모습이 있겠지만, 가장 대표적인 모습은 다음과 같습니다.

첫 번째는 수직적이지 않은 수평적인 인간관계를 중시하는 선배입니다.

선배와 후배 사이에 물론 나이, 지위, 경험 등의 차이가 크겠지만 협업을 할 때는 수직적인 관계를 중시하지 않아주셨으면 좋겠습니다. 서로가 n분의 1 만큼의 역할과 책임감을 갖고 있기 때문입니다. 수직적인 관계를 중시하면 Z는 소극적으로 변할 수밖에 없습니다. 선배님들께서 원하시는 모습은 Z의 참신함과 도전 정신이라고 생각합니다. 그런 역량을 마음껏 발휘할 수 있도록 평소에도 편한 관계를 위해 서로가 노력을 하였으면 좋겠습니다. 물론 서로 간의 예의는 당연하게 필요합니다. 그 방법은 여러 가지가 있겠지만, 한 가지 팁을 공유드리도록 하겠습니다. 신입사원으로 들어온 Z와 친해지기 위한 리더님의 센스가 기억에 남은 일화입니다. 복도에서 마주친 한 임원분께 인사를 드렸는데 "신입들이랑 스테이크 한번 썰러 가자. ○○님이 편한 사람들로 구성해 봐요!"라고 편하게 제안을 주셨던 것이 기억에 남습니다. 포인트는 부담스럽지 않으면서, 구성원에 대한 자율권이 제게 주어진 것이죠. 평소 회식은 팀 혹은 구성원이 이미 정해진 상태에서 막내의 역할이 강조되기에 자연스레 부담으로 다가올 수밖에 없는데, 다음 자리는 동기 사이에서도 서로 가고 싶을 정도로 인기 있었습니다. 물론 임원분께서 저희가 평소에 먹기 어려운 맛있고, 인스타에 자랑할 만한 고급 음식점에 데려가 주신 것도 한몫을 했지만요! 그 자리에서 리더님과 나누었던 평소 회사 생활에서의 생각과 어려움, 인생 선배로서의 진심 어린 조언은 아직까지 제 마음속에서 든든한 자양강장제의 역할을 해준답니다.

두 번째는 젠더 감수성을 가진 선배입니다.

이것만 지키면 최소 반 이상은 멋진 리더가 될 수 있음을 Z가 장담합니다. 젠더 감수성이라고 말하면 조금은 모호할 수도 있을 것 같아 '다양성'에 대한 존중으로 풀어 말씀드리겠습니다. 우리는 개인 고유의 영역으로 평가와 차별을 받는 것에 대해 아주 예민합니다. 특히 성별은 그중 가장 크게 신경 쓰는 부분 중 하나입니다. 회사에서 업무 외적인 이야기를 나누는 것은 동료애를 키우는 데 좋은 방법 중 하나라는 것에 동의합니다. 그런 자리에서 빠짐없이 나오는 것 중 하나가 연애의 유무입니다. 되도록이면 본인이 말하기 전에 묻지 않는 것이 센스지만 정말 궁금하시다면, "여자/남자 친구 있어요?"라는 질문보다는 "애인 있어요?"라고 물어봐 주시면 감사하겠습니다. 젠더 감수성은 서로가 조심하고 계속 개선해나가야 하는 필연적인 부분이라고 생각합니다. 그리고 우리가 믿고 따를 수 있도록 리더님께서 먼저 솔선수범해 주신다면 정말 멋진 선배라고 생각됩니다.

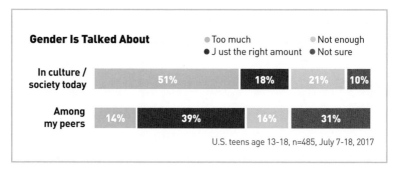

미국 10대가 젠더에 대하여 이야기하는 것은 문화/사회적으로 51%가 과도하다고 생각하며, 친구 사이에서 14%가 과도하다고 생각함(미국 사례)

출처: Barna Group(2018). Gen Z: The Culture, Beliefs and Motivations Shaping the Next Generation Paperback.

X가 만난 최악의 리더

#개인주의야? #회사가네거야? #인성문제있어?

X가 만난 수많은 리더 중에 나쁜 리더들도 제법 있었다. 개인적으로 나쁘다고 생각하는 리더도 있었고, 대부분의 X세대라면 나쁘다고 생각하는 리더들도 있었다. 그동안 직장 생활을 경험하면서 개인적

으로도, 그리고 X세대의 경험으로도 나쁘다고 생각하는 리더는 다음과 같다.

첫 번째는 철저하게 개인적 이익을 위해 회사를 다니는 리더이다.

모든 결정도 본인의 이익을 위해 결정한다. 통상적으로 회사에서 개인의 이득이라 하면, "조직에서 성공", "물질적 이익", "개인의 안녕(安寧, 아무 탈 없이 편안함)" 정도라고 할 수 있다. 그래도 "조직의 성공"을 위해 일하는 리더는 리더십을 키우려 하고, 여러 가지 남을 위한 노력이라도 한다. 하지만 "물질적 이득"과 "개인의 안녕"의 경우는 다르다. 회사가 규정한 이익이 아닌 더 많은 물질적 이득을 지속적으로 추구하는 리더들이 있었으며, 이들은 조직에서 오래가지 못하고 사라진 경우가 많다. 개인적으로 가장 나쁜 리더는 조직에서 "개인의 안녕"만을 위해서 일하는 리더이다. 한국 사회는 정년을 보장하는 것이 좋은 직장의 요소 중 하나이고, 그러다 보니 X세대의 회사는 정년까지 다니는 것을 보장해 주는 경우가 많았다. 그래서 일부 리더는 어느 정도의 직책까지 올라간 후, 직책자의 혜택을 다 누리면서 정년까지 다니는 방법을 택했다. 그런 리더는 이러한 분위기를 100% 활용 개인의 안녕을 위해서만 모든 의사결정을 하였다. 보통 이런 행동을 하는 리더는 본인에게 떳떳한 경우가 많다. 모든 결정을 회사를 위한 결정이라고 우기지만, 지나고 나면 본인의 자리 보존을 위한 결정이 대부분이다. 그 증거로 이러한 리더와 같이하면, 부서의 성장은 멈추고, 회의가 많아지며, 구성원들이 소극적으로 일하게 된다. 리더의 안 좋은 행동 중 '비겁'이 있다. 많은 리더십 실패 모델에서 '비겁'의 요소를 지적한다. 신제구는 포춘코리아 칼럼(2019년 12월)에서 리더는 반드시 탁월할 필요는 없지만 비겁해서는 안 된다고 말한다. 본인의 안녕이라는 가장 개인적인 이익을 위해 후배와 조직에게 비겁한 리더는 정말 질이 나쁜 리더이다.

두 번째는 회사 또는 본인의 직책이 가진 권력을 자신의 권력으로 생각하는 리더이다.

공자는 리더의 4대 악덕을 이야기하면서 잔학(虐, 일을 제대로 가르쳐 주지 않고, 후배를 엄벌), 횡포(暴, 실행함에 경계할 점을 알려 주지 않고, 후배에게 성공만 요구), 도둑질(賊, 후배의 공을 자기의 공으로 삼음), 그리고 창고지기(유사, 有司)로 표현했다. 이 중에서 마지막 창고지기는 마땅히 주어야 할 것을 놓고 온갖 생색을 내며 주는 것이라고 하였다. 마치 자신이 포상을 사적으로 베푸는 것인 양 인색하게 굴고, 줄 때에도 줄 듯 말 듯 하면서 아랫사람의 마음을 시험하며 공公으로 사私를 확인하려 드는 자이니, 그 그릇의 크기가 소소한 소모품 창고 열쇠를 흔들며 으스대는 자의 크기에 지나지 않는다고 공자는 말했다. X세대가 경험한 베이비부머 세대의 리더 중에 꽤 있었던 리더 유형이다. 경제 호황기에 본인의 역량보다 좋은 자리를 차지하였고, 그 자리가 곧 자기의 역량인 듯 으스대는 많은 리더를 보았다. 하지만 그 자리, 직책이 사라지면 이런 리더의 경우 아무도 조직 내에서 말을 걸지 않는다. 직책을 가지고 있을 때, 후배에게 주는 모든 것은 내가 주는 것이 아니라 조직이 주는 것임을 명확히 이해할 필요가 있다.

세 번째는 격이 없는 리더이다.

네이버 국어사전에서 격은 "주위 환경이나 형편에 자연스럽게 어울리는 분수나 품위"라고 하였다. 유학에서 말하는 인의예지도 이런 의미라 할 수 있을 것이다. 말 그대로 인의예지는 사람이 마땅히 갖추어야 할 네 가지 성품으로 어질고, 의롭고, 예의 바르고, 지혜로움일 것이다. X가 만난 리더 중에 윗사람, 본인에게 중요한 사람에게는 이러한 격을 충분히 갖추면서도, 자기가 가볍게 생각하는 사람, 후배에게는 막 대하는 리더들을 많이 경험하였다. 사람의 격이라는 것은 상대방이 훌륭하든, 안 훌륭하든, 직급이 높든, 안 높든, 조직 내에서는 언제나 지녀야 할 품위라 할 수 있다. 그래서 후배에게 막 하는 리더는 아주 나쁜 리더라 할 수 있다. 어떤 리더는 반말을 넘어 후배에게 욕을 하는 경우도 보았다. 이런 리더는 이제는 정말 사라져야 할 것이다.

Y가 만난 최악의 리더
#책임회피 #비인격적감독 #비관적사고

Y의 생애 최악의 리더는 아이러니하게도 입사 후 바로 만나게 되었습니다. 조직의 문화와 제도, 일하는 방식을 스펀지처럼 흡수하고, 한창 성장해야 할 중요한 시기인 이때. 좋은 리더를 만나도 부족할 소

중한 시간인데 말입니다. 당시에는 아무것도 몰랐던 시절이기에 당연히 모든 문제는 나에게 있다고 생각했고 주말, 법정공휴일을 모두 포함하여 일 년 중 30일 정도를 제외하고는 회사에 출근했고 기본 퇴근시간은 9시, 새벽을 넘기는 야근도 일주일에 1~2회에 달했습니다(저도 결국 '라떼'를 마시는군요). 그럼에도 그 XX 아니 리더는 단 한 번도 따뜻한 말 한마디 한 적도 없을뿐더러 한결같이 야단치고, 비판만 했습니다. 이 사람에게는 백만 가지 단점이 존재하나, 가장 실망했던 모습 세 가지를 소개하고자 합니다.

첫 번째는 책임을 회피하는 모습입니다.

보다 구체적으로는 리더 본인의 책임을 전가하는 것을 의미합니다. 예를 들어 A, B 두 개의 갈림길에서 구성원이 A를, 리더가 B를 선택했습니다. A의 설득에도 불구하고, 리더의 선택지인 B로 가게 되었고 의도와는 상관없이 전혀 다른 방향으로 가고 있는 모습을 2차 상사가 목격하게 됩니다. 이에 대한 책임을 해당 리더에게 추궁하자 도리어 A에게 화를 냅니다. "거봐! 내가 A로 가야 된다고 했지?"(이럴 때 정말 때리고 싶습니다, 진심입니다) 처음 한두 번이야 리더를 설득하지 못한 본인의 책임을 통감합니다. 하지만 이러한 경험이 반복되고, 전혀 나와는 관계없는 책임까지 떠안게 되는 순간 조직 내 해당 구성원은 평소 실수가 많고, 성과가 낮으며, 리더의 지시에 잘 따르지 않는다는 평판Reputation을 얻게 됩니다. 행여나 억울함을 표출하고 해당 리더를 비판이라도 하는 순간 인성 문제까지 지적받게 됩니다. 요즘 조직 문화에서는 상상할 수도 없는 일이지만, 분명 지금 이 순간에도 어디선가는 벌어지고 있는 일일 것입니다.

두 번째는 비인격적인 감독 성향입니다.

비인격적 감독 Abusive Supervision 은 리더가 부하에게 지속적으로 언어적, 비언어적으로 모멸감이나 좌절감을 느끼게 하는 등의 적대적인 모습에 대한 부하의 지각 정도를 의미합니다. 뇌를 집에 두고 왔느냐, 나이가 몇 살인데 이것도 못하느냐 등등. 심지어 폭언과 욕설까지 직접적인 언어로 손수 구성원의 자존감을 완전히 무너뜨립니다. 해당 리더들은 심지어 자신의 언어폭력에 굳어버린 구성원의 얼굴과 마음에 "그렇게 표정관리 못해서 어떻게 사회생활을 해."라는 망언을 쏟아부어 버립니다. 해당 행위는 시간이 지날수록 점차 강화되는 경향이 있습니다. 업무와 전혀 상관없는 말투부터 표정, 옷차림, 심지어 걸음걸이까지 지적할 수도 있습니다. 개인적으로 가장 많이 상처받고, 힘들었던 리더의 행동이기도 합니다.

세 번째는 비관적 사고입니다.

이 사람에게 새로움은 언제나 스트레스입니다. 기존에 차곡차곡 쌓인 경험 DB에 없었던 일들은 당연히 확신이나 자신이 없고, 그는 이러한 본인의 자신 없는 모습을 남들에게 보여주기를 싫어합니다. 물론 생산적인 아이디어이지만 현실적인 리스크가 예상되고, 우려되는 사항들을 이야기해주는 것은 구성원에게 너무나 감사한 일입니다. 다만 특별한 이유도 없이, 그냥 하던 대로 하자는 식의 업무 방식은 조직의 발전뿐만 아니라 지속적인 성과 창출에도 전혀 도움이 되지 않습니다. 기업은 기존의 방식이 잘못되어서가 아니라, 변화하고 있는 환경에 적응하기 위해 끊임없이 변화해야 합니다. 그리고 그 변화의 시작에는 사람이 있습니다. 리더 자체가 변화를 거부하고, 매사에 비관적 사고로 일관한다면 이러한 생각은 구성원에게 전염되고, 학습되고야 맙니다.

Z가 만난 최악의 리더
#TMI #고나리 #퇴사각

조직에 들어갔을 때 리더를 잘 만나는 것만큼 큰 복은 없는 것 같습니다. 19년 3월 구인구직 매칭 플랫폼 '사람인'에서 실시했던 '일과 직장 내 인간관계 조사(대상: 직장인 379명)'에 따르면 직장인 81%가 "사내 인간관계 스트레스로 퇴사를 고민한다"고 답했고, 갈등 대상의 79%는 "상사·선배"라고 답했습니다. 실제로 친구들과 이야기해보면 업무 의욕에 있어 상사와 팀원들이 많은 부분 영향을 미치는 것 같습니다. 저도 Y처럼 입사 초반에 힘들었던 리더를 만난 기억이 있습니다. 업무적인 부분에서 물론 배울 점이 너무나도 많은 분이셨지만, 개인적으로 교류할 때는 힘든 점이 많은 분이었습니다.

입사를 축하하는 첫 회식 때의 일화입니다. 첫 질문이 "남자 친구 있어?"였습니다. 축하 날에 연인의 유무를 묻는 것이 조금은 난처했지만, 신입이니까 참고 대답을 하였습니다. 그랬더니 돌아오는 말은 "왜 연애 안 해? 문제 있어?"였습니다. 뜨악! 제 연애 유무가 저의 능력을 좌지우지하는 것일까요? 남자친구라고 묻는 것도 실망스러웠지만 (제가 다른 성을 만날 수도 있으니까요), 그에 따른 반응이 너무나도 충격이었습니다. 그 이후로 이어지는 것은 제 성격에 대한 평가였습니다. 너무 밝고, 고생 한번 안 하고 컸을 것 같다, 친구들도 다 그러냐 등 이십 몇 년의 세월이 만난 지 얼마 안 된 분에 의해 평가를 당하는 기분이었습니다. 한 시간 정도 저에 대한 평이 끝나고, 울상이 되어 있었는데 왜 그렇게 우울해 보이냐 기분 나쁘냐고 물으셨죠? 네, 사실 그 자리를 박차고 나가고 싶었습니다.

첫 회식에서 끝날 줄 알았던 평가와 비난은 점심 식사를 할 때나 회의할 때 등 업무 중에도 이어졌습니다. 참다못해 터져 용기 내어 불만을 말씀드리니 친해지기 위한 하나의 방식이었다고 대답해 주셨습니다. 나이 차가 나는, 성별이 다른 후배와 어떻게 친해지는지 몰라서 자기 딴에는 친근함을 표현하기 위한 방식이었다는 것이죠. 이해를 하려고 노력하였지만 사실 제게는 아직도 상처로 남아 있습니다. 제가 반대로 그랬다면 즐거우셨을까요? 서로가 다른데 이에 대한 평가를 하는 것은 선후배를 떠나 인간 대 인간으로도 피해야 하는 부분이라는 생각이 듭니다. 이런 부분에서 한번 실망을 하니 업무적인 부분에서도 사실 믿고 따르기가 어려워졌습니다.

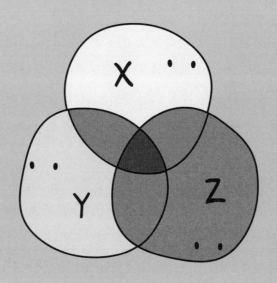

XYZ,
팔로워십을 말하다

이제 시대는 모두가 안 된다고 할 때 "할 수 있다!"라고 말하고 해낼 수 있는 인재를 원한다. 투입된 인재의 공수는 계산조차 하지 않고, 실수만 줄이려는 조직은 이제 사라져야 한다. 오히려 모든 인재, 팔로워가 각각의 색깔, 능력을 발휘하여 더 많은 시도와 성과를 만들어내야만 살아남을 수 있다.

01 X가 생각하는 팔로워십 키워드는 '존중'

　리더십과 함께, 팔로워십도 조직에서 매우 중요한 활동이다. 대부분의 실제 Task는 소수의 리더보다 팔로워에 의해 좌우된다. 특히 세대가 변화하면서 팔로워십 역시 리더십과 마찬가지로 변해야만 할 것이다. 왜냐하면 X, Y, Z 모두가 행복한 조직을 만들기 위함이다. X 리더가 바라는 Z세대, Y세대들의 이상적 팔로워십은 먼저 '존중'이다. 존중은 상대방에 대한 인정과 신뢰를 바탕으로 하는 수용성의 태도라 할 수 있다. 이러한 존중이 기본이 되는 인간관계는 상대방에 대한 배려를 통해 조직의 긍정 에너지를 활성화할 것이다.

1 | 리더의 경험과 노력과 성과를 먼저 인정하자

존중이란, X의 성과와 고생을 린정(인정)하는 것이다. MZ세대들이 존중받기를 원하는 것처럼, 직접적인 표현은 안 하지만 X의 마음도 마찬가지이다. Z세대가 리더로 만나는 X세대는 다소 이상할 수 있다. 왜 저런 행동을 하는지, 왜 저런 생각을 하는지… 새로운 세대가 만나는 기존 세대 중 나이 차이가 많이 나는 X 세대는 이해하기가 어려운 것이 사실이다. Z가 X를 조직 내에서 만나서 어떻게 해야 하고, 어떻게 그들에게 인정받을 수 있는지는 단순히 본인의 상상력으로 파악하기 힘든 영역이다. 그래서 거꾸로 X세대 입장에서 바라는 점을 통해 Z가 어떻게 팔로워십을 발휘하면 좋을지에 대해 정리하고자 한다. 이 역시 X가 경험한 조직 생활을 Z가 이해하는 관점으로 접근하고자 한다.

X는 IMF로 어려운 한국 사회를 지나 어렵게 취업하고, 21세기라는 신세기의 시작을 직장에서 경험한 세대이다. 아날로그 시대에 태어나서 학창 시절을 보냈고, 디지털 전환을 배우다가 직장에 입사하였다. 일부는 디지털 이민에 성공하였고, 일부는 디지털 이민에 실패한 상태로 현재도 조직 생활을 하고 있다. 그래서 X세대 중 몇 명은 Z가 너무 쉽게 생각하는 파워포인트, 엑셀 등의 사용법을 모르는 경우도 있다. 파워포인트, 엑셀을 사용하지 않아도 직장 생활이 가능한 시기에 성장하였고 지금의 위치까지 올라온 것이다. Z가 생각하는 조직

내 업무 능력은 본인 직무 전문성, IT 기기 활용 스킬 등으로 평가할 수 있겠지만, X의 시대에는 대인 관계, 커뮤니케이션(대화) 스킬만 우수해도 조직 내에서 인정받는 경우가 많았다. 이러한 서로의 차이는 있지만 이때 명확한 조직 생활의 원리가 바로 "존중"이다.

포춘 500개 기업 중 상위 30개 기업의 핵심 가치를 정리해보니, 가장 많은 핵심 단어는 Excellence, Innovation, Integrity, Respect였다. 이 중에서 Respect는 고객에 대한 존중일 수도 있으나, 공통적으로 인간에 대한 존중이며 작게는 조직 내 사람들에 대한 존중일 것이다. 서양적 사고에 익숙한 외국의 회사들도 탁월성, 혁신 같은 성과 중심의 핵심가치와 함께 내면적 가치인 "존중"을 핵심 가치로 강조하고 있다. 사람은 누구나 존중받고 싶어 하고, 존중을 받은 사람은 다른 사람에게 무언가 긍정적 영향력을 발휘할 수 있다. X가 현재의 Z가 보기에는 다소 디지털 민감성이 떨어지고, 업무에 대한 전문성이 최신 트렌드에 맞지 않을 수 있다. 하지만 우선은 그들의 20년 가까이의 고생, 조직 내에서 지금까지 한 생존을 인정(린~~정~~)하는 것부터가 팔로워십의 시작일 것이다.

구체적으로 조직 내에서 X가 이루어 내는 성과가 있다면 윗사람이라도 인정, 칭찬을 할 필요가 있다. 흔히 칭찬은 윗사람이 아랫사람에게 하는 것으로만 생각할 수 있지만, 그 반대의 상황도 조직에 매우 긍정적인 영향을 끼친다. 리더가 이루어 낸 성과에 대해 점심시간, 회의 시간 등에 명확하게 인정하고, 높이 평가하는 말을 전달하는 것부터 팔로워십의 시작이다. 물론 거짓말과 과장된 칭찬은 역효과를 발휘할 것이며, 오로지 진실을 담은 성과 인정만이 그 관계를 더 좋게 만들 것이다. 다음으로 상대적인 인정이다. 지금 Z가 하는 수준보다는 낮더라도 통상적인 X보다 잘하는 것이라면 존중, 인정하는 것이다. 예를 들어 온라인 협업 툴을 열심히 배우려는 X가 이를 업무에 잘 적용하는 부분이 있다면 Z는 자신보다 못한다고 느끼더라도 그 부분을 칭찬하는 것이 좋다.

2 | 신입 때는 에바 적극성도 필요하다

다음은 존중을 기반으로 한 '에바 적극성'이다. 어느 세대나 신입사원들은 본인의 행동이 조직에서 어떻게 비칠지 고민이 많다. 조직심리학의 사회화 이론에서 "정보 추구의 사회적 비용"이라는 개념이 있다. 이는 조직 내에서 정보 추구를 하는 데는 사회적 비용이 들기 때문에 통상적으로 상사나 동료들에게 비치길 원하는 이미지에 중점을 두게 된다는 것이다. 즉 조직 내에서 정보 추구는 중요하지만, 잘못되면 문제가 생기기 때문에 좋은 이미지 형성을 위해 때로는 소극적 자세를 취하거나, 질문을 하지 않는 행동을 하게 된다는 것이다. Z 입장에서 괜히 적극적으로 무언가를 했다가 잘못하면 나쁜 이미지만 생길 수 있어서 그냥 소극적으로 업무에 임할 가능성이 높다는 것이다.

에바는 신조어이다. 에바란 오버를 변형해 말하는 것으로 청소년들 사이에서, 정도를 넘어서 지나치게 하는 행동을 이르는 말로 정의한다. Z세대들은 그건 '에바다'라는 용어를 흔히 쓴다. 지나치다는 것은 여러 가지 뜻을 내포한다. 무례한 의미일 수도 있고, 하지 말아야 하는데 하는 것을 의미할 수도 있다. 젊은 세대에게도 에바 하는 행동은 좋은 행동은 아니다. 특히 "선 넘는" 행동은 별로 좋아하지 않는다. 하지만 최근 Z에게 EBS의 "펭수"처럼 "선 넘는" 캐릭터가 인기를 끌었다. 유튜브나 방송에서 일부 연예인과 크리에이터들의 선 넘는 행동이 인기를 끌고 있다. Z세대는 선 넘는 행동에 대해 기존 세대보다 더 민감하다고 할 수 있다. 그래서 평소 선을 넘지 않으려는 세대의 특징 때문에 오히려 선을 조금 넘을락 말락 한 펭수 같은 캐릭터에 호감을 보이는 것이라 할 수 있다.

조직에서도 Z세대는 최대한 선을 넘지 않는 행동을 할 가능성이 높다. Z 간에도 서로에게 예의를 지키기 때문이다. 대학에서 팀플(공동과제)을 하면서 선을 넘는 행동을 하는 구성원은 가차 없이 발표 명단에서 제외하는 것처럼, Z에게 무례하고 에바 하는 행동은 금기시된다. 하지만 조직에서는 소극적인 행동으로는 성과를 끌어낼 수 없는 것이 사실이다. 무례하지만 않다면 약간은 에바 하는 적극성이 요구된다. 즉 상대방에 대한 존중을 기반으로 에바가 필요하다.

조직 내에서 실제적인 활동을 이야기하면, X나 Y가 지시한 업무는

Z의 기존 대학생활을 기준으로 한다면 오버하지 않고 적당하게 수행하는 것이 욕도 덜 먹고, 앞에서 말한 정보 추구의 사회적 비용을 최소화하는 것일 것이다. 하지만 조직 생활에서 리더들이 바라는 것은 특히 신입사원에게 바라는 점은 나중에 선배에게 지적을 받더라도 일단은 정해진 업무보다는 조금 더 하는 모습이다. 지시한 업무보다 새로운 것을 제안하고, 시킨 일만 하는 것이 아니라 본인 스스로 생각해서 필요하다고 생각하는 업무까지 추가로 하는 것이다. 조금 더 하다가 문제가 생긴 것은 선배가 수정해 주면 되고, 이렇게 해야 조직 성과로 향해 갈 수 있기 때문이다. 앞에도 전제로 한 것처럼 상대방에 대한 존중을 기반으로 한 적극적인 행동, 업무 추진은 조직 생활 시작의 핵심 요소일 것이다.

3 │ 돌려 말하지 말고 진솔한 대화로 다가서자

조직에 처음 들어오면 모든 것이 낯설기만 하다. 회사는 기존 대학 조직이나 남자들이 군대에서 잠시 경험한 조직과는 전혀 다른 세상이다. 군대에서는 2년이면 최고 고참이 되어 조직에 대해 다 알 수 있지만, 조직 생활은 최대 30년 이상 한 사람들도 있기 때문에 더 많은 적응의 시간이 필요하다. 사실상 20년이 지나도 계속 배우는 게 직장 생활이다. 그래서 직장 생활 초기에는 갑분싸한(갑자기 분위기가 싸한~) 일이 많이 발생한다. 내가 던진 한마디에 나를 제외한 모든 사람들이 서로 얼굴을 쳐다보거나, 내가 없는 자리에서 내 이야기를 하면서 웃을 수 있다. 주로 신입 구성원은 사회화 과정에서 역할 모호성과 역할 갈등을 느끼면 그런 것을 해결하기 위해 다양한 정보 추구 책략을 활용한다.[22] 정기 회의가 있으면 참석 안 해 보기도 하고(한계 실험하기), 직접 또는 간접적으로 질문도 하고, 목적을 숨기고 대화를 시도도 하고(위장된 대화), 주변을 감시와 관찰도 하며, 제3자를 활용해서 정보를 얻기도 한다. 이런 활동 중에 무언가 분위기가 애매해질 때가 있고, 이런 경우 신입사원은 알 수 없는 두려움을 느끼게 된다.

여러 조직 심리학자들은 이런 경우 진솔한 직접 대화를 추천한다. 잘못된 관찰에 대한 결과 활용, 한계 실험, 제3자 활용, 위장된 간접 대화는 조직 내에서 위험을 초래할 수 있기 때문이다. 그렇다면 X세대의 특징을 볼 때 X세대는 진솔한 대화를 선호하냐는 것이다. X세대의 신입시절에는 조직 상사와 커뮤니케이션의 어려움을 많이 경험했다. 신입이 부장님에게 직접 업무 시간에 무언가를 건의하면, 부장님은 당연히 신입사원은 자리로 가라 하고, 과장님을 불러서 혼을 냈다. 애들 교육 어떻게 시키고 있는 거냐고. 그 당시 권위적인 베이비붐 세대에게 젊은 신입사원의 건의는 그 결과가 조직에 도움이 되더라도 듣고 싶지 않은 사항들이었다. 하지만 X세대는 이름에 걸맞게(X는 기

---

22 Miler, V. D., & Jablin, F. M. (1991), Information seeking during organizational entry: Influences, tactics, and a model of the process, Academy of Management Review, 16.

존 세대가 예측하지 못하는 세대) 조직에서 본인의 의견을 적극 윗분들에게 말하고 건의하는 세대였다. 하지만 결국 기존 세대의 벽에 막혀 대리가 되고 과장이 되면서 직급 차이가 많이 나는 사람에게는 점점 건의하지 않게 되었다. Z세대가 무언가 조직의 발전을 위해 건의를 한다면 X는 그것을 적극적으로 수용할 준비는 되어 있다. 하지만 또 언제나 그렇듯이 전달하는 방식은 세대의 특성을 반영해야 할 것이다. 그분들의 상황, 세대가 경험한 특징들을 존중하고 고려해서 "직접 질문하기"를 한다면 본인이 조직을 배워가는(사회화) 과정에 큰 도움이 될 것이다.

구체적인 방법은 만약 본인이 조직에 궁금한 것이 있는 경우, 많은 부분 바로 윗세대인 Y에게 질문하는 것이 좋다. 이러한 것이 중간에 있는 Y를 존중해 주는 결과가 될 것이다. 만약 민감한 질문일 경우 상대방을 고려해서 둘만 있는 독립된 공간에서 진솔하게 물어보는 것이 좋다. 조직 생활을 하다 보면 다 바쁘기 때문에 매번 이러한 기회가 생기지 않을 가능성이 많다. 그렇다면 점심시간 등을 활용해서(밥도 살 수 있는 기회가 생기면 사면서), Y에게 솔직하게 질문하는 것이 가장 적합한 방법이다. 그리고 때로는 Y도 모르는 질문이 있을 수 있다. 이런 경우는 Y에게 허락을 받은 상태에서 X에게 직접 물어보는 것이 좋다. 이 역시 민감한 주제라면 상대방에 대한 존중을 기본으로, 예의 바르게, 독립된 공간에서 진행하는 것이 좋다. X에게 Z의 "조용히 할 말 있습니다."라는 말이 퇴사의 의미가 아닌 평소의 대화 시도가 된다면 매우 좋은 징조일 것이다. 매우 바쁜 X이지만 Z와 "조용히 할 말" 할 시간은 퇴사 바로 전 말고도 충분히 자주 할애할 준비가 되어 있다.

Y가 생각하는 팔로워십 키워드는 '저항'

1 | 저항의 에너지로 새로운 가치와 변화를 만들어내라

저항은 어떤 힘이나 조건에 굽히지 아니하고 거역하거나 버팀을 뜻한다. 다른 사람이나 대상에 맞서 대들거나 반대함을 의미하는 반항反抗과는 다른 뜻을 가지고 있다. 영어로는 Resistance(2차 세계대전 나치 점령에 저항했던 지하단체를 뜻하는 단어이기도 하다)로, 기존의 단체, 사람들의 생각과 행동 혹은 Rule에 대한 저항을 의미한다. 과거에는 시키는 일을 잘 하는 사람들이 인정을 받았다. 상대적으로 단순한 비즈니스 구조에 혁신보다는 안정이 중요한 시기였다. 그래서 과거에는 모두가 된다고 했을 때 "안돼!"라고 말할 수 있는 인재의 용기가 주목 받기도 했다(관련 광고도 존재했다. 혹시라도 기억하신다면 빠른 Y 혹은 X세대 이상일 것). 분명 과거 X세대 선배님들이 일했던 환경에서는 보다 낮은 비용으로 높은 생산성을 창출해 내는 일이 인정받았을 것이다. 자신의 업무와는 아무런 관계는 없지만, 함께 일하는 회사, 조직, 사람들에 대한 헌신이 그 사람의 평판과 평가가 되는 시기가 분명 존재했었다.

하지만 세상은 변화 중이며, 그 속도 역시 가속화되고 있다. 과거 광고처럼 모두가 된다고 하는데 홀로 안 된다고 말할 수 있는 사람들은 지금 세상에는 차고 넘친다. 이미 시장의 승자가 된 기업이라도 단시간 내 후발주자에게 따라잡히기 쉬워졌고, 결국 '진화의 속도'가 가파른 기업만이 경쟁에서 살아남는다. 이제 변화는 당연한 것이고, 진짜 문제는 변화의 속도이다.[23] 그런데 시키는 일만 잘한다? 그런 사람들이 존재하는 곳에서는 더 이상 팔로워가 필요하지 않다. 그곳은 업무를 지시하고 결정하는 사람 혼자서 일하는 조직이다. 이제 시대는 모두가 안 된다고 할 때 "할 수 있다!"라고 말하고 해낼 수 있는 인재를 원한다. 투입된 인재의 공수는 계산조차 하지 않고, 실수만 줄이려는 조직은 이제 사라져야 한다. 오히려 모든 인재, 팔로워가 각각의 색깔, 능력을 발휘하여 더 많은 시도와 성과를 만들어내야만 살아남을 수 있다.

---

23 WP Barnett, MT Hansen(1996), The red queen in organizational evolution, Strategic management journal.

요즘 여러 의미에서 많이 언급되고 있는 기업 테슬라는 기업의 비전도 과감히 바꾸어 버린다(통상의 기업에서는 결코 쉽지 않은 일이다). 기업의 비전도 필요하다면 바뀌는데, 결코 인재상이 그대로일 수 없다. 기업의 인재상 역시 시대에 따라 변화하고 진화해야 한다. 냉정하게 생각해 보면 미래 조직을 선도하게 될 전문가들이 현재의 우수인재가 아닐 가능성도 있다. 아무리 우수한 사람일지라도, 미래 변화에 적응하지 못하는 바로 그 순간 평범해진다. 반대로 현재는 평범한 사원이지만, 새로운 변화 속도에 적응력이 높은 직원은 도리어 미래를 선도하며 앞으로의 조직을 먹여 살리는 차세대 경영진, 미래 CEO가 될 수도 있다. 결국 개인도, 팀도, 조직도 끊임없이 진화해야만 살아남는다. 그리고 이러한 진화의 동력 엔진은 기존의 장벽을 무너뜨리려는 저항의 불꽃으로부터 점화되어 시작된다.

딜로이트 컨설팅의 소비자 트렌드 2021에 따르면 회사 직원들 중 40%는 변화 적응에 어려움을 호소하고, 직원의 30%는 변화를 부정하고 기존 방식을 선호한다고 한다. 오직 30%만이 변화의 기회를 포착하고, 완벽한 적응을 할 수 있다. 변화에 대한 적응 속도도 하나의 훌륭한 팔로워십 역량이다. 앞으로의 팔로워는 아무런 생각 없이, 기존의 생각을 받아들여서는 안 된다. 리더의 지시나 생각도 최소 한 번쯤은 의심해 봐야 한다. 적어도 이 일을 왜 해야 하는지, 꼭 필요한 일인지, 더 좋은 방법은 없는지 생각해 보고 자신만의 생각을 직접 입 밖으로 내뱉을 수 있어야 한다. 이는 반항이 아닌 저항이다. 단단한 저항 정신은 세상의 변화에 적응하고 스스로 변화할 수 있도록 만들어 준다.

정체되어 있거나 변화(이동) 속도가 느린 자동차가 경쟁 차량을 빠른 속도로 추월하기 위해서는, 설사 현재 선두의 위치를 차지하고 있더라도 이를 유지하기 위해서는 폭발적인 동력과 엔진을 필요로 한다. Y가 이야기하는 '저항의 팔로워십'은 특별한 대안 없이 기존의 방식을 부정한다는 의미가 아니다. Y의 저항은 기존의 불필요한 비효율을 없애고, 새로운 본질적인 가치를 만들어내고자 하는 일종의 '에너지'이다. 실제로 코로나 시대에 살고 있는 대부분의 직장인들은 이제 느끼고 있을 것이다. 기존에 당연했던 것들이 이제 당연하지 않다는 사실을 말이다. 2차, 3차까지 이어졌던 회식은 사실은 우리의 업무 동기에 큰 영향을 주지 않았으며, 회의는 충분히 서면 혹은 비대면 회의 등으로 대체할 수 있었다. 우리는 이와 같은 사실을 외부 이슈(코로나 장기화)를 통해 비로소 깨달았다. 그만큼 스스로 일하는 방식, 조직의 문화를 바꾸는 것은 어려운 일이다. 시장도, 고객도, 트렌드 변화의 속도도 가속화되고 있다. 이제는 조직의 변화를 가속화할 수 있는 불꽃, 저항이 필요하다.

2 | 용기 있는 저항 팔로워십이 창의와 그릿을 만들어낸다

Y가 생각하는 저항은 용기이다. 이스라엘의 '후츠파 Chutzpah' 정신을 보라. 후츠파는 철면피, 무례함을 뜻하기도 하지만 용기와 담대함을 함께 뜻하는 히브리어다. 이스라엘인은 상급자와 하급자가 가장 좋은 답을 찾기 위해 자유롭게 토론한다. 만약 우리가 이 과정에 직접 참여하여 관찰한다면 리더(상급자)가 누구인지 결코 찾아볼 수 없다(당연히 나이가 더 많은 사람 아니겠냐는 생각을 할 수는 있겠지만…). 이러한 행위는 전통적인 사고를 과감히 무너뜨릴 도전정신과 용기를 북돋아주며, 완전한 새로움을 창조해낸다. 구글 EMEA 이머징 마켓 담당 부사장 메이어 브랜드는 그의 저서에서 이스라엘 사람에게 '불가능한' 목표가 주어지면 기쁜 마음으로 목표 달성을 위해 열과 성을 다하며, 이 중심에 후츠파 정신이 있다고 평가했다. 세계적인 투자자 워런 버핏 역시 "인재를 찾아 중동으로 간다면 이스라엘 외에는 들를 필요가 없다. 이스라엘은 에너지가 없는 대신 그를 상쇄할 만큼 많은 인재를 지녔다."라며 이스라엘인을 높게 평가한다. 2021년 현재에는 압도적으로 신속한 코로나 백신 접종률로 세상을 놀라게 하기도 했다. 만약 상급자 한 사람의 이야기와 생각으로 조직 전체 움직임이 달라진다면 사실 해당 조직에는 그 사람 한 명만 존재해도 충분하다. 반대로 조직에 변화가 필요한 경우 누군가는 기존의 생각과는 다른 이야기와 행동을 보여줄 수 있는 용기를 통해 비로소 새로움, 즉 변화를 시작할 수 있다.

저항은 창의성이다. 이는 너무 당연한 이야기이다. 저항의 의미 자체가 기존 생각에 대한 이견, 반대의 생각을 나타내는 것이며, 이 과정은 분석 및 창의력을 반드시 필요로 한다. 학창 시절 선생님 말씀을 잘 안 듣는 아이들이 전혀 생각하지 못했던 생각을 이야기해서 주변을 놀라게 하는 경우를 떠올려 보자(물론 잘못된 행동, 타인에게 피해를 주는 행위는 제외. 선생님 말씀은 잘 들어야 합니다!). 이스라엘에는 발라간(Balagan, 질서가 없어 보이나 기회와 약속이 가득한 혼돈의 상태)이라는 용어가 있다. 실제로 아파트 단지 혹은 교육 시설 옆 쓰레기장 같은 놀이터를 제멋대로 누비며 노는 이스라엘 아이들을 보고 '발라간'이라 말한다. 이를 지나가던 외국인들이 언뜻 보면 처음에는 연민이, 다음으로는 무질서함이 느껴질 것이다. 그러나 발라간은 정말 놀랍게도 세상에는 정답이 없음을 깨우치게 하고 답을 찾아 나서는 능력을 키워준다. 세상과 경계를 허물고 연결할 수 있도록 창의성을 길러주는 기회를 마련해주는 것이다. 예를 들면 버려진 주방기기, 타이어, 키보드 등 온갖 쓰레기로 가득한 그 공간에서 아이들은 낡은 전자레인지를 우주선 조종대로, 자동차 바퀴는 댄스 스테이지로, 키보드 자판은 마법의 돌이 되어 초능력을 얻기도 한다.[24] 저항은 곧 기존 질서에 대한 도전이자, 새로운 창조물이다. 기존의 흐름이 아니라 원점에서 혹은 반대로도 생각하고, 행동할 때 비로소 창의성이 발휘된다. 마지막으로 저항은 그릿 GRIT 이다. 다음은 제프리 페퍼의 저서 『파워』 중 일부이다.

---

24 인발 아리엘리(2020), 『후츠파: 창조와 혁신은 어디서 만들어지는가』, 안드로메디안.

실행의 문제 대부분이 정치적 의지와 전문성을 개발하는 문제라고 생각한다. 다시 말해, 반대 세력에 맞서 자기가 뜻한 바를 꼭 이루고야 말겠다는 의지와 욕구, 이를 가능하게 하는 지식과 역량을 갖추어야 한다는 의미다.

그릿은 한 가지 일에 대해 꾸준한 흥미와 노력을 지속할 수 있는 능력이다. 이와 같은 그릿의 특징을 가장 잘 설명해 줄 수 있는 사례로 룬샷Loon-Shots을 소개하고자 한다. 룬샷은 획기적인 아이디어지만 다른 사람들은 무시하는 프로젝트를 의미한다. 2차 세계대전, 1939년까지만 해도 연합군에 비해 우수한 기술의 무기와 장비를 보유한 독일군에게 연합군이 승리할 수 있었던 비결은 그 이후 개발된 레이더 등 첨단 기술 덕분이었다. 독일에 포위당한 영국에 미국이 물자를 지원하자 독일은 잠수함 U 보트로 수송선을 격침시켰고, 미국에서만 400척 침몰 5,000여 명이 사망하는 등 피해가 극심해졌다. 그러나 1943년 잠수함의 위치를 탐지하는 '레이더'를 장착한 폭격기가 투입되자 U 보트의 1/3인 41척이 폭격으로 침몰되었고 연합군의 선박 피해는 95% 감소했다. 레이더와 같은 첨단 기술 개발이 가능했던 것은 미국 과학 연구개발국이 성공적으로 룬샷을 키워냈기 때문이었다.[25] 너무 당연한 이야기이겠지만, 저항은 기존의 생각에 부딪치고 무시당할 수밖에 없다. 그럼에도 필요하다면 이를 지속할 수 있는 마음의 근력, 즉 그

---

25 사피 바칼(2020), 『룬샷: 전쟁, 질병, 불황의 위기를 승리로 이끄는 설계의 힘』, 흐름출판.

릿이 필요하다. 주변의 반대에도 상사의 질타에도 당당하게 나의 소신을 이야기할 수 있고, 아무도 주목하지 않고 설사 반대하더라도 정말로 필요하다고 생각하는 일을 지속할 수 있는 저항의 팔로워십은 외부의 힘에 굴복하지 않고 해내겠다는 신념이자 의지이다.

한편, 대화에서 이기는 5가지 조건이 있다고 한다. 우선 든든한 지식 기반, 서로 간 확고한 신뢰, 상대방에 대한 배려, 어떤 상대 앞에서도 당당할 수 있는 담대함, 마지막으로 정해진 대화의 시간과 규칙의 준수이다(『우아한 승부사』, 조윤제). 저항의 팔로워십에서 가장 중요한 것은 바로 든든한 지식 기반이다. 즉 기존의 힘에 대항할 수 있는 그 이상의 에너지, 기존의 장벽을 무너뜨리기 위한 충분한 설득 논리와 근거가 필요하다. 용기, 창의, 그릿의 '저항의 팔로워십'은 우리가 철저히 업무 관련 지식과 역량으로 무장되어 있을 때 비로소 구현될 수 있다.

하지만 기존 장벽은 생각보다 높고 단단하다. 우리는 '후츠파' 정신의 이스라엘이 아니라 동방예의지국인 대한민국에서 태어나 자랐고, 기업의 문화는 미국 과학 연구개발국보다 수직적이다. 그렇기에 저항은 그 크기뿐만 아니라 차별성이 있어야 한다. 5%가 되려면, 95%와는 다른 길을 가야 한다. 다른 사람들이 많이 하고 있다고 그것이

정답은 아니다. 차별화된 무언가가 필요하다는 것이다.[26]

3 | 마음의 불꽃을 일으켜줄 리더도 필요하다

기존 X세대들도 이제는 깨달아야 한다. 사실 Y세대들이 게을러서 회사 일에 올인하지 않는 게 아니며, 참을성이 없어서 일터를 자주 옮기는 것도 아니다. 그렇다, 많은 기존 세대들이 밀레니얼 세대에 대해 오해하고 있다. 그들은 X의 생각보다 훨씬 열정적이고 끊임없이 배움을 갈망하며 능력 있는 '일잘러'가 되기를 꿈꾼다. 오늘날의 밀레니얼 직장인은 근속 연수나 연봉 수준으로 경력을 평가받기보다는 진짜배기 실력을 키워서 대체 불가한 인재로 성장하기를 원한다. 이들은 한 직장, 동일한 산업군에 머무는 것이 경력 계발의 왕도라고 여기지 않는다. 그보다는 성장의 기회를 찾아 이직이나 전직을 시도하는 수평적 경력 개발을 추구하며, 타인과의 관계나 일을 통한 경험으로 역량을 갈고닦고 싶어 한다.[27]

그러니 함께 일할 수밖에 없다면, 우선 믿고 맡겨주었으면 한다. 오죽하면 "일 잘하는 것은 쓸모없고, 일 잘 맡기는 것이 중요하다"는

26   오두환(2020), 『광고의 8원칙』, 대한출판사.
27   이상준(2020), 『밀레니얼은 어떻게 배우고 일하며 성장하는가』, 다른상상.

부제를 단 책이 등장했겠는가.[28] X가 Y를 위해 해줄 수 있는 가장 생산적인 일은 기름(동기)을 부어주고, 이들의 업무를 지원해 주는 것이다. 조사에 따르면, 스폰서(후원자)의 40%는 프로테제(피후원자)의 야망을 북돋워 주었으며, 38%는 그들이 경력에 대한 비전을 확장할 수 있도록 직접 힘을 써서 도와줬다고 응답했다. 이런 지원을 받지 못한 프로테제는 갈수록 동기가 약해질 수밖에 없다. 설문에 참여한 프로테제 중 50%는 자신의 비전을 확장하는 데 도움을 주는 스폰서에게 더 충실할 것이라고 밝혔다[29](여기서 프로테제 protéger 는 후원 받는 자, 즉 계승자 Successor 의 의미와 유사하다). 이제 업무를 지시하는 리더에서 맡기는 리더로, 직접적인 간섭보다는 충분한 동기부여와 지원을 제공해 줄 수 있는 X가 되어주기를 진심으로 바란다.

앞서 거리 두기 리더십에서도 제프 베조스, 저커버그 등과 같은 선도 기업의 CEO가 추진자가 아니라 촉진자임을 언급하였다. X는 촉진자로서 Y에게 기름을 부어주어야 한다. 그리고 저항은 불꽃의 발화점이다. 저항이 없다면 새로운 불꽃은 일어나지 않는다. 만약 X가 Y에게 충분한 기름을 부었음에도 조직의 앞날을 비추는 불꽃이 일어나지 않는다는 것은 해당 Y의 마음에 불꽃이 없기 때문이다. 마음의 불꽃은 동기나 혹은 자질이 될 수도 있다. 즉 X는 Y의 동기와 자질을 관리

---

28 아사노 스스무(2020), 『일을 잘 맡긴다는 것』, 센시오.
29 실비아 앤 휴렛(2020), 『후배 하나 잘 키웠을 뿐인데』, 부키.

하면 되는 것이다. 또한 관리란, 사람들로 하여금 해야 할 일을 하게 만드는 것이며, 리더십이란 사람들로 하여금 해야 할 일을 하고 싶게 만드는 것이다. X는 관리자가 아닌 리더가 되어야 한다. 물론 리더 Y 역시 마찬가지이다. 관리자는 사람을 밀어붙이나, 리더는 끌어준다. 관리자는 명령하지만, 리더는 커뮤니케이션을 한다.[30]

르네상스 시대의 이탈리아 예술가 미켈란젤로가 1501년과 1504년 사이에 조각한 '다비드상'. 거인 골리앗에 맞서 싸운 다윗을 기념하는 이 대리석상은 저항을 의미한다. 성경에서 골리앗이 40일 동안 싸움을 걸었을 때 아무도 감히 그의 도발에 응하지 않았다. 키가 6척 반(약 2.95미터)에 달하는 이 블리셋의 거인 병사에게 마침내 다윗(다비드)이 싸우겠다고 했을 때 그의 형제들은 비웃었다. 하지만 그는 기적과 같이 돌을 던져 골리앗을 쓰러뜨렸다. 그는 영웅이 되었고, 그의 이름은 성경에 기록되었으며, 그를 기념하는 석상은 현재 피란체의 갤러리아 델 아카데미아에 보관되어 있다.

현실에서도 마찬가지이다. 기존의 프로세스와 규칙은 물론 중요하다. 만약 모든 Rule에 저항한다면 항상 원점에서 모든 것을 시작해야 하며, 조직의 생산성은 필연적으로 낮아진다. 하지만 우리에게는 변화가 필요하다. 모든 것을 바꿀 필요는 없다. 다만 꼭 바꾸어야 할 한

---

30 Warren G. Bennis(2009), 『On Becoming Leader』, Basic Books.

가지, 다윗처럼 불가능해 보이는 단 하나의 원대한 목표를 향해 도전
하고 또한 저항할 때 비로소 평범함은 비범함으로 바뀔 수 있을 것이
다. 실제로 도전적인 과제는 우리 뇌의 신경전달물질 중 하나인 노르
에피네프린Norepinephrine을 분비시켜, 집중력과 판단력을 높여준다. 연
구에 따르면 자기 능력보다 약 4% 정도 어려운 일을 수행할 때 몰입
상태에 돌입한다고 한다.[31] 언제나 새로운 도전은 적당한 긴장감과
스트레스를 부여하며, 이는 다윗과 같이 위대한 도전을 성공으로 만
들어주는 집중력을 갖게 해 줄 것이다.

---

31 동아비즈니스리뷰, https://post.naver.com/viewer/postView.nhn?volumeNo=29250106&mem
berNo=22700030&vType=VERTICAL

03

Z가 생각하는 팔로워십 키워드는 '마라 맛'

마라는 매운맛을 내는 중국 쓰촨 지방 향신료로, 한자 그대로(저릴 麻, 매울 辣) '혀가 지릴 정도로 맵고 얼얼한 맛'을 낸다. 마라를 사용한 메뉴는 기존 매운 음식들과는 달리 혀와 입술이 얼얼하면서 매운맛이 천천히 느껴져, 매운맛을 좋아하고 새로운 경험을 추구하는 소비자들에게 큰 인기를 끌고 있다. [32]

마라만의 독특한 매운맛은 다른 어떤 맛으로 대체가 불가하기에 여러 마니아층을 둘 정도로 찾는 이가 많다. 특히 스트레스를 받거나 화끈한 자극이 필요할 때 마라 음식을 먹으러 가는 새로운 문화가 등

---

[32] 홍상수(2019), 식을 줄 모르는 '마라'의 인기(2019), 웰스데일리.

장하였다. 이를 반영하듯이 '마라 맛'이라는 신조어가 등장하였다. 마라처럼 얼큰하고, 매운맛을 자랑하면서도 시원시원하다는 의미이다. 드라마 〈펜트하우스〉에서 악역이지만 솔직하게 자기감정을 표현한 천서진이 대표적인 마라 맛 캐릭터로 많은 사랑을 받고 있다.

조직에 조금씩 새싹처럼 등장하고 있지만 그 존재감은 어마어마한 Z의 팔로워십은 마라와 비슷한 점이 많다. 때때로 마라처럼 톡 쏘고, 얼큰한 매운맛을 보여 상사를 놀라게 할 때도 많지만, 통통 튀는 창의력과 아이디어로 선배에게 긍정적인 자극을 주는 대체 불가한 우리의 팔로워십은 다음과 같다.

X, Y가 보는 Z는 어떤 모습일까? 눈치를 안 보고, 하고 싶은 말을 다 하는 솔직한 모습이 강할 것이다. 나름 우리 입장에서는 눈치를 보려고 노력하는데, 아직 아니 앞으로도 부족하게 느껴질 것 같다. 기왕 이렇게 된 것, 소신 있게 본인의 생각을 표현하는 것이 중요하다고 생각한다. 물론 이 과정에서 얼큰한 충돌이 생길 수도 있다. 이를 맞춰가는 것도 조직에서 피할 수 없는 부분이다. X와 Y도 처음부터 잘 맞지는 않았을 것이다. 서로 맞춰가는 과정에서 갈등이 있었기에, 지금은 공생이 어렵지 않고 합이 잘 맞는 것이다. 먼 훗날(우리의 책을 읽는 독자들에게는 가까운 미래이길 소망하며) 우리 Z도 X와 Y처럼 찰떡 호흡의 협업을 보여주기 위해서는 지금 솔직 담백한 날것의 모습을 보여줘야 한다. Z여 쫄지 말고 소신 있는 팔로워십을 보여주자!

신입으로 들어온 Z가 상사에게 보여줄 팔로워십의 가장 큰 매력은 자극이다. 선배보다 경험 수치는 적지만, 그만큼 무모함과 도전 의식이 강하기에 틀에 박히지 않은 새로운 시선으로 지속적인 자극을 줄 수 있다. 그냥 앉아서 선배가 애써 얻은 경험치를 날름 받아먹는다면 그 누구도 키워주고, 이끌어주고 싶지 않을 것이다. 우선 재료가 풍성하게 Z는 마음껏 발산하고, 선배의 능숙함으로 현실로 만드는 것이다. 두 역량이 만나 한 팀을 이룰 때 비로소 멋진 시너지가 나올 것이라 기대한다.

자극을 주기 위해 Z는 항상 변화를 예민하게 받아들이고, 적응하여 함께 나눠야 한다. 깨어 있어야 비로소 변화도 리딩 할 수 있기 때문이다. 실제로 선배들과 요즘 친구들의 생각, 유행을 함께 나눌 때 인사이트를 많이 얻어 멋진 결과물이 도출되는 경우가 많다.

뒤끝 없이 자신의 부족함을 지속적으로 묻고, 바로바로 반영하는 쿨한 팔로워십. 자극을 주었다면, 이에 대한 리뷰와 피드백을 선배가 줄 것이다. 항상 평가를 받으며 커왔지만, 서술형보다는 점수를 받는 경우가 많았다. 사회에서의 나는 나만 잘해서 좋은 평가를 받을 수 있는 게 아니다. 나의 동료가 성과를 내는 데 도움을 주는 것도 나의 평가 요소이다. 그렇기에 누군가 나에게 해주는 피드백을 쿨하게 수용할 수 있는 팔로워십이 필요하다. 오픈된 형식으로 서로에 대한 리뷰를 하는 것이 익숙해져야 한다. 나만 평가를 받는 것이 아니다. 나도 선배를 평가한다. 만약 이 평가가 마음에 안 들어 받아들이지 않는다면 발전은 없을 것이다. 쿨하게 나에게 필요한 모습에 대하여 지속적으로 물음을 구하고 반영한다면 모든 세대가 좋아하는 더할 나위 없이 완벽한 Z가 탄생할 것이다.

워크와 라이프의 밸런스가 매우 중요한 Z. 우리와 선배의 워라밸에 대한 인식은 분명히 다르다. 때때로 이 다름을 서로 이해하지 못해 불만이 생기기도 한다. 다름을 단절로 해소하는 것이 아니라 우리가 어떻게 이 밸런스를 맞추고, 조절하는지에 대해 함께 공유하자. 스트레스를 받으면 마라로 풀듯이, 일하는 방식과 삶을 살아가는 방식에 대하여 허심탄회하게 이야기를 나눠보는 것이 어떠한가. 대화의 시간 없이 나를 이해하지 못한다고 탓만 하기 전에 나는 얼마만큼의 노력을 하였는가를 먼저 묻고 싶다. 상사이기 이전에 인생 선배에게 일과 삶의 균형을 맞추며 즐거움을 찾는 방식에 대한 조언을 얻는 것도 나쁘지 않다. 그리고 이러한 질문을 먼저 해주는 후배를 그 어떤 선배가 아끼지 않을 수 있겠는가. Z의 팔로워십이 인정받을 수 있는 멋진 꿀팁이다.

마라를 좋아하는 사람들은 마라 소스를 하나씩 집에 구비해 둘 정도로 마라의 인기가 상당하다. 면 요리뿐 아니라 다른 요리에 소스를 추가하면 특유의 맛과 향을 즐길 수 있기에 다양한 마라 요리 활용법이 온라인상에 공유된다. 일상적으로 먹는 음식에 소스를 추가하여 마라 쌀국수, 마라 육개장, 마라 치킨마요 덮밥 등 무궁무진한 멋진 요리가 탄생한다. 무엇과 함께해도 어색하지 않고, 새롭게 탄생할 수 있는 마라 같은 팔로워십의 소유자가 되자. 이 세상에 멋진 리더는 너무나도 많다. 어떤 선배에게도 배울 점은 항상 있다. 함께 일을 하면서 열린 마음으로 새로운 결과물을 낸다는 마음가짐으로 협업을 한다면 나의 커리어에 여러 버전의 마라가 남을 것이다.

"매운맛이 다 거기서 거기지!"라고 생각하면 큰 오산이다. 마라를 먹어보기 전, 다 똑같을 줄 알았다! 마라 앞에 한없이 겸손해진다! 어떠한 것으로도 대체 불가능하다! 마라는 그냥 마라다! 맵고, 짜고, 달고 감히 세 단어로 표현이 가능한 것일까? Z의 팔로워십도 마라처럼 대체 불가여야 한다. 바꾸려 하지 말고 우리의 고유한 매력을 융합하여 어울리자. 우리만의 팔로워십을 보여준다면 어느 순간 나는 조직에서 꼭 필요한 사람이 되어 있을 것이라 믿는다. Z는 조직에서 자기 자신이 쓸모없다고 생각하면, 언제나 떠날 준비가 되어 있고 그것이 맞는다고 생각하는 존재이다. 마라 같은 팔로워십으로 적극적인 조직 생활을 한다면 누구나 나를 찾을 것이고, 떠나려야 떠날 수 없는 꼭 필요한 존재로 곧 자리매김할 것이라 믿는다.

내 생애 최고 & 최악의 후배

X가 만난 최고의 후배

X는 선배만큼 이제 다양한 후배도 많이 경험했다. 후배들과 생활하다 보면 '라떼는'이라는 말이 머릿속에 계속 나오지만 후배에게도 많은 배움이 있었고, 나보다 더 훌륭한 후배도 있었다. 직장 생활을 하면서 같이하고 싶었던 후배는 다음과 같다.

첫 번째는 자기주도성이 높은 후배이다.

조직 내에서 자기주도성은 여러 가지 부작용이 있을 수 있다. 조직은 오랜 경험과 노하우가 있기 때문에 조직의 새로운 구성원이 이러한 전 세대의 것들을 무시하고 업무를 해 나가면 문제를 일으키기도 한다. 그래서 대부분 후배들은 자기주도성보다는 위에서 시키는 대로 할 가능성이 높다. 한 후배는 30대 초반부터 이렇게 하지 않았다. 그 당시 그 후배를 옆에서 보면 자기주도성이 다소 위험해 보이기도 하였지만 스스로 많은 일들을 해 나가고 있었다. 옆에서 그 후배를 관찰하면서 알게 된 것은 자기주도성과 함께 중요한 것이 규범성과 완결성이라는 것을 깨닫게 되었다. 조직의 여러 가지 내부 규범들을 철저하게 준수하면서, 또한 시작하면 끝까지 완결을 해야지만 자기주도성이 높은 가치를 발휘할 수 있을 것이다. 그 후배는 새로운 프로젝트를 맡으면, 내부 규정 등을 명확하게 스스로 학습하여 이해하고, 선배들에게도 많은 것들을 물어보고, 그 이후 주도적으로 프로젝트를 완결해 나갔다. 이렇게 자기주도성이 높은 후배는 젊은 나이에 임원에 올랐다. 이러한 성향을 셀프리더십 이론에서는 "자기경영(관리)"이라 설명한다. 자기경영에서 규범성과 완결성은 무엇보다 중요하다고 생각한다.

두 번째는 임파워먼트가 가능한 후배이다.

X도 이제 조직 내에서 직급이 올라가면서 혼자 할 수 없는 일들이 많이 생긴다. 그러면 X의 일을 임파워먼트할 후배가 많이 필요하다. 후배에게 임파워먼트를 온전히 하려면 그 후배가 조직(또는 리더)에 대한 로열티가 높고, 업무 능력이 훌륭한 경우만 가능하다. 당연히 일도 잘해야 하지만, 후배가 조직(또는 리더)의 성공을 위해 일해야만 가능한 것이다. 아주 일을 잘하는 후배들 중에도 조직 또는 리더와는 다른 방향으로 업무를 처리하고 그것이 결국 조직 내에서 문제로 발생하는 경우가 꽤 있다. 조직에서 만나는 후배들은 본인의 스타일이 있다. 한 후배는 일을 하기 전에 꼼꼼하게 체크하고 의문을 매번 제기하였다. 아직 서로의 업무 스타일을 모르는 시기에 그 후배를 의심도 하고, 나에게 불만이 있다고도 생각했다. 하지만 그건 업무를 처리하는 스타

일이었고, 처음에 많은 것을 확인한 후 의문이 풀리면 속도감 있게 업무를 완결했으며, 중간에는 질문을 최소화하면서 완성해 나갔다. 그 후배는 오랜 조직 경험으로 업무를 혼자 처리할 수 있었으며, 리더의 방향이 맞는다 생각하면, 신뢰를 가지고 일을 성공 가능성 중심으로 생각하면서 완성하였다. 리더도 결국 이런 후배에게 더 많은 역할과 신뢰를 주게 될 것이다.

세 번째는 나의 약점을 보완하고, 진솔한 태도로 조언하는 후배이다.

조직에서 서로 다른 스타일의 사람을 만나는 경우가 많다. 그래서 서로 다른 면이 서로를 힘들게 하는 경우가 많다. 보통 통상적으로 리더에게 그 스타일을 맞추는 경우가 대부분이고, 그러면 조직의 시너지는 낮아진다. 한 후배는 나와 거의 반대의 스타일이었다. 나의 약점이 강점인 경우도 많이 있었다. 후배는 나의 약점을 보완하면서 업무 시너지를 내고 있었다. 그런데 문제는 조언 부분이었다. 누구나 남에게 조언을 듣거나 업무에서 약점을 알게 되면, 기분이 나쁜 것이 사실이다. 그래서 리더에게 조언하는 것에 신중함이 필요하다. 한 후배는 이러한 것을 참 신경 써서 잘했다. 조언의 타이밍이나 방법 선택에 신중을 기하였으며, 그 조언이 상대방 기분을 상하게 하는 경우에는 잠시 조언을 보류하는 것도 잘하였다. 물론 개인적으로 친하면 친할수록 진솔하게 조언하기보다는 쉽게 조언하게 되는 것은 사실이다. 하지만 언제나 그렇듯이 상대방에 대한 조언은 의사가 수술 시 사용하는 메스라는 생각을 가지고 신중에 신중을 기해야 한다. Kelly의 팔로워 유형에서도 모범적 팔로워는 리더나 집단에 자주적이고 비판적인 사고를 하고, 자기가 맡은 일보다 더 많은 일을 해 내는 유형이다.[33] 일의 자기주도성도 중요하지만, 리더에 대한 비판적 사고도 중요하다. 단 이 비판적 사고를 위해서는 진실성과 신중함이 수반되는 일이 특히 한국 사회에서는 더욱 중요할 것이다.

X가 만난 최악의 후배

조직에서 많은 후배를 만나고 그들에게 많이 배운다. 또한 더불어 정말 다시는 만나고 싶지 않은 후배들도 만난다. 다음은 X 입장에서 다시는 함께하고 싶지 않은 후배들의 유형이다.

첫 번째는 남의 탓만 하는 후배이다.

조직 생활을 하다 보면 유독 남의 탓을 많이 하는 후배들을 만나게 된다. 업무를 처리하거나 인간관계를 이야기할 때, 안 되는 이유를 먼저 찾고 남의 탓을 먼저 한다. 탓하는 대상은 같이 일하는 업체가 될 수도 있고, 같이 일하는 리더나 후배가 될 수도 있다. 하지만 결국 일을 하기 싫은 거고, 무언가 이유가 필요할 뿐이다. 존 밀러는 『바보들

---

33 Kelley(1992), The Power of Followership, Doubleday Dell.

은 항상 남의 탓만 한다』라는 책을 저술하였다. 이 책에서는 조직 내에서 변명과 비난의 고리보다는 지금 해야 할 행동에 집중하라고 한다. 한 후배는 매번 심각한 얼굴로 면담을 요청하였다. 보통 1시간 넘게 면담을 하지 않지만, 이 후배를 만나면 매번 2시간가량 면담을 했다. 대부분은 같이 일하는 리더의 비난, 후배의 역량 부족, 업체의 업무 협조 부족 등에 관한 이야기였다. 결국 자기는 잘하고 있는데, 주변 사람들의 문제로 어려움이 많다는 내용이었다. 그 후배와 1년 넘게 일하면서 알게 된 것은 게으르며, 일을 안 할 이유만 찾는다는 것이다. 결국 조직이 원하는 성과를 거두지 못하는 것은 물론이고 조직 내에서 가장 적게 일하고 있었다. 또 그 후배는 조직 내 불화의 중심에 있었다. 항상 다른 사람을 비난하기 바빴고 주변 사람들도 그 부정적 감정에 합류하게 되었으며, 결국 조직 내 크고 작은 불화의 시작이 되고 있었다. 남의 탓은 하기는 쉬운 일이다. 남의 탓을 안 하고 묵묵히 일하는 것이 어려운 일이다.

두 번째는 독선과 고집이 강한 후배이다.

자기주도성과 독선, 고집을 구분하지 못하는 경우이다. 개인적 성격이 원래 고집이 센 경우가 있다. 보통 학교 또는 가정에서 굳어진 습관의 결과일 것이다. 하지만 조직은 기본적으로 소통과 융통성을 지향하고 있다. 먼저 경험한 선배가 더 많은 노하우를 가지고 있을 가능성이 높고, 조직마다 나름대로의 규칙이 있다. 하지만 이런 경험들을 무시하고 자기 고집대로만 일을 처리하는 후배들이 있다. 한 후배는 회의 때마다 열심히 적지 않았다. 업무에 대해 정형적으로 진행하는 방식에 대해 이야기하면 그냥 건성건성 대답하고, 옆에서 봐도 거의 메모를 하지 않았다. 처음에는 머리가 아주 좋아서 다 기억하는 줄 알았다. 하지만 회의에서 말한 것을 50% 정도만 반영하고 자기 마음대로 하는 것을 보고, 이 후배의 독선과 고집을 알게 되었다. 물론 그 후배가 독단적으로 처리한 결과가 조직에 도움 되는 방향이었다면 최대한 존중하였겠지만, 3년 차 신입에게 관리자보다 높은 탁월한 방향성이 나오기는 어려웠고, 그냥 논리에 어긋난 보고서일 뿐이었다. 결국 그 후배에게는 모든 업무 지시를 이메일로 하고 체크하는 방법으로 전환하였다. 그래서 부여한 과업을 다 완수했는지를 체크하는 것에 주력하게 되었다. 조직 내에서 창의성, 혁신의 발휘는 기본 업무를 완결하고 난 이후에 해야 할 영역이다.

세 번째는 도덕적 해이가 있는 후배이다.

조직 내에는 여러 규범과 사회적으로 지켜야 할 규칙이 있다. 간혹 후배 중에 이러한 것들을 중요하게 생각하지 않는 후배들이 있다. 과거 나쁜 선배의 행동을 따라 하거나, 개인적인 욕심이 과해서 본인 생각에 별문제가 아니라고 생각하는 정도까지 규범을 준수하지 않는 경우가 있다. 그런 후배들을 보면서, 첫 직장에서 선배의 역할이 참 중요하다는 생각을 많이 하게 된다. 어느 정도 조직에서 연차가 오르면 하나하나 잘못을 지적하기 어렵다. 아주 큰 문제가 아니면 넘어가는 경우도 많다. 그래서 첫 직장에서 사소한 문제가 있으면 지적해 주는 선배, 리더가 필요한 것이다. 결국 연차가 올라가면 본인의 행동이 도덕적으로 잘못된 건지 아닌지 구분하지 못하고 본인의 기준대로 처리하다 큰 문제가 생기는 경우가 있다. 도덕은 물론 상대적 가치이고 답이 없다. 하지만 조직에서의 가치는 하나일 것이다. 이 행동이 조직을 위한 행동인가, 개인의 이익을 위한 행동인가? 이 기준만 가지고도 조직 내에서 상당 부분 도덕적 해이는 방지할 수 있을 것이다.

Y가 만난 최고의 후배

Y는 10년 동안 총 5번의 조직 이동을 겪었으며, 다수의 TF 경험을 하였다. 물론 대선배님들의 경험에 감히 비할 바는 아니지만, 후배 MZ 친구들과 함께 여러 종류의 업무를 수행하며 멋진 추억을 만들었다. 특히나 요즘 신입사원 후배들을 보면 다재다능하고, 업무 습득 속도도 빠르며, 주도적이고 열정적인 친구들이 생각보다 더 많다. 물론 개인마다 고유한 장점들을 많이 가지고 있겠지만, 다시 한번 꼭 함께 일하고 싶은 후배 유형은 다음 두 가지 유형이다.

첫 번째는 배우려는 의지가 남다른 후배이다.

해당 유형은 몇 가지 부가적인 특징을 가지고 있는데, 우선 질문이 과도하게 많다(처음에는 다소 귀찮을 수 있다). 업무 지시를 받고 본인이 헷갈리거나 어려운 과제에 대해서는 서슴없이 도움을 요청한다. 그리고 이 질문이 결코 가볍지 않다. 사사건건 '다 알려주세요'가 아니라, 업무 진행과 발전 과정에서의 생산적인 질문이 주를 이룬다. 그렇다고 본인의 주도권을 포기하지도 않는다. 간혹 본인의 일을 대신 해달라는 식의 질문은 리더나 선배들을 당혹스럽게 만든다. 사실 눈에 다 보인다. 업무 자체를 해결하려는 의지와 욕심이 있는지는 그 사람의 질문에서 나타난다. 특히나 한국에서는 더욱이 그렇다. 과거 오바마 대통령 집권 시절, 한국에서 시행된 G20 회의에서 한국 기자들은 단 한 번의 질문도 하지 않았고, 당황한 오바마 대통령은 꼭 집어 한국 기자들에게 다시 질문 기회를 부여한다. 하지만 추가 질문은 나오지 않았고, 이 기회는 중국 기자에게 넘어간다. 당시 참석했던 기자들은 보다 수준 높은 질문을 하고 싶었던 것이다. 이미 알고 있고, 뻔한 질문을 꺼내는 것이 얼마나 비생산적인지 알고 있었던 것이다. 언제나 정답은 좋은 질문에서 시작된다.

두 번째는 책임감이 남다른 후배이다.

과거 업무량이 가장 많았던 시절, TF 팀을 이끌고 업무를 수행했었다. 퇴근 시간은 12시가 넘었고, 가끔은 밤도 새웠다(과장이 아니라 정말 48시간을 깨어 있었다). 하지만 후배들에게는 야근을 시키고 싶지 않았다. 해당 업무를 가장 많이 알고 빠르게 잘할 수 있는 사람이 스스로임을 알았기 때문이다. 6시가 되면 사실 거의 반강제적으로 퇴근을 시키기도 했다. 후배들이 부담을 느낄까 봐 야근하는 것을 숨기기도 했다. 그런데 어느 날처럼 야근을 위해 저녁 식사를 하고 사무실에 돌아왔는데, 분명히 끄고 나왔던 불이 켜져 있었다. 사무실에는 한 후배가 업무를 하고 있었다. "내일 하지 왜 다시 돌아왔어?"라는 질문에 후배는 당연하다는 듯이 대답했다 "이거 제 일이에요!" 사실 열심히 하고 있다는 것을 보여주기 식으로 눈치를 보거나, 일과 시간에 충분히 집중하지 못해서 밤늦게까지 퇴근하지 못하는 후배들을 그동안 많이 봐왔다. 더 놀랐던 것은 후배의 답변(마인드)이다. 후배는 본인의 일에 대한 책임감이 남달랐던 것이다. 그렇다고 이후 해당 후배가 매일같이 야근을 한 것도 아니었다(간곡히 말리기도 했었고). 업무 수행 속도나 결과물의 퀄리티도 좋은 편이었다. 하지만 가장 놀랐던 그녀의 성과는 전혀 기대하지도 않았고 지시하지 않았던 자료를 수집하여 결과적으로 다른 기획 업무에 결정적인 아이디어를 제공했고, 후임자를 위한 DB 작성을 통해 현재까지도 사용 중인 매뉴얼을 만들어 냈다.

Y가 만난 최악의 후배

Y는 누구나 강점이 있고, 발전할 수 있다고 믿는다. 함께 일할 때 항상 되뇌는 개인적인 신념이자 가장 중요시하는 가치관이다. 결코 완벽한 리더 혹은 선배는 없다. 그렇기에 개인에 대한 타인의 평가 역시 100% 공정하거나 정확할 수는 없다. 보다 정확하기 위한 노력과 프로세스가 존재할 뿐이다. 하지만 그럼에도 불구하고, Y에게는 결코 다시는 만나고 싶지 않은 후배가 단 한 명이 존재한다. 그와 함께한

기억 속에서 그의 강점이 하나도 생각조차 안 날 정도로 안 좋은 경험이었다.

충격적이지만 그는 소시오패스 성향의 후배였다. 정확한 심리 진단 기록이 있는 것은 아니었지만, 백 번을 다시 생각해 봐도 소시오패스의 특징을 다수 보유한 후배였다. 강연 프로그램인 tvN의 〈어쩌다 어른〉에서 심리학의 대가인 김경일 교수는 우리 삶 속에서 만나는 사람 100명 중 4명은 소시오패스일 수 있다고 했다. 4% 확률로 만날 수 있는 이들은 가급적 피하는 것이 상책이다. 하지만 직장 생활을 하다 보면 피할 수 없는 자연재해처럼 마주칠 수 있는데, Y가 관찰한 그의 특징은 다음과 같다. 우선 거짓말을 너무 밥 먹듯이 한다. 함께한 기간은 2~3달로 짧았음에도 수많은 해당 사례가 존재하며, 이 중 한 가지만 소개해 보고자 한다. 해서는 안 되는 일을 결코 실수가 아닌 명확한 의도를 가지고 저질렀고, 들키자마자 눈물로 잘못을 호소했다. 당시 Y는 해당 문제를 조직의 규칙을 침해하지 않는 범위 내에서 이 후배에게 너무 가혹한 피해가 가지 않도록 처리하기 위해 부단한 노력을 했다. 일주일도 안 되어 놀라운 일이 벌어졌다. 해당 일은 결국 나의 책임이 되었다. 나의 리더 앞에서 가증스러운 눈물과 함께 이 모든 과실이 Y의 책임이라며 거짓으로 증언하는 그의 모습을 목격할 수 있었다. 다행히 메일 기록 등(심지어 그 친구는 이를 삭제했었다) 관련된 다수의 명확한 증빙이 존재하여 Y의 무고함을 밝힐 수 있었지만 정말 아찔했던 경험이었다. 그는 평소에 본인이 필요할 때에는 세상

다정하게 다가오지만, 불필요할 때는 아예 쳐다보지도 않는 그런 인간 아니 후배였다. 그에게는 리더, 선배, 심지어 동기들까지도 하나의 도구에 불과했었다. 이 글을 읽는 많은 MZ세대 후배들이 그래도 소시오패스 성향의 리더로 만나지 않아 다행이라고 생각할지 모르겠지만 해당 유형의 동료를 어쩌면 또다시 만나게 될지도 모른다. 이 경험 이후 말이 자꾸 바뀌는 사람들과는 가급적 증빙이 남는 방식으로 커뮤니케이션하는 습관이 형성되었다.

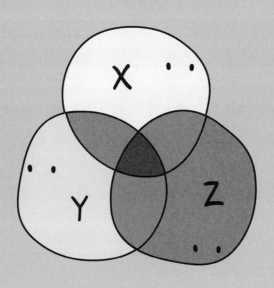

4장

XYZ의 소통과 이해

이제는 플랫폼이 브랜드를, 브랜드가 상품을 리딩 하는 시대이다. Mass가 아닌 Target 고객이 흥미를 갖는 콘텐츠와 가치, 세계관을 제시하여 스스로 따라오게 만드는 것이다. 고객의 이야기에 고개만 끄덕인다고 해서 혹은 소통 채널을 만들기만 해서는 소통이 이루어지지 않는다. 중요한 것은 이를 받아들이고 실천하는 일이다. 이는 고객뿐만 아니라 구성원들에게도 마찬가지이다.

Case 1 **X가 Z에게**

"무언가 자꾸 질문하는 것은 친해지고 싶고, 나에게도 물어달라는 뜻입니다."

월요일 오랜만에 Y와 Z와 점심 식사를 같이 하러 갔다. Y랑은 저녁이나 술도 같이 많이 해서 대략 서로에 대해 알지만, 입사한 지 얼마 안 된 Z와는 아직 서먹서먹하다. 그래서 식사하면서 무언가 질문을 한다. 그런데 질문하려고 하니 막상 서로의 공통 사도 없고, 아는 것도 없다. 그래서 small talk 차원에서 주말에 한 일에 대해 가볍게 물어본다.

X Z님은 주말에 뭐 했어?

Z 네? 주말에요?

X 남자 친구 만났어?

Z 남자 친구 없는데요….

X 나이가 몇인데 남자 친구가 없어?

Z 네…?

X 뭐 문제 있는 거 아니야?

Z 네? 네?

X의 속마음

"친해지고 싶어서 그런 거야."

X 입장에서는 친근감 있게 대화를 시작하고 싶은 것이다. 서로 아는 것이 없으니, 먼저 주말 동안 무엇을 했는지 물어보면 가볍게 이야기를 시작할 수 있을 거란 생각이다. 그런데 만약 Z가 대답이 없다면, 주말에 주로 할 만한 일, 예를 들면 남자 친구 만나는 이야기라도 해보는 것이다. 그런데 또 표정이 나빠지니 걱정이 돼서 한 회사의 가족이라 생각해서 남자 친구 만들라고 조언도 해주는 것이다. 또한 남자 친구 만드는 데 회사 문제가 있다면 회사나 팀장 차원에서 지원해 주고 싶어서 질문을 하는 것이다. 즉 일찍 퇴근하도록 배려하고, 남자도 소개시켜 주고 싶은 것이다. 이런 이야기가 끝나면 자연스럽게 나에게도 주말에 무엇을 했는지 비슷한 질문을 하고 그래서 좋은 분위기를 만들고 싶은 것이다. 하지만 Z는 이해 안 간다는 듯 다시 질문하고

어색한 분위기로 대화가 끝나고 말았다. X는 그냥 가볍게 이야기하고 싶었던 것이다. 편하게 어색하지 않게, 주말 이야기가 아니라도 아무거나 이야기하기를 바라는 것이다. 단순히 친해지고 싶어서다.

Case 2 X가 MZ에게
"모두에게 말할 수 있는 기회를 주고 싶습니다. 다 같은 소속감을 가지게."

10월 내년도 부서 사업 계획을 수립하는 시간이다. 전원이 참석을 하였고, 하루 종일 회의가 지속되었다. 오후 끝날 때쯤 보니 대부분 상급자들은 의견을 충분히 이야기했고, 더 이상 논의할 것이 없었다. 다들 매년 하는 거라 참신한 아이디어가 부족하다는 생각이 들었다. 동시에 회의 내내 다이어리에 적기만 하고 말을 하지 못한 막내가 있었다.

X 더 이상 의견 없어요? 그럼 막내가 이야기해 봐요, 참신한 걸로.

Z 네? 저는 과장님, 대리님과 같은 의견입니다.

X 에이 신입이 왜 그래? 없어도 하나 내 봐 아무거나, 뭐라 안 할 테니 자유롭게 이야기해 봐요.

Z 제가 아직 깊이 생각을 못 해서요… 다음에 더 생각해서 이야기하겠습니다.

X 아니 왜 이리 부서에 관심이 없어, 평소에 부서 생각 안 하나 봐?

Z 그런 건 아니고요… 제가 생각한 것은 거의 나온 것 같아서요.

X 너무 소극적인 거 아니야?

X의 속마음
"구성원 모두에게 참여의 기회를 많이 주고 싶어요."

회의가 마무리되는 상황에서 보통 막내 또는 부서의 사원, 대리들이 너무 말을 못 했기 때문에 말할 기회를 줘야겠다는 생각을 하게 된다. 그래서 거의 끝날 때쯤 말할 기회를 준다. 하지만 바로 대답하지 못하는 모습을 보니, 아직 윗사람들 앞에서 이야기하는 게 어려운가 싶기도 하고, 더 편하게 이야기하도록 해 주고 싶어진다. 그래서 말할 기회를 다시 주었고, 무언가 말하고 싶은 것이 있어 보이는데 말하기 꺼리는 것 같아 한마디라도 하게 해주고 싶었다. 조금 더 독려하면 말할 것 같아서 잠시 시간을 내어 말하게 하는 것이다. 독려의 방법이 상대방이 느끼기에는 공격적일 수 있으나, 부서의 일원으로 참여하여 자유롭게 말할 수 있도록 기회를 주고 싶은 것이다. 그래야 다음 회의에도 더 편하게 이야기할 수 있을 거란 생각이다. 이런 경우, 끝까지할 이야기가 없다고 하는 것보다는, 다소 수준이 떨어지거나 이미 나온 이야기라도 하더라도 평소 하고 싶었던 이야기를 짧게라도 하는 것이 필요하다고 생각한다.

X가 MZ에게

"선배들이 후배를 아끼고 있다는 것을 실천하고 싶어요!"

김 대리가 요즘 고민이 많아 보인다. 부쩍 말도 줄고, 사람들하고 이야기하지도 않는다. 담배도 혼자 멀리 가서 피우고 온다. 보통 이런 신호들이 퇴사의 신호인데, 부서 선배들은 별로 신경 쓰지 않고 있다. 그래서 조용히 개인적으로 불러서 차를 마시면서 이야기를 들어보고자 부른다.

부장 김 대리님, 요즘 뭐 고민 있어요?

대리 아니요.

부장 그런데 표정이 왜 이리 어두워.

대리 표정 안 어두운데요. 평소랑 똑같은데요.

부장 아니야 요즘 엄청 어두워 보여.

대리 아니에요 기분 좋아요.

부장 선배들이 요즘 어둡다고 안 해? 선배들하고 술도 안 하죠?

대리 네 선배들하고 요즘 술 마신 적 없습니다.

부장 요즘 선배들은 술도 안 사 주나 봐?

대리 그런 건 아니고 요즘 다들 바빠서서 곧 먹기로 했습니다.

부장 아… 그래요. 고민 있으면 편하게 이야기해 봐요.

대리 진짜 고민 없는데요….

"선배는 후배님에게 관심이 많고 고민을 나누고 싶어요."

통상적으로 후배들은 힘든 일이 있어도 선배, 특히 높은 분에게 이야기하기 어려워한다. 너무 개인적인 거라서 말하기 어렵거나, 말해도 별로 해결되지 않는다고 느껴서일 것이다. 하지만 위 사람들은 조직 생활을 오래 하다 보면 평소와 다른 후배의 모습을 감지하게 된다. 그래서 이야기를 물어보면 개인적인 일이거나, 아직 말하기 애매한 상황이어서 이야기 어려워하는 경우가 많다. 하지만 그런 상황이라면 후배는 바로 이야기는 하지 않아도, 지금 개인적인 일이 있는데, 조금 정리되거나, 말씀드리고 싶을 때 말한다고 하면 된다. 아니면 진짜로 고민이 없으면, 고민이 있어 보였나 보다, 제가 요즘 곰곰이 생각하는 것이 있어서 그런것 같다. 별거 아니라고 편하게 이야기 하기를 바란다. 고민이 있든 없든, 위 사람은 후배를 걱정하고 있고, 그 걱정을 해소 시켜 주면 된다. 그리고 만약 고민이 있는 경우는 높은 직급 분에게 말하기 어려운 것은 먼저 가까운 선배를 찾아, 점심이든 저녁이든 이야기하고 싶다고 요청하는 것이 필요하다. 원래 정말 고민이 없는 스타일이라도 작은 회사 일, 개인 일들을 하루에 가장 많은 시간을 보내는 이들과 같이 이야기해보고 해결하는 것이 더 좋다고 생각한다. 상사가 계속 고민이 있어 보인다고 하는데, 고민이 없다고만 하면, 상대방은 내가 정말 어려운 직장 상사라고 생각하기 쉽다. 그래서 그런 경우 이왕 기회가 되었으니, 아주 가벼운 고민이라도 나눠보는 것도 좋다.

Y가 X에게

"침묵은 '이제 그만~'이라는 가장 강력한 표현입니다."

(코로나 이전, 그때 그 시절) 지난 높은 팀 성과를 축하하고, 새로 입사한 신입사원을 환영하고자 X 부장님께서 모처럼 회식을 하자고 하십니다. 메뉴는 남녀노소 누구나 사랑하는 소울 푸드, 삼겹살. 배도 채울 만큼 채웠고, 이야기를 원 없이 나누다 보니 어느새 시계는 9시를 가리키고 있습니다.

부장 X 또 뭐 힘든 일은 없어? 혹시 나한테 하고 싶은 말 없어?

Y 어휴 아닙니다, 지금도 잘 대해주시는데요~.

부장 X 그래 뭐 혹시라도 할 말 생기면 언제든 이야기해!

Y 네 늘 감사드립니다.

부장 X ….

Y ….

부장 X 자, 그럼 여기는 정리할까? 가볍게 맥주나 한잔하러 가지!

Y ….

(이때 눈치 없는 팀원 한 명) 네, 그럼 제가 장소 찾아보겠습니다!

Y의 속마음

"팀장님! 제발 눈치 좀!"

이제 할 말도 없고, 슬슬 갈 때가 된 것 같은데 왜 일어날 생각을 안

하는지. 이제 집에 가면 10시, 씻고 자면 11시인데 무슨 2차를 또 가자는 건지 도저히 모르겠다. X가 어느 순간 본인만 대화를 주도하고 있고, 구성원들의 자발적 대화가 줄어든다면(침묵이 늘어난다면) 이제는 해당 자리를 그만할 때임을 알아주었으면 한다. 이는 사내 아이디어 회의든, 일상적인 대화든 마찬가지이다. 침묵도 하나의 언어임을 꼭 알아주었으면. 그리고 2차는 구성원들이 자발적으로 원하지 않는다면 진행하지 않았으면 한다. 사실 해당 문제는 꼭 2차를 주도하는 인간들이 리더보다 더 문제다(정말 때리고 싶다). 정 가고 싶으면 삼삼오오 맘이 맞는 사람들끼리만 조용히 가도록 하자.

Case 5 Y가 후배 MZ에게
"너에게 차마 전하지 못한 말."

이제 입사 후 3개월이 되어가는 후배에게 팀장님이 간단한 파워포인트 제작 업무를 부탁한 상황. 아마도 급한 업무도 아니고, 최대한 부담을 주지 않기 위해 2주의 작업 시간이 주어졌다. 창의적인 아이디어나 고도의 업무 지식을 요하는 과제가 아닌, 이미 작성된 내용을 시각화하는 단순 PPT 작업이었지만, 그(그녀)는 바로 전주까지 파워포인트 프로그램을 한 번도 열지 않았다(물론 Y가 관찰할 수 있는 시간 동안). 심지어 관리하고 있는 팀 주간 업무에 관련 내용으로 후배의 이름이 올라와 있는 상황. 이제 납기일까지 D-3일, 슬슬 후배가 걱정되기 시작한다.

> Y 후배님, 혹시 파워포인트 작업은 잘 돼가나요? 어렵거나 도와
> 줄 것은 없나요?
>
> MZ 네, 잘 되고 있습니다! 별거 아니에요~.
>
> Y ○○관련해서는 시계열 그래프가 좋겠고, 혹시 도움이 될 것
> 같은 자료를 보내드릴 테니 참고해 주세요~.
>
> MZ 네, 감사합니다.

Y의 속마음
"널 도와주고 싶어!"

잘 돼가는지 묻는다는 것은 반대로 무언가 진전되고 있는 모습이 보이지 않는다는 뜻이다. 물론 난이도가 낮고, 충분히 후배 A가 잘할 것을 믿고 있지만 대부분 몰아서 한 일들은 결국에 티가 난다. 최초 전달했던 메시지들은 시간이 지나며 망각되고 누락되며 전체 결과물의 Quality 역시 떨어진다. 온갖 오타 컬렉션은 덤이다. 만약 틈틈이 해당 업무를 수행해왔고, 그 과정에서 궁금했던 내용들을 수시로 물어봤다면 전혀 다른 아웃풋을 보여줄 수 있을 것이다.

이처럼 선배가 본인의 업무는 아니지만 후배의 업무 진행 상황을 물어볼 때는 대부분 해당 업무 진행 속도가 더디거나 어려워 보일 때다(항상 그런 것은 아니지만, 대체로 그러하다). 그리고 동시에 선배를 활용할 수 있는 기회이다. 만약 여러분의 선배가 이러한 질문을 던졌을 때

그냥 "네, 잘 진행되고 있습니다, 감사합니다!"라고 대화를 끝내는 것이 아니라, 현재의 업무 상황과 도움을 요청받을 수 있는 부분을 충분히 진솔하게 이야기하는 것이 좋다. 혹시 아는가, 생각지도 못했던 든든한 조력자가 되어줄 수 있을지!

※ 주의: 해당 선배가 모기 스타일이면 간섭을 철저히 배제토록 하자. 모기형 인재들은 자신의 업무보다 남의 업무에 빨대를 꽂아 온갖 참견과 질타가 습관인 사람들을 의미한다. 해당 유형들에게는 그냥 잘 진행 중이라고 이야기하면 된다(리더의 경우에도 마찬가지). 이들은 심지어 만약 준비가 미흡한 사실을 알면 팀장에게 일러바치는 특성도 있다[초안 Draft의 뜻도 모르는 유형]. 멋진 리더와 선배는 대부분 문제를 지적하지 않고, 해결할 수 있는 아이디어를 제공한다.

Case 6 Y가 리더 X에게
"솔직히 죄송하진 않아요!"

구성원이 리더가 이해되지 않거나 때로 리더에게 분노를 느끼는 몇 가지 상황 중 하나가 바로 말이 바뀔 때다. 예를 들어 A, B 두 가지 선택지가 존재하는 상황에서 구성원이 B를 제시했지만, 리더가 A를 주장하여 진행했을 경우를 예로 들어보자. 구성원은 A 관련 내용을 정리하여 보고서를 만들고 리더에게 보고했지만, 회의를 다녀온 리더에게 무슨 심경의 변화가 생긴 것인지는 모르겠지만, 갑자기 불같이

화를 내며 이렇게 얘기한다.

리더 X (불같이 화를 내며) 아니 왜 시키는 대로 안 해와! 내가 B로 해
오라고 했지?

Y 죄송합니다, 저는 예전에 A로 결정해주셨던 것으로 기억해
서….

리더 X 아니 무슨 청개구리도 아니고….

Y … 죄송합니다….

Y의 속마음

"이런 시베리안…"

물론 리더도 사람인지라 때로는 착각할 수 있다. 하지만 이와 같은 상황이 반복되면 해당 리더를 신뢰할 수 없다. 또한 의도하지 않았겠지만 결론적으로 무책임한 리더가 된다. 반대로 자신이 선택한 결과가 좋지 않은 경우 구성원의 탓으로 몰고 가는 유형도 동일하게 책임감이 결여된 리더이다. 오죽하면 가장 꼴 보기 싫은 상사 유형 1위가 자신의 책임을 회피하는 미꾸라지 리더 유형이겠는가(2017, 인크루트 조사). 또한 2019년 잡코리아와 알바몬이 조사한 리더에게 가장 필요한 덕목에도 책임감이 압도적인 1위를 기록하였다. 이처럼 책임감은 리더에게는 필수 조건이다. 이 사례의 경우 충분히 반대 가능성이 존재하는 데도 본인의 기억만을 신뢰하는 행위는 옳지 않다. 설사 그동안 대부분 리더의 기억이 맞았더라도, 이와 같은 무책임한 행동이

반복된다면 자칫 그동안 구성원과 쌓아온 단단한 신뢰가 완전히 무너질 수도 있다. 중요 회의 혹은 논의의 결론, 업무 지시 건의 경우 상호 서면으로 충분히 공유하고 한번 더 확인할 필요가 있다. 그리고 이 간단한 절차는 크게 어렵거나, 많은 시간을 필요로 하지 않는다. 리더는 불필요한 논쟁과 오해를 만들 필요가 없다. 앞으로 리더와 구성원이 합심하여 새롭게 해야 될 일들이 훨씬 더 많다.

※ 주의: 애초에 책임을 회피하려는 리더이거나, 상호 신뢰가 결여된 상황에서는 백약이 무효하다. 필자의 경우 중요 작업물의 오류를 최소화하고 히스토리를 기록하기 위해 주요 커뮤니케이션 내용(시간, 관련 증빙 포함)부터 수행 결과와 피드백을 모두 노트/DB화하는 습관이 있다. 이와 같은 행동이 오히려 더 큰 오해와 화를 일으켰던 경험도 있었다. 결국은 리더, 구성원 모두의 노력이 필요하다.

Case 7 Y가 후배 MZ에게
"정말 너의 근황이 궁금한 게 아냐."

얼마 전 부서 이동으로 전입한 후배 MZ. 시원시원한 성격과 긍정적인 생각으로 무장된 열정적인 후배. 팀 회의에서도 적극적으로 본인의 아이디어를 제공하는 팀의 활력소이자 든든한 구성원인 후배! 하지만 월요일 아침이 되면 후배는 비련의 주인공이 된다. 출근길에 지하철이 지연되거나, 도로에서 사고가 발생하기 일쑤이다. 실제로 그런 일은 누구에게나 발생할 수 있으며, 후배에게 정말 불운이 반복될지도 모르지만 말이다. 분명 아침에 아파서 병원을 다녀왔는데, 다이어트를 한다며 점심에 사내 피트니스에서 열심히 운동을 한다. 예전엔 "늦어서 죄송합니다."라는 이야기라도 했었지만, 요즘은 사내 방송 타이밍에 조용히 착석하는 방식으로 진화했다.

Y   혹시 요즘 무슨 일 있니?

후배 MZ 아니요, 아무 일 없습니다~.

Y   ….

후배 MZ 혹시 무슨 일 있으세요?

Y의 속마음

사실 평소 아끼고 있고, 잘하고 있는 후배일수록 가급적 사소한 일로 지적하고 싶지 않은 것이 선배의 마음이다. 특히 Y의 현재 포지션이 보직, 리더가 아니라면 부정적인 피드백이 더욱 꺼려지기도 한다 (우려되는 사항들이 생각보다 많다). 해당 케이스의 경우 후배를 이해해 보려는 마음과, 반복되는 근태와 같이 기본적인 태도 문제에 대해 걱정하는 마음이 함께 담겨 있다. 보다 직설적으로는 "이제 별다른 문제가 없다면 앞으로는 늦지 않았으면 좋겠어."라는 마음이 담겨있다.

Z가 XY에게

"도와드릴 것 없나요?"

업무가 다 끝나고, 퇴근을 앞두고 있는 Z. 오늘은 기다리고 기다리던 소개팅도 약속되어 있다. 화장실을 다녀오니 퇴근 시간. 팀장과 사수는 일어날 생각이 없어 보인다(왜 또… 제발 오늘만은…). 다들 집중하시느라 퇴근 시간인지 모르시는 것 같아 조심스럽게 다가가 말을 건다.

Z 도와드릴 것 없나요?
Y 아니야. 먼저 퇴근해~.
Z (몇 분 정도 더 눈치를 보다가) 먼저 퇴근해보겠습니다. 죄송합니다!

Z의 속마음

정말 도와드릴 생각이 있어서가 아니라 "퇴근 언제 하시나요? 저 먼저 해도 될까요?"를 돌리고 돌려서 말하는 것입니다. 사실 제 업무는 다 끝나서 바로 퇴근해도 무방하지만 선배가 퇴근하지 않았기에 눈치를 볼 수밖에 없습니다. 먼저 간다고 또 다음 날 돌려 말씀하실 선배님이 눈에 아른거리네요. 왜 퇴근 시간 넘기고도 가시지 않는 건가요? 일이 남았다면, 우리라도 편하게 갈 수 있도록 먼저 말해 주세요.

Z가 XY에게

"필요하신 거 있으시면 언제나 편하게 말씀 부탁드립니다."

업무 진행 상황, 최종 보고 등을 위해 선배에게 메일, 메신저를 보낸다. 메일 마지막에 항상 습관적으로 붙이는 통상 언어가 있다. 검토해보시고 더 요청할 사항이 있으면 해달라는 것이다.

(Z가 XY에게 보내는 메일의 하단 예시)

그럼 검토 부탁드립니다.

필요하신 거 있으시면 언제나 편하게 말씀 부탁드립니다.

Z의 속마음

'언제나 편하게'는 예의상 붙인 말입니다. 궁금하거나 요청할 것이 퇴근 한 시간 전에 발생했다면, 예의상 다음 날 보내주시는 것도 괜찮을 것 같습니다. 신입들에게 퇴근 전에 요청한다면 저희는 자연스레 처리하고 갈 수밖에 없어요. 실제로 다음 날 답장하면 어제 보냈는데 왜 지금 처리해주냐는 이야기도 많이 들었습니다. 이제는 '퇴근 시간 전에 눈치 있게 요청 해주세요'라고 이해해 주시면 됩니다.

Z가 XY에게

"넵."

회사 생활 중 가장 많이 말하는 '네'에도 여러 버전과 숨은 뜻이 있다는 것을 알았나요? 그냥 네는 너무 무미건조해 보이고, 넹은 너무 애교스러워 보여서 가장 중간인 넵을 애용하는 넵무새가 된 것입니다. 상황 별로 Z의 '네'에 어떤 숨은 뜻이 있는지 알려드리겠습니다.

Z의 속마음

네? 뭔 말도 안 되는 소리이신지.

네… 알았다고… 미안해 제발… 그만 해… 네가 맞아.

넹~ 한 귀로 듣고 한 귀로 흘리겠다.

넵!! 지금 바로 해줄게. 좀만 기다려.

앗 네! 헉 내 실수다. 미안해. 빨리 고쳐줄게.

헛 네! 어머나 까먹었다. 죄송ㅠㅠ

오늘도 좌충우돌 신입사원 Z는 이런 이유로 '넵'을 열 번 이상 말하고 퇴근하였습니다.

Case 11 **Z가 XY에게**
"하하 글쎄요."

업무 외적인 것을 물어보는 선배에게 Z는 다음과 같이 대답한다.

Z 하하 글쎄요.

Z의 속마음

뭘 이런 것까지 물어봐? 대답하기 싫다는 티 팍팍 내야지. "이건 무례한 거야."라는 말을 멋쩍은 웃음과 애매한 대답으로 대신하는 것입니다. 근데 여기에 꼭 덧붙여서 물어보시는 눈치 없는 선배님들이 계십니다.

Case 12 **Z가 XY에게**
"말씀하신 대로"

X, Y가 지시해준 대로 업무를 한 Z한테 왜 그런 방식으로 했냐고 하는 선배.

XY 왜 이렇게 한 거야?
Y 말씀하신 대로~

선배가 하라는 대로 했는데, 왜 말을 바꾸시는 거죠? 억울하네요. "그렇게 말씀하신 것을 까먹으신 건가요?"라고 말하고 싶지만 최대한 예의 바르게 높임말을 써서 말씀하신 대로를 붙여 다시 한번 리마인드 시켜드리는 것입니다.

Case 13 **Z가 XY에게**
"양해 부탁드립니다."

Z의 속마음

저도 최선을 다했습니다. 여기까지 하면 괜찮은 거 아닌가요? 이번만은 그냥 좀 넘어가면 안 될까요?

**소통
우수 사례
큐레이션**

1 | 온라인 소통 사례

최근 기업들은 코로나 이후 다양한 온라인 플랫폼을 활용하여 비대면 소통을 하고 있다. 기존에 대면 소통 중심에서 재택근무, 거점근무(집 앞 특정 근무처에서 업무 수행)가 확대되면서 기존과는 다른 온라인 소통이 활성화되고 있다. 온라인 소통은 코로나 시대에서만 일어나는 일이 아니며, 코로나 이후에도 온라인 소통 방식은 계속 유지, 확대될 것으로 예상된다. 그렇다면 온라인 소통에서는 어떠한 것들을 고려해야 할까?

SKT, 거점 오피스 통한 재택근무의 확대

SK텔레콤(이하 SKT)은 2020년 11월 근무 장소에 구애받지 않고 자유롭게 일할 수 있는 "워크 애니웨어"를 추진한다고 발표했다. 박정호 사장은 "내일 당장 코로나가 없어지더라도 출근할 필요가 없다. 전 직원이 집, 회사, 거점 오피스 등 근무 장소에 구애받지 않고 자유롭게 근무할 수 있다."라고 하였다. SKT는 집에서 근무하기 불편하고 본사로 출근하기에 너무 먼 임직원들을 위해 집에서 가까운 거리에 거점 오피스를 마련해 제공하였다. 재택근무의 단점을 해소하고 출퇴근 시간도 줄일 수 있는 거점 오피스는 출퇴근 시간 10~20분 내에 있는 을지로, 종로, 서대문, 분당, 판교 등 5개 지역에 마련됐다. 하루 100~200명이 이용하고 있으며 SKT는 구성원 거주지 등을 분석해 거점 오피스를 점차 확대할 계획이다. 또한 이와 함께 SKT는 근무, 소통 방식을 새롭게 발전시키고 있으며, SKT가 쌓은 데이터, 비대면 기술을 바탕으로 언제 어디서나 자유롭게 일하는 방식을 시도하고 있다. 이는 국내 수도권뿐 아니라 전국(부산 등) 그리고 해외 근무도 확대할 예정이다. 실제로 코로나 확산세가 심해질 경우 90%까지 재택근무에 돌입하는 대응체계도 구축하였다.

가장 먼저 SKT는 이 거점 오피스를 이끌어갈 챔피언(프로젝트 리더)을 선발했는데, 1988년생 Y세대를 선정하였다. 사내 공모 절차로 경쟁을 통해 선발하였는데, 기존 팀장이 40대 X세대가 많은 것을 감안하면 발탁 승진이다. 이는 보다 젊은 직원들에게 의사 결정을 맡기고 혁신을 앞당기겠다는 경영진의 의중이라 할 수 있다. SKT 거점 오피스의 장점은 단순히 출퇴근 시간을 단축하는 데서 나아가 직원 간 창의적인 소통이 가능하다는 점이라고 한다. 거점 오피스에서는 자유롭게 공석을 골라 앉기 때문에 전혀 다른 부서의 직원과도 앉게 되는 만큼 우연히 만난 다른 부서 직원과 대화를 나누다가 새로운 아이디어를 찾는 경우가 있기 때문이다. 하지만 거점에서 근무하면 본사의 직원, 리더와는 원격으로 업무를 해야 한다. 현재 SKT는 계속 원거리 온라인 협업을 시험 중이며, 그 성과는 현재도 추진 중이라 아직 명확하게 알 수 없다. 그렇다면 이러한 원거리 근무에는 어떠한 소통이 필요할까?

실시간, 비실시간 소통의 조화

회사에서 대면으로 근무할 경우 대부분 소통이 필요한 경우 바로 모이고 또는 상대방의 모니터를 보면서 바로 소통하는 경우가 많았다. 하지만 원거리 근무가 활성화되면서 기존과 다르게 불필요한 소통, 회의가 줄어들고 있으며, 비실시간 소통도 이루어진다. 계속 채팅 등으로 실시간 소통만 하고 있으면, 업무 집중이 어렵기 때문에 소통을 한번에 모아서 하는 비실시간 방식도 필요하게 된다. 물론 실시간 소통이 필요한 경우 다양한 온라인 화상 플랫폼을 이용해서 온라인 회의를 소집하면 되지만, 이제는 실시간 소통과 비실시간 소통의 조화가 무엇보다 필요하다.

먼저 비실시간 소통에 대한 그라운드 룰을 만들 필요가 있다. 예를 들어 업무 집중 시간을 정하고, 비실시간 소통(간단 업무 문의, 단순 처리 요청 등)은 업무 집중 시간이 아닌 가장 업무 집중도가 떨어지는 시간(오후 4시에서 5시까지)에 하는 등 규칙을 정하면 된다. 그래서 급하지 않은 서로의 질문은 채팅이 아닌 메시지, 쪽지 등으로 남기고, 그것을 실시간이 아닌 비실시간 소통 시간에 해결하는 방식이다. 이렇게 함으로써 집중이 필요한 업무에 실시간 소통으로 인한 방해를 덜 받게 할 수 있다. 그리고 당연히 급한 회의나 실시간 해결이 필요한 경우는 사전에 온라인 회의를 예약하고, 예약된 시간에 실시간 온라인으로 만나 회의를 진행하면 된다.

대면보다 명확한 소통 필요

흔히 소통은 고맥락과 저맥락 소통이 있다. 보통 대면 상황에서는 고맥락 소통을 이용하는 경우가 있다. 예를 들어 급하게 보고해야 할 업무가 있는 경우 손으로 빠르게 보고받는 분을 가리키며 눈빛을 동원하여 "보고해 지금." 이렇게 말하는 경우이다. 하지만 온라인에서는 이러한 고맥락 소통이 어려울 수 있다. 또는 오히려 보이지 않는 원격에서 본인의 표정과 마음 상태로 상대방이 자신의 고맥락을 이해해서 처리할 거라 생각할 수 있다. 하지만 온라인 상황에서 고맥락 소통은 불가능하며, 온라인 소통에서는 고맥락 소통을 최소화해야 한다. 대면 상황보다 더 명확하게 대화를 통해 소통해야 한다.

예를 들어 급한 보고인 경우 "바로 지금 보고해."가 아니라 "이 보고

건은 아주 급한 건이라 늦어도 한 시간 안에 팀장님에게 반드시 보고하기 바랍니다."라고 명확하게 소통해야 한다. 그리고 더 구체적으로 "이 보고 건"이란 문장도 보다 명확하게 "지난주에 작성한 상반기 마케팅 분석 결과"라고 말해야 한다. 내가 안다고 해서 고맥락으로 생략하는 소통이 아니라 텍스트로 남는 것에 대한 보다 더 명확한 소통이 필요하다.

업무 외 소통을 통한 심리적 외로움 보완

온라인 상황에서 발생하는 외로움을 해결하기 위한 소통이 필요하다. 인간은 사회적 동물인데, 혼자 집에서 근무하는 방식은 외로움을 가져올 수 있다. 그래서 네이버 LINE에서는 '심리 응급 키트' 프로그램을 활용하고 있다. 전문 심리 상담사와 전화나 이메일로 상담할 수 있는 프로그램인데, 재택근무 기간 동안 각 개인이 겪을 수 있는 다양한 스트레스 상황에 도움을 주기 위해서 좀 더 특화하여 운영하고 있다. 본인뿐만 아니라 함께 지내며 서로 직접적인 영향을 주고받는 가까운 가족들도 도움을 받을 수 있다고 한다. 이렇게 회사 차원에서 심리적 지원도 하지만, 리더가 적극 이러한 문제에 개입해야 한다. 원거리 근무를 하면 업무적인 소통만 하고, 개인의 심리적 상황, 고민 등에 대해서는 소통을 등한시할 수 있다. 하지만 회사 내에서 근무할 경우도 업무 관련 소통과 업무 관련이 없는 개인적인 소통을 같이하는 것처럼, 비대면 상황에서도 2가지 소통을 병행해야 한다. 그래서 리더는 구체적 계획을 가지고 직원의 심리적 문제를 해결하기 위한 소통 시간을 별도로 할당하고(예를 들어 격주 1시간 등) 실천해야 한다.

또한 온라인에서도 다양한 조직 소통 방식을 적용할 수 있다. 예를 들면 랜선 회식 같은 경우이다. 회사가 회식비를 지원해 주고 각자가 집에서 본인이 원하는 메뉴를 통해 회식하는 방법으로 많은 기업에서 일상화되었다. 랜선 회식 같은 온라인 소통이 어색하다는 이유로, 또는 막연히 재미가 없을 거라는 생각으로 리더가 업무와 관련 없는 소통 활동을 하지 않는다면, 진정한 온라인 시대의 리더라고 할 수 없다. 즉 기존에 하지 않았던 방식으로 다양한 소통을 시도해야 한다. 랜선 회식, 랜선 티타임, 랜선 개인별 면담, 랜선 레크리에이션 등 기존에 하지 않았던 다양한 시도가 필요하다.

2 | MZ세대 소통 사례

최근 기업에서는 MZ세대로 소통 전담 채널 만들어서 그들과의 소통에 보다 적극적인 지원을 하고 있다. 기존에도 기업 내 조직 문화팀에서 이러한 업무를 하였으나, 이제 기업들은 전담 팀이나 채널을 만들어서 적극적으로 그들과 소통하고 있다. 젊은 세대와의 마케팅이 활발하게 필요한 국내 통신 3사의 사례를 통해 새로운 세대와의 소통을 위해 어떠한 준비와 활동을 하고 있는지 살펴보자.

KT의 'Y 컬처팀'은 경영진과 MZ세대와의 직접 소통 채널

KT는 MZ세대를 앞세워 평균연령이 만 29세인 'Y 컬처팀'을 출범했다. 젊은 세대의 목소리를 기업 문화에 접목하기 위한 젊은 세대 기업 문화 전담 팀을 구성한 것이다. 팀장부터 구성원 전체를 MZ세대로 구성해 경영진과 소통하는 것이 기존 유사 조직과 다르다. MZ세대가 미래 성장의 기반인 만큼 이들과의 소통을 통해 건전하고 유연한 기업문화를 조성하고, 기업 경쟁력을 높이는 게 목적으로, 공모를 통해 팀장 포함 5명을 선발했다. KT는 애초 공모에서 팀장, 팀원 모두 만 39세 이하의 사원~과장급만 지원하도록 제한을 뒀다. 30대 과장급 직원이 부장급 팀장 직책을 맡아 팀을 이끄는 것은 KT 내부적으로 처음 하는 시도이다. Y 컬처팀은 경영진과 직원 간 소통 프로그램을 기획한다. 또 이들은 CEO를 포함한 그룹 내 최고 경영진과 핫라인을 구축해 중간 다리 없이 직접 소통한다. KT가 2001년부터 20년 동안 진행해 온 청년 이사회 프로그램인 블루보드도 Y 컬처팀이 운영한다. 블루보드는 평균 나이 만 31세인 42명이 활동하는 이사회로 신사업 아이디어 발굴과 사내 소통 허브 역할을 해 왔다. 기존 블루보드가 비상설 단체였다면, Y 컬처팀은 공식 직제에 포함해 위상을 높인 것이다.

Y 컬처팀의 가장 큰 역할은 중간 허들 없이 경영진과 핫라인을 구축해 소통하는 것이다. 젊은 직원들이 당당하고 단단하게 KT 미래의 중심으로 성장할 수 있도록 의사소통 채널을 만든 것이다. Y 컬처팀은 사내에 젊고 유연한 기업문화 유전자 DNA를 이식하는 역할을 목적

으로 만들어졌다. Y 컬처팀이 수집한 2030세대 직원들의 생생한 목소리는 회사 모든 업무 프로세스에 적용된다. 이들은 젊은 세대 대상의 신상품 기획에도 참여하게 된다.

SKT의 '주니어 보드'는 MZ세대의 의사결정을 반영

SK텔레콤도 MZ세대의 의견을 적극 수렴하고 있다. SKT는 2030 직원들의 의견을 반영하는 '주니어 보드'를 운영하고 있으며, 모든 서비스 출시 전 젊은 직원들의 의사 결정을 받고 있다. 주니어보드는 SK텔레콤이 서비스 회사로 성장하기 위해 서비스를 가장 많이 이용하는 이들의 의견을 듣자는 데서 출발했다. 대표 직속 서비스위원회에 보딩 멤버로 들어가서 최고 경영진과 직접 소통하는 것이다. 이러한 변화는 서비스 소비자는 MZ이기 때문에 그들에게 의사 결정하게 하는 것이며, 주니어보드가 써보고 안 된다고 하면 안 되는 것이다. 젊은 세대의 의견을 듣는 데서 멈추지 않고 의사결정 과정까지 참여하게 한 것이다. SKT는 구세대의 공식을 깨겠다는 최고 경영진의 선언 직후 지원, 추천 등을 거쳐 총 38명의 직원으로 주니어보드를 구성하였다. 최고령자는 37세이며 절반에 가까운 18명이 입사한 지 몇 년 안 된 20대로 구성된 조직이다.

출범 초기만 해도 주니어보드를 바라보는 우려가 있었다고 한다. 자칫 비전문적이거나 설익은 아이디어만 제시해 없느니만 못한 조직이 될 수 있다는 이유에서였다. 그리고 2030 직원들이 결정 권한을 가질 때 일종의 외풍, 압박을 받지 않겠냐는 목소리도 나왔다. 하지만 주니어보드는 "해야 할 말은 한다"는 목표로 전문가들도 십분 공감하는 부분들을 지적하는 것부터 서비스의 방향성, 전략에 대한 이야기까지 나오는 조직으로 성장했다. 주니어보드 직원 명단은 원칙적으로 공개되지 않으며 제시되는 의견도 모두 익명 처리되기 때문에 더 많은 힘을 얻을 수 있다. 통상 주니어보드 직원들이 서비스를 검토하고 의사결정을 내리기까지는 총 2주의 시간이 주어진다. 관련 프로세스는 주제 공개→관련 자료 검토→질의응답→사업 부서와의 심층 미팅 및 서비스 체험→수차례의 토론→투표의 순이다. 투표 시 첫 질문은 늘 동일하다. "당신이 고객이라면 이 서비스를 이용할 것인가." 즉 젊은 세대에 맞는 서비스를 공급하기 위해 젊은 세대들과 내부 소통을 통해 의견을 적극 반영하는 것이다.

LGT의 '블루보드'는 사내 문화 변화의 촉매제

LG유플러스도 평균연령 31세 직원 20여 명으로 구성된 사원 협의기구 '블루보드'를 운영하고 있다. 이들은 2개월에 한 번 CEO와 간담회를 갖고 직언하는 시간을 가지고 있다. 최근 블루보드는 일회용품 줄이기 캠페인을 제안해 사내 문화를 변화시키는 촉매제 역할을 하기도 했다. 블루보드에서는 보고 자료 출력 최소화, 텀블러나 머그컵 사용 등 실제 사내 문화를 개선하고 있다. 또한 최근 애자일 조직을 구성하였는데, CEO 직속으로 꾸려진 조직으로 젊은 직원과 VIP 임원이 직접 머리를 맞대고 업무를 논의하는 구조이다. 즉 30대 직원이 최고 경영자 CEO, 최고재무책임자 CFO, 최고전략책임자 CSO 등 이른바 'C 레벨 임원'과 직접 머리를 맞대고 협업하는 구조를 만든 것이다.

이렇게 통신 3사 모두 젊은 세대로 구성된 소통 조직을 운영하고 있다. 각각 조직 운영에 차이는 있지만, 향후 젊은 세대, Z세대와의 소통을 강조하고 있다. 각 부서별로 젊은 세대와 기존 세대가 소통하고 있겠지만, 전 사 차원의 소통도 무엇보다 중요하다. 우선은 최고 경영진과 젊은 세대 조직의 소통을 통해 사내 모든 문제점을 해결하고 있다. 이제 더 나아가 각 부서별로도 젊은 세대와 기존 세대와의 소통을 위한 제도 마련이 필요할 것이다. 즉 최고 경영진과 젊은 세대와의 소통을 시작으로 동시에 더 나아가 팀별, 부서별로 소통할 수 있는 다양한 제도(예를 들어 팀 내 세대 간 번개 회식, 20대만 발언 회의 등)를 병행해야 할 것이다.

단순히 듣지 않고 받아들이고 실행한다

우리는 종종 "○○랑은 말이 안 통해!"라는 이야기를 한다. 서로가 가지고 있는 정보, 지식의 교집합이 존재하지 않거나, 타인의 이야기는 듣지도 않고 일방적으로 자신의 주장만 고집하는 답정너 유형들과의 대화는 결코 유쾌하지 않다. 이른바 소통이 안 된다. 소통은 사실 상대방의 이야기를 경청하고, 이에 반응하고, 여기에 대한 나의 생각을 이야기하는 너무나도 힘든 일이다. 이때 가장 어려운 것이 경청이다. 경청傾聽은 '남의 말을 귀 기울여 주의 깊게 듣는다'는 뜻을 가지고 있다.

경청 혹은 소통을 잘한다고 평가받는 개인이나 기업들에게는 공통된 특징이 있다. 바로 상대방의 생각, 의견을 받아들이고 실천하는 것이다. 소통, 경청의 궁극적인 형태는 그들의 이야기와 생각을 실제로 받아들이고 실천할 때에 비로소 이루어진다. 특히 코로나19로 인한 기업과 고객의 관계도 그러하다. X세대 선배들 때에는 TV에서 '우리 제품, 브랜드 좋아요!'라는 광고가 일방적으로 전달되었고, 당시에는 충분한 효과가 있었다. 좋든 싫든 봤기 때문이다. 하지만 광고가 없는 넷플릭스, 유튜브 프리미엄이 주 시청자인 MZ세대들에게는 Input이 아닌 Pulling이 필요하다. 이제는 플랫폼이 브랜드를, 브랜드가 상품을 리딩 하는 시대이다. Mass가 아닌 Target 고객이 흥미를 갖는 콘텐츠와 가치, 세계관을 제시하여 스스로 따라오게 만드는 것이다. 고객의 이야기에 고개만 끄덕인다고 해서 혹은 소통 채널을 만들기만 해서는 소통이 이루어지지 않는다. 중요한 것은 이를 받아들이고 실천하는 일이다. 이는 고객뿐만 아니라 구성원들에게도 마찬가지이다.

마스터 카드와 구찌를 멋진 기업으로 만든 리버스 멘토링

해외여행 시 나의 신용카드에서 반드시 체크해야 하는 로고가 두 개 있다(요즘은 세 개!). 하나는 비자, 그리고 마스터 카드 로고의 유무이다. 세계적인 카드사 마스터 카드는 무려 2014년에 리버스 멘토링을 시작했다. 이곳에서 멘토는 신입사원이고, 멘티는 소속 임원이다. 당시 최고인사책임자였던 론 개로우의 멘토는 디지털 커뮤니케이션팀의 2년 차 사원 레베카 카우프먼. 그는 자신의 멘토이자 신입사원인 그녀를 통해 5개월간 링크드인과 트위터 등 소셜미디어 사용법을 배웠다. 그는 "내 자식보다 어린 직원에게 의지하고 있다는 생각이 나를 겸손하게 만들었다."라고 말했다.[34] 세계적인 화장품 업체인 에스티로더 역시 20대 직원들이 임원들에게 1:1로 멘토링을 한다. 매달 한 번씩 밀레니얼 세대의 취향에 대해 스터디를 하는데, 20대 멘토들은 요즘 잘나가는 채팅, 쇼핑 애플리케이션을 소개하거나 쿨하다고 소문난 브랜드의 팝업 매장을 함께 방문한다(수평적인 기업 문화라도 임원과의 동행은 그리 유쾌하지 않았을지도 모르겠다). 변화하고 있는 고객과 트렌드를 가장 잘 알고 있는 최고의 전문가(신입사원)에게 공짜로 배우는 것이다. 이 얼마나 멋진 일인가.

이와 같은 리버스 멘토링을 보다 실천적인 형태로 변형한 케이스가 있다. 바로 구찌GUCCI의 그림자 위원회이다. 밀레니얼 세대들이 기존 오래된 명품(특히 디자인)을 기피하면서, 구찌도 예외 없이 외면당했다. 특히 2014년 2분기의 전년 동기 대비 매출 성장률은 불과 -2%에 불과했으니 말이다. 하지만 2015년을 기점으로 마법이 시작된다. 성장률이 플러스(+)로 반등하더니, 2017년 3분기에는 49%까지 성장하는 기염을 보였다. 구찌의 회장이자 CEO 마르코 비자리는 이와 같은 성장의 비결로 2015년부터 은밀하게 시작한 두 개의 모임을 대중들에게 공개했다. 첫 번째가 바로 그림자 위원회이다. 이는 30살 이하의

---

34 론 개로우(2014. 5. 28.), 월스트리트 저널 기사.

젊은 직원들과의 모임으로, 비자리는 임원 회의 종료 후 바로 그림자 위원회를 연다. 앞서 시행된 임원 회의 주제로 똑같이 다시 토론한다. 그리고 이를 통해 새로운 통찰을 얻었다고 한다. 상상이 되는가? 중요한 CEO, 임원급 의사결정에 신입사원들의 목소리가 반영되는 것이다. 정말 소름 돋는 이야기이다. 두 번째는 바로 점심 모임이다. 조금 더 참여자를 늘려 35살 이하 직원들과 CEO가 정기적으로 점심 모임을 갖는데, 이때는 회사 복지와 관련된 아이디어를 무려 3가지씩 가지고 와서 토론하게 된다. 이와 같은 노력으로 현재 구찌는 의심의 여지없이 가장 트렌디한 명품 브랜드로 포지셔닝 되었다. 현재 구찌 매출의 55%가 밀레니얼 세대에게 나오고 있고, 심지어 신조어 I'm feeling gucci!(나 오늘 너무 신나), His new car is so gucci(개 새로 산 차 진짜 끝내주더라), It's all gucci(모든 게 완벽해, 다 좋아) 등의 신조어까지 등장했다. 구찌의 그림자 위원회의 주요 성과들을 살펴보면 다음과 같다.

첫째, '모피 OUT!'이다. 모피는 털이 그대로 붙어 있는 동물 피부이다. 상상해보라, 당신은 당신의 반려동물의 모피를 입을 수 있겠는가? 이와 같은 사회적 가치를 매우 중시하는 밀레니얼 세대는 결코 모피를 좋아하지 않는다(물론 예외도 있고, 우리는 이 역시 존중해야 한다). 비자리는 그림자 위원회의 이와 같은 건의를 반영해 2018년 봄 시즌부터 일체 모피를 사용하지 않겠다고 선언했다. 둘째, '여행 경험'이다. 밀레니얼 세대는 특별한 여행을 좋아한다. 특별한 여행 즉 특별한 경험은 밀레니얼 세대에게 중요한 요소이다. 물론 다른 세대들에게도 마찬가지이겠지만. 동해 해안 도로를 드라이브하다가 우연히 마주친 드라마 촬영지에서 주인공과 같은 포즈로 사진을 찍어본 경험은 대부분 있을 것이다(MZ세대들은 미리 검색해서 찾아간다). 그림자 위원회 건의에 따라 구찌는 '구찌 플레이스'라는 여행 앱을 만들었다. 여행을 하다가 구찌 플레이스가 가까워지면 알람을 보내고, 화보 촬영 뒷얘기와 장소 관련 구찌의 역사를 소개한다. 마치 우리가 사랑했던 '포켓몬 고'처럼 배지를 모으고 이곳에서만 판매하는 한정판 컬렉션을 구입할 수도 있다(2021년 현재 구찌 앱은 더 진화했다. 제품 정보보다는 흥미로운 캠페인, 런어웨이 시청, 꽤 잘 만든 아케이드 게임(필자 Y는 GUCCI DIVE가 가장 재미있었다), 팟캐스트(For X: 일종의 모바일 라디오) 등 MZ세대들에게 흥미로운 경험을 선사한다. 이 브랜드를 사랑하지 않을 수 없다.

이제 드디어 결론이다. 역멘토링(혹은 리버스 멘토링)은 미국 기업을 중심으로 기존의 전통적 기업을 다시 트렌디한 기업으로 거듭나게 만드는 데 일종의 심폐소생술로 작용했다. 이와 같은 혁신적인 시도는 국내에도 많이 소개되었고, 당시 많은 기업에서 이를 시도했으나 안타깝게도 보수적인 기존 틀을 깨지 못하고 일회성으로 끝난 경우가 대부분이었다. 사실 Y가 몸담았던 조직에서도 이와 같은 시도를 여러 가지 버전으로 시행했으나 모두 실패했다. 과연 무엇이 문제였을까? 리버스 멘토링에 참여했던 임원들은 보통 "왜 이런 걸 하는 거야?(나 바빠!)" 혹은 "재미있긴 한데 실제 나의 업무에 도움이 될 만한 인사이트를 얻지는 못했다." 등의 반응을, 반대로 멘토(신입사원)들은 "결국에는 멘티

(임원)가 멘토가 되더라.", "이런 것 좀 하지 말아라." 등의 피드백을 받는다. 결국 '이렇게 해서 과연 무엇이 바뀔까.'라는 자조 섞인 결론에 이르게 되는 순간, 해당 프로그램은 자연스럽게 종료된다. 그리고 몇 년이 지나면 이렇게 이야기한다. "그거 내가 해 봤는데, 잘 안 돼!"

도대체 왜 안 될까? 우선 대한민국에서 임원 포지션이 가지고 있는 의미는 남다르다. 과거에는 업무 역량은 물론이고, 개인에게는 엄격하고 또한 조직에 헌신해야 하며, 수천수만 번의 위기를 극복해야 비로소 임원이라는 별을 달 수 있다. 이 과정에서 수많은 동기, 선후배들과 경쟁하여 살아남은 이들이다. 오랜 기간 쌓은 지식과 경험을 토대로 수많은 성과를 창출해 내면서 얻은 자신만의 노하우도 갖고 있다. 그런데 입사 1~2년 차 신입사원들에게 무엇을 배운다? 물론 가능하다. 단순히 정보 수집 측면에서는 말이다. 하지만 이들과의 상호작용을 통해 자신의 가치와 신념, 주요한 의사결정 방향이 바뀌지는 않는다. 정말 어려운 일이고 하기 싫은 일이다. 그렇기에 구찌의 CEO 마르코가 위대한 것이다. 그 힘든 일을 해낸 것이다. '네가 뭘 알아?'가 아니라 '당신이 알고 있는 것이 무엇입니까?'의 자세로, 기꺼이 조직 내 가장 약자일 수밖에 없는 신입사원들의 의견을 받아들이는 능력, 기꺼이 양보할 수 있는 용기가 필요하다. 특히 고객이자 조직 내 주 구성원으로 주목받고 있는 MZ세대들에게 말이다. 그것이야말로 Y가 생각하는 진정한 소통이다. 크게 보면 회사이지만, 조직뿐만 아니라 팀 단위 주요 의사결정과 소통에 있어 이와 같은 마음가짐과 리더의 용기가 절대적으로 필요하다.

기업, 조직의 '인격화'로 심리적 거리를 줄여라

본디 타운 홀 미팅 town hall meeting 은 미국의 국회나 지역 의회에서 활동하는 정치인이 지역구 주민과 만나는 방법 중 하나로 주민들이 흥미를 가지는 주제에 대해 그들의 의견을 경청하거나 특정 입법이나 규정에 대하여 토론하기 위하여 열린다. 애플과 같은 전형적인 제조업 특유의 수직적인 문화를 탑재한 기업은 모르겠지만, 유연하고 수평적인 조직 문화를 지향하는 실리콘밸리의 IT업계를 중심으로 이 타운 홀 미팅을 기업 내 소통 방식으로 활용하기 시작했다. 2015년 6월 30일, 페이스북의 CEO 마크 저커버그는 본인의 페이스북 계정으로 온라인 타운 홀 미팅을 열었다. 그는 이날 커뮤니케이션의 새로운 미래로 '텔레파시'를 제안한다. 이 행사에는 지금은 고인이 되었지만 세계적인 물리학자 스티븐 호킹 케임브리지대 교수, 터미네이터로 잘 알려진 영화배우 아널드 슈워제네거, 허핑턴 포스트 창립자, 애리애나 허핑턴 등 정말 다양한 분야 유명인들도 참석했다.

2014년 11월부터 한 달에 한 번꼴로 시행되고 있는 이 Q&A 형식의 '직접 소통' 행사에서 호킹 교수가 다음과 같이 질문했다. "과학의 몇 가지 거대한 질문들 중 당신(저커버그)이 답을 알고 싶은 것은 무엇인가?" 이에 저커버그는 "나는 사람들에 관한 질문에 가장 관심이 많다."라고 말했다. 절대 미리 준비했다면 나올 수 없고, 미리 준비한다고 해서 나올 수 있는 답변이 아니었다. 자연스러운 저커버그의 리액션이다. (TMI: 2011년 페이스북 본사에서 오바마 대통령은 타운 홀 미팅 예산 적자에 대한 자신의 계획을 밝힌 적이 있다.) 한 회사의 CEO가 인격화되어 대중 앞에 선다. 바로 이 순간 고객뿐만 아니라 구성원들에게 기업과 조직은 가상의 개념이 아니라 직접 소통할 수 있는 주체가 된다.

국내에서도 이러한 CEO 레벨에서의 소통 노력들은 다양한 방법으로 시도되고 있다. 코로나 발발 전인 2019년 정의선 현대차 부회장은 양재사옥 대강당에서 임직원 1,200명과 소통의 시간을 가졌다. CEO의 소신과 생각, 전략을 공유하고 구성원들의 의견을 청취하기 위해서였다. 최태원 SK그룹 회장 역시 동일 연도에 산하 계열사인 SK텔레콤 박정호 사장 및 임직원들과 SK ICT 패밀리사의 AI, 5G 전략 및 방향성에 대해 토론하는 타운 홀 미팅을 가졌다. 한편 카카오는 'T500'이라는 전 사원 대상 타운 홀 미팅을 진행한다. 화요일 Tuesday 오후 다섯 시에 열린다고 해서 'T500'이다. 참으로 카카오다운 네이밍이다[혹은 목요일 Thursday 에 진행하기도]. 판교, 제주 사옥을 합해 2,500여 명에 달하는 사원이 온, 오프라인으로 이 회의에 참석해서 다양한 주제로 소통한다. 신규 서비스 출시 과정과 진행 현황을 비롯해 경영과 관련된 회사 정보를 전 사원에게 공개한다. 참석자들은 모바일 오픈 채팅방을 통해 사원들의 궁금증도 실시간으로 해결한다.

특유의 보수적 조직 문화로 대표적인 금융업계에서 마찬가지이다.

윤종규 KB금융그룹 회장은 2018년 서울 여의도 더케이 타워에서 직원 300여 명과 격의 없이 소통할 수 있는 타운 홀 미팅을 열어 그룹과 계열사 경영전략과 비전에 대해 함께 논의했다. 윤 회장이 직접 진행하는 '직원과의 자유로운 질문과 답변' '그룹의 3분기 경영실적 분석' 등 다양한 프로그램으로 구성되었고, CEO 추천도서 10종을 직원들에게 선물하는 순서도 이어졌다. 물론 다른 노력들이 더해져 이룬 성과이겠지만, 2020년 기준 은행 브랜드 평판 1위, 취업 준비생들이 가고 싶은 은행 2위에 KB국민은행이 랭크되었다(가고 싶은 은행 1위는 카카오뱅크). 기업과 조직 그 자체는 실체가 없다. 결국 소통은 사람만이 할 수 있다. 이와 같은 소통 노력은 결과적으로 해당 기업, 브랜드와의 거리감을 감소시키고 일종의 팬덤을 형성하기도 한다. 고객이든 구성원이든 구체적인 실체가 있는 사람 혹은 콘텐츠가 존재했을 때 비로소 심리적인 거리감이 감소하고 진정한 소통이 시작된다.

타운 홀 미팅 외에도 특히 MZ세대의 고객, 임직원들과 심리적 거리를 줄이기 위한 소통 노력에는 여러 가지가 있는데, 대부분 SNS를 활용한 방법들이다. 한 회사를 대표하는 기업 총수가 직접 SNS에 등판하여 소통하는 모습이 대표적이다. 무언가 낯설지 않은 구도, 우리가 친숙한 먹방을 진행하고 있는 친숙한 아저씨가 있다. 최태원 SK그룹 회장이다. "자, 이제 계란을 넣을 차례가 됐습니다. (중략) 한꺼번에 넣지 않고 노른자와 흰자를 분리합니다." 직접 양은 냄비에 라면을 끓이는 모습을 모두가 보고 있다. SK그룹 내부 연례 포럼인 '이천 포럼'

홍보 차 사내방송에 출연해 라면 먹방을 선보인 것이다.

더 과감한 행보를 보여주고 있는 정용진 신세계그룹 부회장은 어떠한가. 보통 사내방송으로 시청했을 신년사, 경영방침이지만, 신세계는 유튜브를 통해 전 세계 누구나 이를 시청할 수 있다. 이는 보수적인 국내 대기업 조직 문화 풍조에서는 정말 파격적인 결정이다(참고로 Y는 신세계와 아무 관련도 없고, 관련 있는 사람도 모릅니다). 정용진 부회장이 직접 관리하는 인스타그램 계정(yj_loves)의 팔로워 수는 무려 56만 명(2021년 3월 기준)이나 된다. 단지 그의 일상(주로 골프, 요리, 가족, 반려견 등)이 담겨 있다. 경쟁사의 장소, 제품도 거침없이 올린다. 가공된 모습이 아니라 그냥 정용진 부회장 그 자체이다. 이에 공감하고, 좋아하며 어느새 따라가고 있는 팔로워들이 생긴다. 이렇게 팬덤이 조성된다. 동시에 이 개인적인 팬덤은 신세계 그룹으로 확장된다. 그래서일까, 신세계 백화점, 이마트의 공식 인스타그램 계정 팔로워는 75만 명에 달한다(TMI 주요 인스타그램 팔로워: 청와대 37.9만, 롯데 백화점 15.5만). 그리고 이러한 MZ세대들의 관심은 현재 그리고 가까운 미래에 기업 매출 신장에도 도움이 된다.

이와 같은 MZ세대와의 소통을 위한 노력은 이제 기업 CEO들에게 당면한 주요 과제가 되어버렸다. 이미 산업현장의 일꾼, 주축인 밀레니얼 세대를 넘어 전 세계 Workforce의 24%가 5~10년 내로 Z세대로 채워질 것이다. 상상이 되는가? 싫든 좋든 변화는 이미 시작되었고, 더욱 가속화될 것이다. 물론 CEO가 대중 앞에 서는 일은 사실 매우 어려운 일이다. SNS 소통의 대명사, 테슬라의 CEO 엘론 머스크는 2020년 5월 자신의 트위터에 "테슬라의 주가가 너무 높다."라는 트윗을 올렸고, 당시 우리나라 돈으로 17조 원이 증발되었다. 당시 주요 경영진, CFO, 임원, 주주들의 마음이 어땠을지 상상에 맡기겠다(실제로 각종 언론, 매체로부터 엄청난 욕을 먹었다). 최근에는 비트코인, 공매도 등 테슬라와는 아무런 관계도 없는 주제에 대해 자신의 소신을 당당히 밝히기도 했고, 정말 다양한 평가를 받고 있다. 엘론 머스크의 경우는 너무 극단적인 사례이기는 하지만(물론 실존하긴 하지만), 그만큼 어려운 일이다. CEO의 말 한마디는 새로운 사업 혹은 사회적 이슈를 충분히 발생시킬 수도 있고, 신비감에 둘러싸인 그 혹은 그녀의 이미지에 타격을 줄 수도 있다.

하지만 이러한 위험을 기꺼이 감수할 수 있어야만 한다. 자신의 사업에 확신이 있고, 예상되는 리스크를 충분히 감내할 수 있는 실력이 필요하다. 왜 능력 있는 CEO가 되려 하지 않는가. 왜 구성원들에게만 실력을 강요하는가. 또한 디지털 소통 방식은 어쨌든 거부할 수 없는 시대의 흐름이 되어버렸다. 이제 블라인드 같은 앱을 통해서 다른 회사원들끼리 서로 직장의 민감한 정보를 공유하는 게 아주 일상적인 일이 되어버렸다. 아무리 꽁꽁 숨기고 은폐해도 소용없다. 절차와 결과의 공정성을 중요시하는 MZ세대들이 조직에서 차지하는 비중이 더욱 커질수록 조직의 프로세스도 소통도 더욱 투명하게 이루어져야 한다. 그리고 그 중심에는 사람이 있어야 한다. 한 조직의 책임자이든, 중요한 의사결정권을 가진 그 누군가이든 이제 언제든 어떤 방식으로든(타운 홀 미팅, SNS 등) 소통할 수 있어야 한다. 회사라는 가상의 조직, 브랜드에 숨지 말고 당당하게 고객과 임직원들에게 걸어 나올 수 있어야만 한다. 조직을 이끌어 나갈 인재가 없다고 탓하기 전에, 먼저 인재들이 오고 싶고 성장할 수 있는 기업을 만들고 싶다면, 지금부터라도 CEO 스스로가 회사를 대표하여 소통해야 한다.

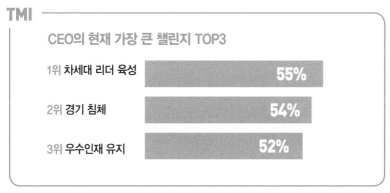

TMI

CEO의 현재 가장 큰 챌린지 TOP3

1위 **차세대 리더 육성**	**55%**
2위 **경기 침체**	**54%**
3위 **우수인재 유지**	**52%**

출처: Talent Problems Plague CEOs/ Development Dimensions International, inc. 2021.

질문하라 그리고 신뢰하라

회사에서 리더 그리고 선배가 하는 단골 질문은 대부분 다음과 같은 유형의 것이다. "여자 or 남자 친구 있니?", "주말에 뭐 했어?" 이런 유형의 질문은 상대방에 대한 관심도 아닐뿐더러 심지어 소통도 아니다. 사실 해당 질문을 물어보는 리더, 선배도 그렇게 궁금하지는 않다. 다만 무언가 대화는 필요하지만 딱히 할 말이 없어 억지로 만들어 낸 창작 아니 망작 질문이다. 그나마 "오늘 넥타이 멋지네, 어디서 샀어?", "우와, 파마 어디서 했어? 정말 이쁘다!" 등의 질문과 대화는 조금 더 생산적이다. 하지만 회사에서 우리의 관계 본질은 비즈니스적 협력 관계라는 사실을 잊지 말아야 한다. 분명 다음과 같이 더욱 더 세련된 질문과 대화가 존재할 수 있을 것이다.

부장 어제 뉴스에 이런 게 나왔네, 아마도 우리 부서에서 조치할 것이 있을 것 같은데 혹시 어떻게 생각해?"

신입 아 이런 기사가 나왔군요! 그런데 저희 쪽에서 조치가 필요한 상황인가요?

부장 지금 현재 우리 상황이 이래. 그런데 경쟁사에서는 A와 같은 조치를 한다네!

신입 아 그래요? 경쟁사 어디요? 그리고 A가 뭐예요?

부장 ○○기업이야. 작년에 K사 인수하면서부터 우리 경쟁사가 되었어. A는 ~~~

이런 소통 장면이 Y가 이상적으로 생각하는 상사와 하급자의 바람직한 대화, 소통 방식이다. 이와 같은 대화가 이루어지기 위해서는 사실 몇 개의 전제가 필요하다. 우선 후배가 알았으면 하거나, 혹은 정말 후배의 생각을 궁금해하는 리더, 선배가 존재해야 한다. 또한 구성원, 후배가 모르는 상황, 정보에 대해 당장은 말이 통하지 않는 상황에서 충분히 설명해 줄 수 있는 리더 그리고 선배의 풍부한 지식과 이를 전달해 주려는 노력이 필요하다. 또한 후배가 모르고 있는 지식과 정보를 내가 알고 있다고 해서 상대방을 저평가해서는 곤란하다. 정말 리더와 선배가 후배에게 궁금해야 하는 것은 이 사람이 얼마나 많은 것을 알고 있는가보다는 나와 동일한 지식, 정보 수준에서 어떤 판단과 추가적인 아이디어를 보여줄 수 있는지를 확인해야 한다.

Y는 감사하게도 그동안 사회생활을 하며 정말 좋은 리더와 선배를 많이 만났다. 물론 정말 최악의 리더 경험도 소수 존재하지만, 그래도 대부분은 존경할 만한 리더였다. 일반적으로 동일 연차에서 경험할 수 있는 것보다 조금 더 많은 조직에서 일할 수 있었던, 마치 유목민과 같았던 Y의 회사 생활 경험은 곧 여러 선배들의 다양한 강점을 배울 수 있는 소중한 기회가 되기도 했다. 물론 가는 곳마다 리더와 리더십이 다르고, 소속 조직의 문화, 일하는 방식도 제각각이고, 어느 곳에서나 통용되는 완벽한 정답은 이 세상에 존재하지 않을 것이다 (아마도…). 짧은 경험이지만, Y가 체험해 본 업무 현장에서 리더의 최고의 소통 방식 하나를 소개하고자 한다. 바로 '리더의 질문'이다. 아

니 보다 정확하게 표현한다면 구성원이 해당 리더의 질문을 통해 "아하!" 할 수 있게 만드는 일이다. 그렇다, Y가 최고라고 생각했던 리더의 소통은 모두 질문으로 시작되었다. 당연히 비즈니스적인 측면이다. 그는 신규로 부임하자마자 자신이 가지고 있는 모든 고민과 관련 정보들을 빠짐없이 구성원들에게 오픈했다. 그리고 질문했다. 입사 1년도 지나지 않은 신입사원에게도 마찬가지였다. 당연히 직면하고 있는 과제에 대해 100% 만족스러운 솔루션이 나올 것이라고는 그 역시 기대하지 않았을 것이다. 하지만 그 어떤 답변이 나오든 그는 경청했다. 아니 존중했다. 그렇게 약 2개월 정도의 시간이 지나고, 어느새 그가 던지는 질문만큼 무겁고, 미처 생각하지 못했던 질문을 구성원들도 던지기 시작했다. 또한 기존에 내가 알고 있던 후배들이 맞나 싶을 정도로 날카롭고, 충분한 Data와 논리를 동반한 답변이 등장하기 시작했다. 지금까지 한 번도 본 적이 없던 변화다.

또 한 가지 특징은 구성원들에게 무조건적인 신뢰를 제공했다는 점이다. 대부분의 의사결정은 구성원 스스로 해냈으며, 난이도와 리스크가 큰 업무의 경우 진행 상황과 어려움에 대해 질문하고, 이에 대한 자신이 내놓을 수 있는 최선의 답을 주었다. 참 멋진 리더이다. 신뢰는 어느 일방에게 요구하는 것이 아니다. 먼저 구성원을 믿어야, 구성원도 리더를 신뢰할 수 있다. 리더뿐만 아니라 회사도 마찬가지이다. 무언가 암묵적으로 진행되는 범법행위나, 전에 없었던 획기적인 기술 같은 극히 제한적인 정보를 제외하고는 모두에게 투명하게 공개

우리의 신뢰를 높여주는 OXYTOCIN

한편 신경과학 연구에 따르면 신뢰는 우리 뇌의 옥시토신OXYTOCIN을 높여주며, 사회적 마찰을 줄이고 동료들 간의 협력적 행동을 촉진한다고 한다. Claremont Graduate University의 교수 Paul J. Zak과 동료들은 1,000명 이상의 미국 직장인 성인을 대상으로 한 연구한 결과 신뢰도 상위 4분위 기업에 종사하는 사람들은 최저 4분위 기업에 비해 직장에서의 에너지가 106%, 관여가 76%, 생산성이 50% 더 높으며, 소모도 40% 더 적다는 사실을 발견했다. 그뿐만 아니라 향후 1년간 고용주와 함께 지낼 가능성이 50%, 직무 만족도가 56% 더 높다고 한다. Paul이 제시한 조직 신뢰의 8가지 요소(OXYTOCIN)이다.

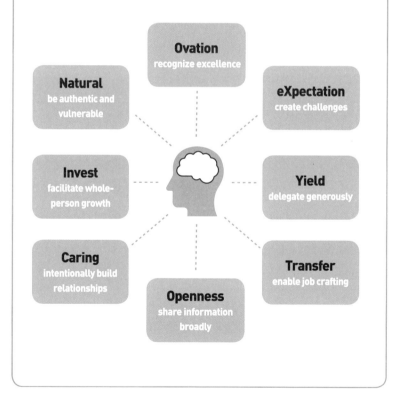

할 수 있어야 한다. 그것이 신뢰의 시작이다. 최근 발생하고 있는 몇몇 기업의 인센티브 투명성 이슈도 같은 맥락이다. 분명한 기준이 있고, 그것을 준수하고 있다면 전혀 문제될 것이 없다. 앞으로의 구성원들은 이러한 투명성을 나날이 요구할 것이다. 오히려 먼저 이야기하고, 신뢰를 쌓아 이들을 리더와 조직의 든든한 팔로워, 지지자로 만드는 것이 보다 중요하고 의미 있는 일이다.

3 │ Z세대 소비자들과의 소통 사례

보통 소비자들은 좋은 품질의 제품을 합리적인 가격에 구입하는 데 그치는 반면, Z세대의 소비는 보다 다른 성향을 가지고 있는데 다음 3가지로 정리할 수 있다. 첫째, 구매 경험이다. 구입 과정에서의 경험이 얼마나 쿨한지를 따진다. 둘째, 가치 소비이다. 제품 구입이 어떤 사회적 가치를 갖는지 생각한다. 셋째, 경험 공유이다. 소비 경험을 공유할 수 있는지 고민한다. 미국에서는 이러한 새로운 세대의 특성을 고려한 회사들이 성장하고 있다. 이런 기업들은 소비자와 어떻게 소통하고 있으며, 이러한 소통을 어떻게 회사에 적용하면 좋을지에 대해 살펴보자.

'투명한 정보 공개'로 Z세대에게 지지받는 패션 기업 에버레인

첫 번째 '구매 경험'과 관련해서는 에버레인 사례이다. Y세대는 유니클로, Z세대는 에버레인이라는 말이 있을 정도로 에버레인은 최근 가장 떠오르는 기업 중 하나이다. 최근 미국 패션 시장을 사로잡으며 주목받는 기업이다. 2010년 마이클 프레이스만이 설립한 온라인 전문 의류 회사로 터무니없는 가격으로 판매되고 있는 패션 시장에서 투명함과 정직함을 장착하고 차별화를 선언했다. 25세 청년이었던 마이클 프레이스만이 패션업계의 폭리를 참지 못하고 기업을 설립한다. 벤처캐피털에 근무 중이던 프레이스만은 "왜 7달러짜리 셔츠가 50달러나 하는 걸까?"라는 의문을 품었다. 패션업계의 마진율을 두고 "천문학적"이라고 표현한 그는 "투명하게 옷을 만들어보자."라는 신념을 가지고 회사를 세웠다. 이 회사는 기업 가치 2억 5천만 달러의 회사로 성장했다.

이 회사의 원칙은 '극단적 투명성 radical transparency'이다. 실리콘밸리가 추구하는 패션 회사답게 패션 회사들이 가지고 있는 특유의 허영이 없다. 대신 지속 가능한 성장, 친환경 소재, 공정한 가격 같은 메시지와 비전을 내세운다. 에버레인의 비전은 상품의 제조 과정과 원가 모두 투명하게 공개하여 질 좋은 제품을 거품 없는 가격에 제공하겠다는 것이다. 패션업계는 원가보다 디자인과 브랜드 가치 등으로 의류 가격을 책정하는 것이 관행처럼 여겨졌다. 그래서 원래 제조원가 공개를 금기시했다. 그런데 프레이스만은 "소비자들은 제품이 어떻게 만들어지고, 가격은 어떻게 결정되는지 알 수 없었다. 패션업계는 불투명하다."라고 비난하면서 철저한 투명성을 강조하였다. 이러한 가치가 새로운 세대 특히 Z세대에게 큰 호응을 얻고 있다.

　실제로 에버레인이 판매 중인 모든 의류, 가방, 신발, 액세서리 등의 제품 소개 화면에는 '투명 가격 Transparent Pricing'이라는 표가 게재돼 있다. 그 표에는 원단, 부자재, 인건비, 관세, 항공 운송료에 대한 정보와 그 아래에는 총원가 '트루 코스트 True Cost'가 적혀 있다. 원가를 모두 공개하면서 구매를 쿨하게 하는 것이다. 심지어 원자재 가격 하락 시에도 즉각 반응하여 공개하면서 의류 가격을 20%까지 낮추는 정책도 시도하였다. 그리고 온라인으로만 판매함으로써 유통마진을 최소화시켜 다른 브랜드보다 현저히 낮은 가격으로 제품을 판매한다. 가격이 낮다고 해서 품질까지 낮은 것은 아니며, 수준 높은 의류 공장들을 선별하기 위해 오랜 시간 공들인다. 가장 혁신적인 것은 직원 근무환경, 복리 후생까지 다 공개하는 것이다. 근로자의 근무환경, 근무연수, 직원들의 교육, 의료지원, 금융상담 지원까지 다 공개하고 있다. 또한 블랙 프라이데이 때 얻은 영업 수익을 공개하고, 이를 공장 근로자 복지에 활용하였다. 이러한 윤리 경영이 미국 소비자에게 높은 지지를 받고 있고, 매년 2배 이상의 매출 성장률을 기록 중이다.

　앞으로는 내부 직원과의 소통에서도 이 회사의 모델을 잘 살펴봐야 한다. 새로운 세대 Z에게는 투명함 그리고 윤리 경영이 가장 중요한 선택 요소이다. 그렇다면 에버레인처럼 모든 것을 공개할 수는 없지만, 각 기업에서도 이러한 모델을 고려하여 소통 방식을 변화해야 할 것이다. 우리 회사 내부의 공개 가능한 영역을 선정하여 공개하고 이를 통해 경영진은 내부 직원과 투명한 소통을 지속해야 할 것이다. 과거와 같이 회사 내부의 몇 명만 알고 있는 정보 운영 방식은 앞으로는 최소화해야 하며, 공개 가능한 정보는 내부 모든 직원과 공개하고 소통하는 일이 중요할 것이다. 또한 회사가 추진하는 경영 방향도 미리 공개하고, 이를 한 방향으로 끌고 나가게 하는 것이 새로운 세대와의 필요한 소통 방식일 것이다.

기부와 교육을 통해 기업 가치를 높인 워비파커

다음으로 가치 소비는 워비파커 사례이다. "왜 안경은 꼭 비싸야 하는 걸까?" 이 단순한 질문에서 출발해서 대성공을 이룬 기업이 있다. 워비파커 Warby Parker 는 펜실베이니아대 와튼스쿨 동창생 네 명이 시작한 온라인 안경 전문 업체로 창립 7년 만에 미국 안경 시장을 완전히 뒤바꿔 놓았다. 2009년 닐 블루멘탈, 데이브 길보아, 앤드류 헌트, 제프리 레이더 등 네 명의 와튼스쿨 동창생들은 컴퓨터실에 모여 앉아 "안경 기술은 800년이 넘었는데, 안경은 왜 아직도 이렇게 비쌀까?" "왜 안경은 온라인에서 저렴하게 살 수 없을까?"라는 질문의 답을 찾고자 창업을 시작하게 되었다. 이 기업은 우선 가격, 서비스 혁명부터 시작한다. 마음에 드는 안경테 5개를 고르면 견본을 보내준다. 5일간 사용 후 마음에 드는 것을 골라 보내면 렌즈를 끼워 다시 배송해 주고, 3번의 배송 비용은 워비파커가 부담하다. 그리고 유통단계를 없애 안경 가격을 평균 400달러에서 95달러로 줄였다.

워비파커는 사회적 기업으로도 유명한데, 한 개가 팔릴 때마다 안경 한 개를 개도국에 제공한다. 전 세계에 안경을 구매하지 못하는 저소득층 7억 명을 위해 기부하였다. 안경을 기부할 경우 생산성과 교육 수준이 35%까지 향상될 수 있다는 전문가들의 분석에 따라 워비파커는 안경을 하나 팔 때마다 추가로 한 개 금액을 저개발 국가에 기부하는 '바이 어 페어, 기브 어 페어Buy a pair, give a pair'를 실천하고 있다. 사회적 책임 기업으로 안경 500만 개 이상을 기부하였으며, VisionSpring에 안경 생산 비용을 기부하였다. 개도국 빈곤층을 대상으로 안경 제작 교육을 진행하며, 35개국 1만 8천 명 이상이 워비파커의 트레이닝을 거쳐 안경 업종에서 일하고 있다. 시력검사 기술과 안경 판매 방법을 전수해 개발도상국에서 직접 안경을 판매할 수 있는 조건을 만들었다. 기부를 받은 사람은 직접 안경을 판매하면서 생활력을 키우고, 지역민들은 저렴한 안경을 공급받을 수 있는 구조가 된 것이다. 또한 워비파커의 안경테를 만드는 중국 공장들은 노동 조건 기준을 충족할 경우만 인증을 하고 있다. 즉 가격 혁명도 중요하지만 사회적 기업이라는 이미지가 이 기업의 성장을 주도하였다. 워비파커는 고객, 직원, 환경과 지역사회까지 생각하는 '사회적 기업'으로 인정받으면서 '비콥B Corp' 인증까지 받았고, 창업 7년 만에 기업 가치는 10억 달러(약 1조 2,000억 원) 이상으로 평가받고 있다.

이제 Z세대는 사회적 문제와 가치 경영에 많은 관심을 갖는다. 그래서 새로운 세대의 직원들이 입사하면, 사회적 가치와 관련하여 꾸준히 소통해야 한다. 회사의 이윤 창출, 발전에 대한 이슈도 중요하고, 새로운 세대의 성장 욕구에도 필요한 부분이다. 하지만 이와 함께 새로운 세대는 사회적 가치 역시 회사에 바라고 있다. 즉 조직은 끊임없이 새로운 세대에게 회사가 지향하는 사회적 가치 관련 소통을 해야 하며, 실제로 조직 구성원들이 사회적 가치를 향상시킬 수 있도록 지원해야 한다. 지속 가능 경영이나 사회적 가치는 더 이상 기업 성장 이후에 고려할 일이 아니다. 창업 단계부터 이를 고민하고 직원들하고도 지속적으로 소통해야 할 것이다.

공간에서의 경험을 판매하며 전 세계로 소통을 확장한 에어비앤비

마지막으로 경험 공유로 가장 성공한 기업 중 하나가 에어비앤비이다. 미국의 에어비앤비 Airbnb 는 경험 공유의 가장 대표적인 성공 사례로 꼽힌다. 에어비앤비는 숙박을 공유하는 공유 경제 서비스로, 여행자가 현지인의 가정에서 머무는 동안 문화 체험까지 경험을 공유해 새로운 가치를 발굴할 수 있다는 점이 차별화 요소이다. 2009년 시작한 회사는 2019년 48억 달러의 회사로 성장하였다. 에어비앤비의 성공 요인은 많지만 가장 대표적인 성공 요인이 경험 공유이다. 그들은 공간을 넘어 경험을 팔고 있다. 즉 공간을 파는 것과 시간을 파는 건 큰 차이가 있는 것이다. 우버가 시간을 판다면, 에어비앤비는 공간에서의 경험을 판매한다. 일반인의 집에서 빈 방을 빌려주는 공유 경제라는 숙박 플랫폼이기 때문에 서비스 퀄리티는 사실 가는 곳마다 다르다. 또한 지역에 따라 집주인(호스트)의 성향에 따라, 같은 시기에

온 다른 하우스 메이트에 따라 완전히 다른 공간과 투숙 경험의 만족을 극대화하는 전략을 취하고 있다. 현지에서 직접 살아보는 것 같은 새로운 경험으로 스토리텔링하여 마케팅을 강화하고 있다. 이러한 마케팅은 다양한 홈페이지와 다양한 SNS를 통해 공유되고 있다.

새로운 세대는 경험 공유를 통한 소비에 익숙하다. 그들은 자신들의 경험을 SNS나 관련 사이트를 통해 충분히 공유한다. 이를 통해 새로운 마케팅 수요가 발생한다. 향후 회사에서도 이러한 소통을 확대해야 할 것이다. Z세대가 많이 들어올 미래, 그들은 회사 생활을 다양한 채널을 통해 공유할 것이다. 우선은 블라인드나 잡플래닛 같은 익명 사이트를 적극 활용할 것이며, 개인 SNS를 통해서도 적극 공유할 것이다. 그렇다면 새로운 세대가 자신의 경험을 적극 공유할 수 있도록 소통을 확장시켜주어야 할 것이다. 외부 익명 사이트를 통한 부정적인 경험 공유를 회사가 그냥 내버려 두는 방식의 소통이 아니라, 적극적으로 사내 게시판 또는 개인 SNS, 외부 오픈 게시판 등 자신의 경험을 공유할 수 있는 소통 창구를 충분히 열어 주어야 한다. 그리고 그러한 활동을 장려해야 할 것이다. 회사 일을 개인 유튜브 채널에서 다루는 것을 이제는 보다 긍정적으로 보고 적극적으로 장려할 때가 되었다. 물론 그러기 위해서는 지금보다 더 일하기 좋은 회사를 만드는 것이 선행되어야 한다. 좋은 회사가 되고, 젊은 세대는 이러한 경험을 공유하고 소통하면서 다시 회사에 몰입이 강화되고 이러한 선순환의 방식이 앞으로의 소통 방식이 될 것이다.

4 | 사내 소통 사례

사무실은 더 이상 일만 하는 공간이 아니다

사무직 종사자가 하루 중 절반 넘게, 혹은 대부분의 생활을 하는 오피스. 구성원의 업무행태, 기업이 추구하는 문화에 따라 오피스의 형태도 다양한 모습을 띠고 있다. 화려하거나 감각적인 인테리어, 창의력을 불러일으키는 회의실, SNS 업로드용 인증샷을 찍을 수 있는 유명 공간 등 각 기업은 저마다 멋진 오피스를 만들기 위해 열을 올리고 있다. 일하는 공간의 주인공인 구성원이 즐겁지 않다면 업무 효율 또한 기대하기 어렵기 때문에 당연한 현상이다. 이러한 흐름을 반영해 기업들은 '쿨팩트 cool-factor'에도 관심을 쏟고 있다. 쿨팩트란 회사의 분위기, 환경, 상품의 철학 등을 말한다. 스타일에 민감한 Z세대들에게 쿨팩트는 마케팅 도구를 넘어 재능 있는 젊은 인재를 채용하거나 주주들을 끌어들이는 데에까지 지대한 영향을 미친다. 우수 인재들이 회사를 선택하는 데 있어 중요한 요소 중 하나에 멋진 사옥이 빠질 수 없는 것도 이를 반영하는 현상이다.

이전까지의 사무실은 말 그대로 책상만 덩그러니 있는 무미건조한 말 그대로 '사무실'이었다. 이러한 사무실 구조로는 Z를 유인할 수 없을 뿐만 아니라 오래 붙잡아두기 어렵다. 젊은 세대는 일 따로 문화 따로가 아닌 일과 문화가 어우러진 환경을 선호한다. 일터는 단순히 돈을 벌기 위한 곳이 아니라 문화와 어우러진 놀이터여야 한다. 그래야 행복하게 일할 수 있다. 공간은 인간의 사고에 직접적인 영향을 미친다. 구성원이 일을 잘할 수 있는 환경을 조성하면 자연스레 긍정적인 성과와 효율성으로 이어진다. 특히 창조적인 아이디어가 중요한 산업군에서는 더욱 그렇다. 제약 없이 동료와 의견을 주고받으면서 생산적인 아이디어가 나오는 '모먼트'의 중요성을 일찍부터 깨달은 실리콘밸리는 오피스를 구성하는 데 있어 이러한 순간을 최대한으로 끌어올리기 위해 노력해왔다.

우리나라도 점차 소통을 위한 '사무실'의 중요성을 인식하고, IT 기업과 스타트업을 필두로 스마트 오피스, 커뮤니케이션을 원활하게 하기 위한 인테리어에 주목하고 있다. 기업의 브랜드 홍보에도 빠지지 않고 사옥 소개가 등장하는 이유도 이와 같다. 우리나라 각 기업들의 고유한 조직 문화를 담으면서도 유연하고 활발한 소통이 이루어지게끔 구성한 오피스 사례를 소개하고자 한다.

친밀한 소통과 협업이 이루어지는 오피스 카페

야후 HR 부문 최고인사책임자는 다음과 같이 말했다. "최고의 의사결정이나 통찰은 복도나 카페테리아 대화에서 나오는 경우가 많다." 직장인들에게 커피 없는 회사 생활은 나사 빠진 톱니바퀴와 같은 느낌이 아닐까? 그만큼 커피와 업무는 떼려야 뗄 수 없는 평생 친구이다. 단순히 음료의 의미를 넘어 카페에서 만나 커피를 한잔하며 나누는 이야기, 가볍게 하는 고객사와의 미팅, 혼자 잠깐 즐기는 브레이크 타임 등 여러 의미를 담고 있다. 이러한 이유로 시공간, 위계가 허물어지는 자유롭고 유연한 업무 환경이자 사람을 묶어주는 매개체로 '오피스 카페 Office café'를 사내에 도입하고 있다.

앞서 '모먼트'의 중요성을 언급한 바와 같이 오피스 카페에서는 직원들 간의 캐주얼한 만남이 활발하게 이루어진다. 우연히 만나 커피한 잔을 하며 주고받는 잡담 속에서 업무에 연결할 소스를 찾게 되는 것이다. 업무 외적으로 동료와 친밀감을 높일 수 있는 효과도 있다. 새로운 아이디어를 나누고 토론이나 협업을 원활하게 할 수 있는 라포 형성도 가능해 궁극적으로는 기업 성과로도 이어지게 된다. 오피스 카페의 인기가 높아지면서 기업들은 단순히 믹스 커피가 아니라 카페에서 접할 수 있는 고급 원두를 구비하여 구성원의 다양한 취향을 만족시키며 오피스 카페로 발걸음을 당기게 하고 있다. 네스프레소 Nespresso가 영국 직장인 2,500명을 대상으로 실시한 조사에서는 오피스에서 제공되는 커피의 품질이 좋은 직장의 평가 기준이 된다고 한 응답자가 68%에 달했다. 회사에서 마시는 고품질의 커피가 최선을 다해 업무를 하려는 동기부여가 된다는 응답자가 89%로 나타난 것이다. [35]

오피스 카페의 또 다른 장점은 밀레니얼 세대의 개인주의 성향으로 인해 나타나는 외로움, 소통 단절 등의 정서적 문제에 대처할 수 있는 대안이라는 것이다. 커피 한 잔을 함께 마시며 정서적 교감을 나

---

[35] 인터비즈(2019. 11. 21.), 기업 소통 전략 - '오피스 카페'가 주목받는 이유, 블로그 기사.

눔으로써 부담 없이 서로를 알아가기 좋기 때문이다. 직원의 정신 건강은 기업 입장에서 생산성과도 연결된 문제이기에 오피스 카페 도입으로 인한 소통의 장은 이를 예방할 수 있는 처방전 중 하나다.

오른쪽 사진에서도 알 수 있듯이 오피스 카페는 각 기업의 문화를 담아 다양한 스타일을 갖고 있다. 토스의 조직 단위인 '사일로'에서 이름을 따온 '커피 사일로'는 사내 바리스타들이 직접 만드는 음료와 다양한 베이커리가 있어 구성원에게 환영을 받는다. 지그재그의 셀프 바 또한 커피는 물론 다양한 음료와 아침 대용인 주먹밥과 계란을 무료로 제공하며, 스프레드 시트에 구성원이 먹고 싶은 간식을 신청하면 매주 보충을 해준다. 신상 간식이 가득한 만큼 구성원은 하루에 한 번 이상은 꼭 찾게 되는데, 다른 부서원들과의 자연스러운 만남과 소통이 이루어진다. 마지막으로 직방의 마을회관은 오피스 한가운데 위치해 있어 어디를 가든 거쳐 가야 하는 공간이다. 타운 홀 미팅, 커피 타임 등이 이루어지는 직방 내 대소사가 공유되고 구성원의 만남의 장이 되는 '마을회관'의 역할을 톡톡히 해내고 있다.

파티션을 없애면 소통이 자유로워진다

업종에 상관없이 '소통'이 중요하지 않은 회사는 없다. 소통을 단절시키고 폐쇄적인 의사 결정이 이루어지게끔 만드는 인테리어는 분명 곪게 돼 있다. 많은 기업들이 소통을 중요하다고 하지만, 이를 위한 환경은 미흡한 게 사실이다. 서로 간의 자리는 칸막이로 구분돼 있고,

비바버블리카의 커피 사일로, 지그재그의 Snack&chill 셀프 바, 직방의 마을회관(왼쪽 위부터 시계 방향)

회의실 또한 꽉 찬 예약 및 답답한 환경으로 이용에 어려움이 있다.

토스의 경우 사업이 다양화되면서 오피스도 확장되었다. 각각의 오피스에는 토스가 지향하는 수평적 조직 문화와 구성원들 간의 협업과 몰입, 정보 공유의 투명성이라는 가치가 반영되어 있다. 제품을 담당하는 조직이 '사일로' 중심으로 운영되어 있고, 이러한 사일로 간의 협업이 무엇보다 중요하기에 이를 극대화할 수 있는 사무 공간을 지향한다. 모든 구성원들이 파티션 없는 오픈된 좌석에서 근무하며, 리더들 또한 별도의 공간 없이 함께 일하고 있다.[36]

물리적 구성뿐만 아니라 구성원들의 행동 패턴이 더해질 때 공간이 완성될 수 있다는 철학 아래, 직방은 소통 가득한 오피스를 구성하였다. 전체적으로 오픈된 공간을 지향하며 구성원들 책상 사이에 파티션이 없고 머리받침도 존재하지 않는다. 때문에 동료와 자연스럽게 아이 콘택트가 가능하고, 일어나지 않아도 뒤돌아보면 다른 구성원이 자리에 있는지를 쉽게 확인할 수 있다. 1개월 단위로 프로젝트에 따라 업무 관련성이 높은 사람들과 가까이 앉게끔 좌석은 바뀌게 된다. 언제든지 새로운 사람과 협업하고 소통하게끔 하기 위함이다.[37]

인재 확보가 중요한 오늘날 '저 기업에서 일하고 싶다, 저기 힙(핫)하다, 일할 맛 난다'와 같은 Z세대가 열광할 만한 이미지를 가진다면 이미 출발선이 다른 것이다. 독창적이고 창조적인 오피스일수록 고급 인력, 기업 브랜드 향상, 더불어 성과 창출까지 세 마리 토끼 모두 잡을 것이다. 프랑스 철학자 앙리 르페브르가 『공간의 생산』에서 "인

---

36 HR Insight(2020년 9월호), 구성원들의 소통을 돕는 오피스 토스.
37 HR Insight(2020년 9월호), 구성원들의 소통을 돕는 오피스 직방.

토스와 직방의 오픈형 오피스

생을 바꾸려면 공간을 바꿔야 한다."라고 말했듯이 일할 맛 나는 곳을 만들기 위해서는 오피스를 매력적으로 채우기 위해 끊임없이 노력해야 한다.

반말의 재발견: 클래스 101, 라프텔

전통적인 직장 내 소통 문화가 바뀌고 있다. 수평적 소통 문화를 장려하기 위해 직급을 빼고 '님'을 붙여 부르거나 영어 이름으로 호칭하는 방식은 이미 자리 잡은 지 오래다.

온라인 취미 플랫폼 '클래스 101'은 갓 들어온 20대 신입사원이 40대 대표에게 반말을 한다. 20~40대 직원으로 연령대가 구성된 회사는 안팎으로 반말을 사용하는 것이 공식적인 규칙이다. 동료끼리 서로 나이도 모른다. 한국어에만 있는 '존댓말'의 비효율성을 제거하고, 반말을 통해 언어 그대로의 수평적인 소통을 시도하려는 것이다. 애니메이션 스트리밍 업체인 '라프텔'도 2014년 창업 때부터 모든 직원이 반말을 쓰고 있다. 반말로 인한 부정적인 효과를 최소화하기 위해 '야', '너'와 같은 말은 금지다. 효율성은 올리되, 서로가 기분 나쁠 수 있는 상황을 미리 방지하기 위함이다. [38]

우리나라는 전통적으로 나이와 지위가 사회적으로 매우 중요하게 작동했다. 회사에서도 이러한 문화는 그대로 적용이 되어 왔으나, 빠르고 효율적인 소통을 중시하는 스타트업을 중심으로 점차 그 경계가 허물어지고 있다. 나이라는 틀을 벗고 서로가 동등한 위치에서 의견을 주고받기 위함이다. 단순히 반말 존댓말을 떠나 일하는 사람들이 이를 인식하는 태도가 더 중요하기 때문이다.

반말 문화를 처음 들었을 때는 아직 시기상조가 아닐까라는 의문이 생겼다. 실제로 크라우드 펀딩 사이트인 '텀블벅'에서는 2015년 창업 때부터 반말을 썼지만 규모가 커지면서 반말을 쓰는 사람이 줄었고, 최근 존댓말 사용으로 돌아왔다. 핵심은 그 기업이 추구하는 문화에 있다. 소통의 형식이 핵심이 아니라 이를 어떻게 바라보는지 구성원의 인식과 태도에 따라 반말을 효율적인 의사소통의 수단으로 사용할 수 있다는 것이다.

물론 처음 반말을 사용할 때는 어색함이 있고, 기존에 우리가 해왔

---

38   MBC 뉴스데스크(2019. 10. 13.), 사장에게 "괜찮겠어?" '반말 소통' 파격.

던 관습에 의해 어려울 수도 있다. 조금은 다르게 생각해서 나이를 떠나 동료를 수평적으로 바라보고 친구 사이에 의견을 주고받는 것처럼 생각하면 어떨까? 원활한 커뮤니케이션에 있어 불필요한 허례의식을 벗는 것으로 바라볼 수 있는 반말은 소통에 있어 새로운 도전과 방식으로 고려해볼 만하다.

03

XYZ에게 보내는 편지

이제 XYZ가 서로에게 부디 이것만큼은 꼭 지켜주기 바라는 소통 키워드와 마음을 담은 편지를 작성해보고자 한다. 이 세상에 완벽한 소통은 없다. 하지만 서로를 이해하려는 노력은 분명 어제보다 더 나은 소통을 그리고 존중을 가능토록 만들어 줄 것이다.

	X가		Y가		Z가	
X에게 제안	성찰		경청		탈권위	
Y에게 제안	마이크로		거리 두기		신뢰/공감/위임	
Z에게 제안	존중		저항		소신	

X가 X에게: "Y와 Z의 말을 경청하고 성찰해서 조금씩이라도 변화합시다."

이제 X는 조직에서 윗사람이 많지 않습니다. 그러면서 이제 본인 편한 대로 마음대로 일을 처리하는 경우가 많습니다. 물론 주변에 조언을 해주는 후배도 있지만, 대부분은 그냥 별말 없이 따릅니다. 특히 팀장 등 직책자에게 조언이나 불만을 이야기하는 것이 쉬운 일은 아닙니다. 그래서 리더의 성찰이 무엇보다 중요한 시기입니다. 리더가 성찰하기 위해서는 여러 가지 소통의 방식이 필요합니다. "다 이야기해라" "편하게 이야기해라"라는 말만으로는 소통이 어렵습니다. 여러 가지 방법과 기회를 통해 정말 상대방의 이야기를 경청하고, 그들을 진정으로 이해하는 것이 먼저 필요할 것입니다. 그리고 진정한 성찰로 자신을 돌아보고, 상대방의 논리가 합리적이라면, 스스로 변화해야 합니다. 가장 안 좋은 모습이, 충분히 듣고 이해했다고 하고 바뀌지 않는 것이겠지요. 실제로 사람이 변화하는 건 매우 어려운 일이라 생각합니다. Y와 Z도 그것을 잘 알고 있을 것입니다. 하지만 성찰하는 사람의 태도와 행동은 분명 다르게 느껴질 것입니다. 그들과 소통하고, 경청하고, 그것들이 삶에 반영되도록 성찰하는 것이 그들이 바라는 것일 겁니다. 그래야만 후배도 진정한 소통을 시도할 것입니다. 혼자만 말하는 X, 듣지 않는 X, 들어도 화만 내고 오히려 뭐라고만 하는 X, 잘 알겠다고 하고 전혀 업무나 삶에 반영하지 않는 X와 소통하려는 Y와 Z는 없을 것입니다.

X가 Y에게: "Z를 더 세밀하게 육성해 주세요."

Y도 이제 조직의 중간 관리자, 팀장으로 성장하고 있습니다. 그래서 이제 본인의 육성도 중요하지만, 후배의 육성이 더 중요한 시기가 되고 있습니다. 많은 Z가 조직에 새롭게 들어올 거고 그들에게 많은 지원을 해주어야 합니다. 그들을 만났을 때, Z의 자라온 환경을 감안해서 보다 세밀하게 소통해 주세요. 물론 Y가 X에게 그렇게 육성되지 않았을 것으로 예상됩니다. X는 본인들이 배운 대로 큰 방향만 제시하고, 따라오는 사람은 같이 가고, 그렇지 않으면 같이 안 가고 그렇게 했을 가능성이 큽니다. X도 변해야겠지만, Y도 Z를 조금 더 이해하고 소통해 주세요. 그들은 대부분 외동으로 성장을 했으며, 대학 입시를 위해 부모님과 선생님의 많은 도움 속에서 학창 시절을 보냈습니다. 즉 많은 세밀한 지원을 받고 성장한 세대입니다. 그들이 이제 회사에 옵니다. 언젠가 그들도 성장하고 혼자 업무를 수행할 수 있을 겁니다. 그 시기까지 보다 자세하게 방향을 알려주고, 세밀하게 일정을 합의하고, 구체적인 아웃풋도 같이 논의할 필요가 있습니다. 많은 시간이 소요되고 더 많은 노력이 필요하겠지만, 이러한 마이크로 소통이 새로운 세대가 빨리 성장하고, 조직에 몰입하게 하는 가장 중요

한 요소 중 하나일 것입니다.

X가 Z에게: "X의 경험과 고생을 존중해 주세요."

Z가 보기에 X는 한없이 답답해 보일 수 있습니다. IT 기기를 잘 못 다룰 수도 있고, 빨리빨리 의사 결정 하지 못할 때도 있습니다. 하지만 20년 전 그들도 Z와 마찬가지로 조직에 신입으로 들어와서 새로운 X세대가 회사에 왔다며 윗사람들이 신선해했던 시기도 있었습니다. 하지만 20년 조직 생활을 하면서 X는 많이 변했습니다. 조직의 쓴맛도 많이 보고, 그래서 마신 술로 인해 이제 건강도 자신 없고, 40 중반이 되면서 기억력과 학습력도 현격하게 떨어지고 있습니다. 팀장 등 직책자라면 팀원들이 눈치를 보지만, 직책도 없는 X의 경우 무시를 당한다고 생각할 수 있습니다. 하지만 X도 아직 조직의 한 구성원으로 중요한 역할을 하고 있으며, 기존 세대와 달리 많이 열린 사고를 가지고 있습니다.

그래서 Z가 X랑 소통할 때는 최대한 그들의 현재를 존중해 주면서 하면 좋을 것 같습니다. 존중은 물론 상호 문제이며, X도 Z를 존중해야겠지요. 그래도 이제 갓 회사를 들어왔고, 아직 배울 것이 많은 Z가 어렵더라도 먼저 존중의 마음을 가지고 X와 소통하는 것이 필요합니다. 존중의 소통은 어려울 수도 있으나, 어쩌면 매우 간단할 수 있습니다. 본인의 생각과 많이 다르더라도 조직 생활의 경험으로 무언가 이유가 있을 거라 생각하고 더 들어주고 말하면 됩니다. 그리고 더 중요한 건 표정인데, 선입견을 가지고 X는 무언가 막힌 사고, 옛날 사고 방식을 가졌다는 표정으로 접근하기보다는, 열린 사고를 가지고 기대하는 표정으로 접근하시면 됩니다. X가 바라는 건 자신의 조직 생활이 인정받고, 앞으로 새로운 세대와도 잘 지내고 싶은 생각뿐입니다. 그리고 때론 진실한 마음을 가지고 마음에 있는 말(불만)을 해도 됩니다. 단 최대한 예의 바르고, 품위 있는 표정과 말투로. X는 그래도 우리들이 기존 세대와는 다른 개방성을 가졌다고 생각하니까요.

Y가 XYZ에게

Y가 X에게: "MZ 후배들의 목소리를 경청해주세요."

사실 X는 Y보다 조직 생활도 더 오래했고, 전문성과 경험이 저희보다 월등히 높다는 사실을 너무나도 잘 알고 있습니다. 때로는 든든하고, 또 존경합니다. 다만… 때때로 Y가 마음에 안 든다는 사실은 저희도 너무나 잘 압니다. 너무 자기주장이 강하고, 독립적이고, 조직에 헌신할 줄 모른다고 생각하실 수도 있습니다. 하려고 하는 의지나 열정이 부족해 보일 수도 있습니다. "에이 아니야~"가 아니라 만약 정말 그렇게 생각하신다면, 이에 해당하는 MZ세대 후배들에게 다정하게 물어봐 주세요. 혹시 무슨 문제는 없는지, 현재 하고 있는 일에 대해 얼마만큼 비전을 가지고 있고, 또 어떤 각오로 일하고 있는지. 조직이나 리더의 지원에 부족한 것은 없는지, X에게 어떤 불만이 있거나 혹은 어떤 도움을 필요로 하는지 등을 물어봐주세요. 그리고 경청해주세요.

요즘은 시대도 많이 바뀌고, 열린 X세대 선배님들이 조직에 많은 것 같습니다. 하지만 진심으로 MZ세대의 목소리를 경청하는 X는 생각보다 많지 않습니다. 경청은 앞서 말씀드린 바와 같이 상대방의 이야기 일부 혹은 전부를 수용하는 것입니다. 결국 MZ세대의 이야기가 현실로 발현되도록 도와주시는 것이 X의 경청입니다. 묻고 듣기만 하는 것은 누구나 할 수 있습니다. 물론 그들의 이야기를 다 들어줄 수 없다는 사실을 MZ 후배들도 이해합니다. 그럴 때에는 안 되는 이유에 대해 솔직하고 투명하게 이야기해 주세요. 그래야 소통이 됩니다. 요즘 세상이, 특히 기업 환경이 일부 기업, 조직을 제외하고 매우 어렵다는 사실을 저희도 잘 알고 있습니다. 그리고 든든한 선배, 리더인 X가 그 누구보다 잘 되시기를 진심으로 바랍니다. 다만 여유가 없을수록, 앞이 잘 보이지 않는 안개 길을 걷고 계신 것 같은 느낌이 드신다면 MZ세대들에게 솔직하게 말하고 도움을 구해주세요. 다시 한번 말씀드리지만, 경청하고 그 다음 행동해주세요. 만약 안 된다면 최소한 합리적인 이유라도 꼭 말씀해주세요.

Y가 Y에게: "소통에도 적당한 거리 두기가 필요해요."

이른 Y들은 이미 리더가 되었거나, 팀의 주무가 되었습니다. 곧 대리이거나, 이미 승진한 어린 Y들은 이제 사회생활이 이런 것이다 정도는 대충 알 것 같은 시기입니다. 직장 생애주기 중 가장 업무량이 많은 편이고, 전에는 보이지 않던 조직의 장점과 단점도 분명히 구분되어 보이는 시기입니다. 우선 같은 Y로서 '정말 고생이 많다'는 이야기를 드리고 싶습니다. 이제 제법 아는 것도 많아져서 1차, 2차 상사와의 회의나 보고 자리에서 적극적으로 의견을 개진하게 되는 시기이기도 합니다. 그리고 이때를 조심해야 합니다. 자칫 불필요한 이야기로 오해를 많이 받게 되는 시기이기 때문입니다. 그렇기 때문에 우리 Y는 리더와 적당한 거리 두기가 필요합니다. 심리적으로 멀어지라는 의미는 아닙니다. 다만 처음 만나게 된 옆 부서, 다른 회사의 리더처럼 대할 필요가 있습니다. 비즈니스 상황, 특히 리더와 팔로워의 관계에서는 말이죠. 신뢰하고, 친근한 리더일수록 더욱 젠틀하게, 업무적으로 소통하십시오. 그것이 장기적으로 우리 Y에 대한 해당 리더의 신뢰를 보다 높여줄 것입니다. 특히 사석에서 굳이 자신을 '형'이라고 부르라는 리더를 조심하십시오. 회사에서 실수로라도 '형'이라고 부르는 순간, 우리의 무례한(X가 생각하기에) 소통 빈도가 늘어나는 순간 해당 리더뿐만 아니라 같은 조직 구성원들까지 Y에 대한 부정적 레퍼런스를 간직하게 될 가능성이 높습니다.

다음으로는 후배들에게도 적당한 거리 두기가 필요합니다. 후배 Z와도 제법 말이 통하고, Y들도 요즘 유행에 매우 밝다 보니 통하는 것도 많습니다. Y도 인스타도 하고, 페이스북도 하고, 틱톡도 합니다. 후배 Z와 친해지고 싶은 마음에, 또한 멋진 선배로 거듭나기 위해 SNS 친구 신청을 하고, 게시물에 '좋아요'도 누르고, 다음 날 관련된 내용으로 대화를 이어 나간다면 후배의 마음은 어떨까요? 겉으로는 당연히 좋다고 말하지만 속으로는 매우 부담스럽고 싫어할 수 있습니다(물론 예외도 있지만, 가급적 조심하자는 의미입니다). 특히 특정 인물에 대한 평가를 Z에게 하는 경우는 없어야겠습니다. 후배가 나를 엄청 신뢰하고 좋아하는 것 같지만, 그건 사실 Y 혼자만의 생각입니다(의외로 이런 경우가 많습니다). 이러한 뒷말이 후배의 동기, 그 동기의 선배, 리더에게 이어져 언젠가 부메랑처럼 돌아오는 경우가 은근히 많습니다. 그럼 친해지지 말라는 이야기이냐? 아닙니다! 오히려 업무적으로 가까워지시면 좋습니다. 물론 절대적인 경험과 시간이 필요하겠지만, 후배의 성장에 도움이 될 만한 조언(당연히 업무 관련), 스킬, 지식 등은 적극적으로 공유해주세요. 업무 역량 향상에 도움을 주는 커뮤니케이션은 후배 Z가 가장 좋아하는 소통 중에 하나입니다. 그리고 말하기 전에 먼저 들어주세요. 그거면 충분합니다.

Y가 Z에게: "건전한 저항은 언제든 환영입니다."

보통 사회 초년생, 신입사원들의 목소리는 환영받지 못합니다. 아직 조직, 업무적인 경험과 이해가 부족할 수밖에 없기 때문에 Ideation을 제외한 대부분의 업무 프로세스에서 배제되거나, 참여도가 적을 수밖에 없습니다. 대학교 신입생 때를 생각해보세요. 어떤 교수님과 수업이 나에게 필요할지, 어떤 내용인지, 무슨 도움이 되는지 해당 수업을 듣기 전까지는 모릅니다. 그렇기 때문에 선배나 커뮤니티를 통해 해당 수업과 교수님에 대한 정보를 접하긴 하지만 이 역시도 주관적인 요소가 많습니다. 아끼는 후배들에게, 특히 사회 초년생인 친구들에게 제가 항상 하는 이야기가 있습니다. 바로 '너무 조급하게 생각하지 말라'는 말입니다. 혁신의 아이콘 스티브 잡스든, 현실판 아이언맨 엘론 머스크든 새롭게 합류된 조직에서, 그것도 처음 하게 되는 일이라면 여러분과 별반 다르지 않습니다. 처음부터 너무 잘하려고 할 필요 없습니다. 그저 Z께서 할 수 있는 만큼만, 최선을 다해주시면 됩니다. 잘하지 못해도 상관없습니다.

다만 이렇게 이야기해도 자기효능감이 높은 Z세대 후배님들께서는 당연히 지는 것을 싫어하고, 무엇이든 빨리 잘하고 싶은 마음에 끊임없이 부딪치고, 상처받을 것입니다. 그렇다고 여러분의 '저항' 본성을 감추지는 마십시오. 아닌 것은 아니라고, 말하고 싶은 아이디어는 바로 지금 이야기해주세요. 물론 당신의 목소리가 그들에게는 귀찮을 수 있습니다. 그렇다고 여러분이 침묵하는 순간 조직의 건강한 소통은 사라집니다. 앞서 구찌의 그림자 위원회와 같은 여러분의 이야기를 귀담아 듣는 어른이, 리더가, 선배가 없다고 해서 포기하지 마십시오. 그러면 언젠가는 여러분의 신념과 아이디어가 선배들에게 전달될 때가 올 것입니다. 그렇게 그냥 듣기만 하고, 시키는 것만 해내는 임직원이 아니라 남다른 소신과 신념을 가진 Z가 되어주세요. 그런 여러분들이 조직을 변화시킵니다. 결국에는 여러분들이 미래 조직, 회사 성장의 주역입니다.

 ## Z가 XYZ에게

Z가 X에게: "권위에서 내려와 눈높이를 맞춰주세요."

탈무드에는 두 가지의 가르침이 있다고 합니다. 첫째는 '잘 배우는 것', 둘째는 '권위를 인정하지 않는 것'이라고 합니다(『탈무드형 인간의 끝없는 도전』, 김하). Z가 X에게 바라는 소통의 방식은 두 번째 가르침에 더 가깝습니다. X와의 소통이 어렵다고 생각하는 이유는 지위에 따른 부담감이 크기 때문이죠. 사회에 갓 발을 내디딘 신입사원인 우리에게는 부모님 세대와 비슷한 X와 어떤 이야기를 주고받아야 할지가 큰 난제입니다. 권위에서 내려와 눈높이를 맞춰 주신다면 더 편하게 소통할 수 있을 것입니다. 무엇보다 서로가 머리를 맞대고 함께 일해야 하는 상황에서 권위가 사라진다면, 두 세대 간에 활발한 논쟁이 이루어질 수 있을 것이라 믿습니다. 개혁자들이 공통적으로 주장하는 것도 바뀌려면 권위가 가장 먼저 사라져야 한다는 것입니다. 함께 조직에서 멋진 변화를 이룩하기 위해 소통의 방해물인 권위를 먼저 허물어 주시길 바랍니다. 생각보다 어렵지 않습니다. 복도에서 마주칠 때면 "스테끼 썰러 가자." 이런 제안도 먼저 가볍게 해주신다면 Z와의 소통은 이미 반절은 성공한 셈입니다. 적극적으로 X에게 의견을 제시할 수 있도록 탈권위의 소통을 바랍니다. 탈무드의 첫 번째 가르침인 잘 배우는 것은 Z가 X와 소통할 때, 마음가짐으로 행하겠습니다.

Z가 Y에게: "Z를 믿고 위임해주세요."

조직에서 Z의 사수는 대부분 Y입니다. 그만큼 옆에서 조직에 적응할 수 있도록 가장 잘 챙겨주고, 업무에 대한 많은 가르침을 주는 감사한 분입니다. 하지만 때로는 가장 어려운 분이기도 합니다. 너무 밀착되어 일을 해서 그런 걸까요? 독립성이 강한 Z이다 보니 족집게 과외가 조금은 불편합니다. 어느 정도 배우고, 가이드라인을 주셨다면 Z를 믿고 위임해주는 소통은 어떠할까요? 물론 답답하거나, 즉시 이야기하고 싶은 것이 있을 수 있답니다. 조금 더 빠르게 결과물에 도달하기를 바라시는 마음에 그러신 걸 알지만, 그때그때 해주시는 피드백은 Z의 자신감을 떨어트리기도 합니다. 조금만 참고 기다려주시면 Z도 보여주신 신뢰와 참을성에 대한 보답을 멋진 업무 결과에서 가져올 것입니다. 위임은 권한을 떠맡기는 것이 아니라 Z의 잠재력을 믿는다는 신뢰를 보여주는 소통입니다. Y님, 멋진 코치로서 후배 Z가 선배 Y처럼 성장할 수 있도록 도와주시기 바랍니다.

Z가 Z에게: "용기 내어 소신의 발언을 해주세요."

SNS 혹은 친구들에게 사회 이슈, 개인의 취향 등에 대한 발언을 하는 것이 어렵지 않고 낯설지 않은 우리입니다. 그런 Z에게 큰 난관이 생겼습니다. 회사 생활에서의 소통이 시작되었기 때문이죠. Y인 사수뿐만이 아니라 부모님과 비슷한 세대인 X까지 어떻게 의견을 전해야 할지 깜깜합니다. 우리가 생각하기에 조금 아닌 것 같으면서도, 이것만 바꾸면 트렌디해질 것 같은데 기분 나쁘지 않게 전할 수 있는 방법에 대해 그 누구도 알려주지 않았죠. 자율성을 발휘해서 뭐 좀 해보려 하면 걱정부터 하는 선배들. 감사한 마음도 있지만 감시당하는 느낌도 배제할 수는 없었죠. 그런 우리에게 필요한 것은 '소신'입니다. 이럴 때일수록 소신 있게 본인의 생각을 동료, 선배에게 전해보세요. 여기서 필요한 것은 근거 있는 주장입니다. 본인의 생각을 말하는 것은 좋지만, 그렇게 생각하게 된 근거를 함께 전달하는 것이죠. 말을 하지 않으면 본인의 견해로 판단하는 것이 인간의 본성이기에 논리를 갖춰 전달해야 합니다. 처음은 어렵지만, 막상 이야기해 보면 함께 들어주려고 노력하는 선배들도 있습니다. 함께 용기를 내어 선배에게 신한 자극을 줄 수 있는 소신의 소통을 Z가 보여줄 때입니다.

응답하라 XYZ!

서로 다른 시대를 살아왔던 우리! 추억 속 시간 여행을 떠나보자!

XYZ가 주관적으로 선정한
BEST 애니메이션

X   〈은하철도 999〉. 일요일 아침만 되면 특유의 주제가와 함께 시작했던 애니메이션, 철이와 메텔이 떠나는 여행이야기가 무언가 신비로운 분위기를 주었다. 얼핏 보기에 성인 만화 같지만, 아동만화였던, 애니메이션이 참 인상적이었다.

Y   〈웨딩피치〉가 가장 인상적인 애니메이션이었다. (스포 주의) 만화영화답지 않게 매우 짜임새 있는 구성, 스토리를 가지고 있다. 특히 극 중 순둥이 남주(골키퍼)의 정체가 사실 강력한 악마의 핏줄이라는 반전, 그리고 회오리 등장 신에 브금 ᴮᴳᴹ은 아직도 Y의 심장을 두근거리게 한다.

Z   〈개구리 중사 케로로〉교과서 뒤쪽에 케로로 스티커를 모은 추억이 다들 한 번쯤은 있을 것이다. 레어 스티커를 모으기 위해 케로로 빵을 얼마나 먹었던지. 아직까지 케로로 빵의 종류는 다 꿰고 있을 정도로 즐겨 먹었던 추억.

XYZ가 주관적으로 선정한
BEST 영화

X 〈접속〉이다. PC통신이 유행이었던 시절, 새로운 연애 방식이 많은 이슈가 되었다. 애절하면서도 세기말의 우울한 느낌과 무언가 희망적 메시지가 절묘하게 조합한 영화였음. 이 영화는 사실상 아날로그에서 디지털로 전환되는 세대 중간의 영화였음.

Y 〈태극기 휘날리며〉이다. 아마도 대학교 신입생, 군 입대 전에 봤던 것으로 기억한다. 당시 동성 친구와 함께 극장에서 봤는데 형 역할의 장동건이 장렬하게 전사하고, 이후 할아버지가 된 원빈이 형의 묘지에서 흐느낄 때 필자와 친구는 오열했다(이후 극장을 나오며 서먹해졌다).

Z 〈해리포터〉이다. 이 시리즈와 함께 커왔고 졸업한 우리. 〈해리포터와 불의 잔〉을 보며 부모님께 해리포터 마술 세트를 사달라고 졸랐다. 시리즈가 끝날 때쯤 '나 또한 어른이 되었구나.'라는 생각에 씁쓸했다. 그리고 얼마 전 〈해리포터와 불의 잔〉이 4D로 나와 다시 보며 추억의 눈물을 흘렸다. 동생들은 해리포터의 동생 격인 〈신비한 동물사전〉을 볼 테지.

XYZ가 주관적으로 선정한
BEST 드라마

X 〈**모래시계**〉는 90년대 최고의 시청률을 자랑하며, 귀가 시계라는 별명과 함께, 모든 직장인과 대학생을 집으로 귀가하게 했던 드라마다. 한국의 어두운 역사를 그린 내용과 함께, 각 주인공의 연기와 대사가 여러 해 회자되었다. 특히 최민수의 "나 떨고 있니"라는 대사는 아직도 명대사로 남아 있다.

Y 학업적으로 가장 중요한 고등학교 시절, 야간 자율학습을 유일하게 빠질 수 있게 만들어 준 국민 드라마, 바로 〈**야인시대**〉였다. 구마적과 김두환이 싸우는 날에는 선생님도 기꺼이 귀가를 허락해주셨던 기억이 난다. "나는 야인이 될 꺼야~"라는 배경음악이 아직도 선하다.

Z 〈**꽃보다 남자**〉 F4와 금잔디가 등장했을 때 우리에게는 혁명이었다. '워워 파라다이스' 아직도 귀에 선명히 들리며 흥얼거리는 OST, "흰 천과 바람만 있으면 어디든 갈 수 있어."와 같은 주옥같은 명대사. 지금도 친구들과 〈꽃보다 남자〉로 한 시간은 수다를 떨 수 있을 정도로 우리 시절 최고의 드라마다.

XYZ가 주관적으로 선정한
BEST 연예인

X **심은하.** 드라마 〈M〉과 〈마지막 승부〉에 나왔던 심은하는 연기를 오래 한 것은 아니었지만 강력한 인상을 주었다. 특히 〈마지막 승부〉에서 심은하가 연기한 다슬이는 국민 여자 친구란 말을 들을 정도로 전국적인 인기를 누렸다. 매번 연기력이 늘어가면서 국민 여배우로 성장하였고, 영화 〈8월의 크리스마스〉에서는 정말 연기의 절정을 보여주었다. 그러나 짧은 연기 생활만큼 강한 인상을 남기고 사라졌다.

Y 고등학생 때까지는 분명히 **전지현**, 이후에는 **이효리**가 대세였다. 적어도 남학생에게는 그렇다. 영화 〈엽기적인 그녀〉 이후 전지현은 그야말로 국민 여배우였고, 이효리는 솔로 활동 후 히트를 쳤다. 남자는 원빈, 강동원, 소지섭 3대 천왕이 존재했던 것 같다.

Z **동방신기.** 아직도 노래방 가면 부르는 오빠들의 노래. 요즘은 동방신기라 하면 모르고 정윤호, 심창민이라고 해야 안다는 사실에 꽤나 슬펐다. 반에서 카시오페아 아닌 친구를 찾기가 힘들었을 정도로 우리 어린 시절 최고의 스타 동방신기. 수학여행 장기자랑 18번은 원더걸스 'Tell me'.

XYZ가 주관적으로 선정한
BEST 게임

X 스타크래프트. 대학교 때인 97년 인터넷이 전국에 퍼지면서, 온라인 게임의 폭발적인 시작을 알린 게임. 그 전에 삼삼오오 당구를 치던 모든 대학생을 PC방으로 모이게 하여 여가 패턴을 완벽하게 변화하게 한 게임. 현재 PC방의 확대를 가능하게 했으며, 친구들의 친목 기준이 아날로그에서 디지털로 전환되는 계기가 됨. 남자 대학생 대부분이 할 줄 아는 게임이며, 다른 것과 마찬가지로 세기말의 우울한 느낌이 그대로 전해지는 게임이었음.

Y 본격적으로 중학생 때부터 PC방이 붐을 이뤘고, 당시 가장 사랑을 받았던 게임은 스페셜 포스였다. 승부가 나는 데 그리 오랜 시간이 걸리지 않았고, 이른바 캐쉬템이나 레벨에 영향을 받지 않았기 때문에 누구나 손쉽게 접근할 수 있었고, 함께 소통(?)하며 단합해야 하는 게임이었다. 처음으로 현피를 경험할 뻔했던 바로 그 게임.

Z 카트라이더(모바일). 초등학생 시절 PC방에서 친구들과 4:4로 겨루었던 추억의 게임. 모바일화가 되어 다시 돌아왔다. PC에서 하던 버전이 손쉽게 모바일에서도 구현되니 다시 한번 푹 빠졌다. 친구들과 클럽을 만들어 게임 내 탑재되어 있는 기능인 마이크를 켜고 달릴 때 그 짜릿함. 모바일 게임에 현질을 한 최초 게임.

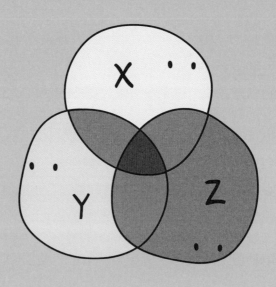

XYZ가
함께 만드는 문화

기업 가치 10억 달러 이상을 만들어낸 스타트업 기업들을 우리는 유니콘이라고 부른다.

그들은 대기업에서 일하는 그 어떤 사람들보다 능력자이다. 그리고 그들의 실력 중심에

는 '주인의식'이 있다. 대다수의 스타트업은 창업자가 소수의 직원을 일일이 신경 쓸 여유

가 없다. 각자가 자율성을 가지고 결정할 수 있는 조직 문화만이 존재한다. 아마도 야근이

가장 많은 유형이 바로 스타트업일 것이다. 대신 불필요한 권위, 비효율을 과감히 버릴 수

있다.

01

**기.까.몰:
기업은
까 보기 전엔
모른다**

겉보기에 수평적 조직 문화에 우수한 복지, 원대한 비전을 가진 기업을 보면 '아 나도 저 회사에서 일하고 싶다.'라는 생각이 저절로 들곤 한다. 최근 신입, 경력 입사자들은 직장인들의 유일한 행복인 월급(연봉)도 중요하지만, 해당 회사와 스스로의 성장 가능성, 복리후생 등 조직의 문화를 중요시한다. 하지만 부푼 꿈을 갖고 입사한 조직은 겉으로 보던 것과 매우 다른 경우가 존재한다. 이른바 '정보의 비대칭성'이 여기서도 발생한다. 하지만 간접적으로 확인할 방법이 있다. 바로 실제 해당 기업 재직자들의 목소리를 엿보는 것이다. 다음은 우리가 유년기 한 번쯤 꼭 읽어보았을 전래 동화 속 이야기이다.

귀가 마치 당나귀 귀처럼 큰 임금이 이것을 숨기기 위해 국내 최고의 갓장이를 불렀는데, 모자를 만드는 과정에서 임금의 비밀을 알게 되었지만, 그 누구에게도 이야기하지 못했던 그는 한밤중 뒷산 대나무 숲에서 이렇게 외친다. "임금님 귀는 당나귀 귀~~~!!!"

회사 생활을 하다 보면 내가 겪었던 조직의 문화, 제도, 복리후생, 사람 등 다양한 경험과 감정, 생각을 다른 이들과 공유하고 싶을 때가 많다. 그리고 다른 이들의 생각도 확인해보고 싶은 욕심이 생긴다. 우리가 하루 중 가장 많은 고민과 시간을 보내는 장소가 회사이며 다양한 이해관계자와 하루에도 수많은 감정과 이벤트가 발생하는 곳이니 오죽하겠나. 특히 현재 자신의 처지가 매우 어렵고, 마음을 의지할 수 있는 리더, 동료가 부재한 상황이라면 더욱더 그러하다.

한편 이런 회사원들의 니즈에 부합하는 애플리케이션이 속속 등장하기 시작했고, 이 중 가장 대표적인 SNS 플랫폼 중 하나로 '블라인드'가 있다. 블라인드는 2013년 혜성처럼 등장해 국내 직장인들의 일종의 'SNS 대나무숲'이 되어 주었다. 실제 재직 인증 절차(사내 메일 인증 방식)를 마친 직장인들이 자신과 타인의 회사 제도, 사람, 일하는 방식, 조직의 문화에 관해 이야기를 나누고 별점을 남기기 시작한 것이다. 2019년 연말 기준 한국은 약 4만여 개 회사, 200만 명의 재직자가 서비스를 이용했으며 미국은 약 8만여 개의 회사에서 총 50만 명의 직장인들이 해당 서비스를 사용하고 있다. 철저한 익명성의 이 SNS는 지엽적이고 자극적인 의견도 일부 존재하지만, 그만큼 진솔한 생각과 충분한 데이터로 비교적 신뢰도가 높은 해당 기업의 평가, 연봉 등을 확인해 볼 수 있다.

이번 장에서는 조직 문화 측면에서 발생하고 있는 실제 기업의 문제점을 살펴보고 함께 고민해보면서 시작하려 한다. 앞서 언급한 대나무숲 아니 블라인드에서 작성일 기준 최근에 게시되었고, 많은 뷰와 공감을 가지고 있는 실제 사례들을 통해 대표 기업들의 실제 문화를 살펴보고, 함께 더 나은 조직 문화를 만들기 위한 고민을 XYZ가 함께 논의해보고자 한다(앞서 리더십 파트의 '경험 관리 리더십'을 먼저 읽고 함께 생각해 본다면 더욱더 흥미로울 것이다).

※ 해당 기업과 작성자의 익명성 보호를 위해 일부 내용을 수정하였음을 말씀드립니다.

1 | 일하는 방식 관련 사례

○○○ 안쓰럽네요.

현재 프로모션 중인 신제품/서비스 포스터를 올려놓은 상황)

👤 "아니 뭐 이런ㅋㅋㅋ", "근데 진짜 볼 거 없더라", "최소 부장급 이상 아이디어…", "와, 생각 없이 막 던지는 것 진짜 많다", "그냥 건수로만 평가받으니 무리수"

👁 8,817　👍 17　💬 62

X

아니 정말 기분 나쁜 이야기임. 직장 생활 20년 한 감각으로 한 것인데 이렇게 막 이야기하는 어린 친구들이 참 걱정이 된다. 다 그렇게 만든 조직 차원의 이유가 있었을 것이다. 그리고 자기네들이 하면 더 잘할 수도 없으면서, 온라인에서 이야기만 막 하는구먼….

Y

해당 내용, 댓글만 봐도 아이디어의 질보다는 양으로 평가받는 제도와 특정 직급, 인물의 의견만 중요시되는 특유의 일하는 방식이 딱 봐도 예상된다. Gore & Associates처럼 아이디어 제안자에게 리더의 역할 및 프로젝트 수행 권한을 일임하고 그 결과를 평가하는 방식 등 모두가 납득할 수 있는 보다 효과적인 방식이 있을 텐데….

Z

이런 글을 볼 때마다 너무 속상하다. 한 팀이 되어 열심히 일한 사람들은 얼마나 더 답답할까. 그들이라고 자신의 의견을 내지 않았을까? 물론 냈을 것이다. 그들의 의견은 반영되지 않고 윗사람들의 의견만이 그대로 반영된 결과물. 듣지도 묻지도 않을 거면 왜 함께 일하는 것인지. 한 팀으로 속해 있는 자들까지 부끄럽게 만드는 것이다. 막 던지실 거면 우리도 막 던질 기회를 주시길…. 의견이 조금이라도 반영되었다면 결과는 달라지지 않았을까?

2 | 보상 관련 사례

경영진은 역대 배당금, 하지만 우린…

언론에서 발표되는 오너의 배당금은 최고 수준인데, 직원 연봉 설명회에서는 왜 항상 회사가 힘들다고 어필하는지 모르겠음.

👤 "배당금은 전년비 ○○% 인상, 직원 기본 연봉은…", "이게 회사냐?", "어차피 직원들은…(영화 〈내부자들〉 명대사 中)"

👁 5,563   👍 40   💬 41

👤 X

배당이란 개념은 일단 주식회사 주주들에 대한 기본 권리이다. 배당이 잘 이루어져야 주식이 매력이 있고 주주들을 더 모을 수 있다. 하지만 오너도 주주도 배당이 많은 것도 중요하지만, 직원도 연봉을 많이 받는 구조가 되도록 내부 보상 체계를 만들어가는 것이 필요하다. 즉 인센티브 제도가 사전에 먼저 공유되고 그 약속이 지켜져야 할 것이다. 보상 체계를 만들어 갈 때도 직원들의 합의가 필요할 것이다.

Y 👤

기업은 가상의 개념이지만 사람은 실재한다. 회사(會社)는 말 그대로 필요한 인재를 모으고(會), 또한 모이는(社) 곳이다. 시대도 고객도 직원들도 세대가 바뀌었다. 그저 희생만을 강요하는 예전 방식은 이제 더 이상 통용되지 않는다.

👤 Z

너네는 신입이니까 이 정도 감수해. 그럼 저희는 어떤 동기부여로 일하죠? 가장 많은 희생을 강요당하면서 돌아오는 것은 가장 적은 공정하지 못한 분배. 나중에 너희 차례가 올 것이라는 기다림은 무의미. 그때 내가 있을지 없을지도 모른다. 지금, 한 만큼 인정받는 공정한 나눔이 이루어지지 않는다면 조직에 내가 남을 이유가 무엇인가.

3 | 근무시간 관련 사례

인사팀아 보고 있니?

일주일에 70시간 넘게 일하는 것 같은데 초과 근무 수당도 못 올리고… 外

👤 "그런 것 신경도 안 씀 인사팀은 ㅋㅋㅋㅋ", "이러다 누구 하나 죽어야 화제가 되고, 또 그렇게 묻힐 것이다", "아니 무슨 팀인데 그렇게 일을 많이 하냐"

👁 3,980　👍 12　💬 7

X

> 70시간 이상 근무하는 건 문제가 있는 건 사실이다. 주 52시간 시대에 분명 문제가 있다. 당연히 주 52시간에 맞게 인원 충원이나 업무 조정이 필수이기는 하다. 단 이런 문제는 회사 익명 게시판에 올려 욕하지 말고, 팀장에게 지속적으로 문제를 알리고 사전 상의해서 해결함이 좋다고 생각한다.

Y

> 아마도 상기 내용은 기업의 수익성 강화 과정(설비의 자동화나 프로세스 및 비효율의 개선 등)에서 인원 감소로 인한 업무량 과중으로 생각된다. 여기서 대부분의 조직에서 발생하는 문제점은 효율화 과정이 아직 충분히 작동되지 않거나, 혹은 시작되지도 않았는데 무작정 인건비 절감 목표를 위해 사람부터 줄이는 행위로 시작된다. 떠나는 사람도 안타깝지만 남아있는 사람 역시 기존의 모든 일을 해내야 하니…(말잇못).

Z

> 허울만 좋은 주 52시간제. 출퇴근 시간을 눈치 안 보고 딱 지킬 수 있는 조직이 얼마나 될까 의문이다. 삼십 분에서 한 시간은 추가로 일하는 게 다반사다. 그런데 야근까지 마음대로 올릴 수 없다니. 인사팀한테 정식으로 항의하자니 내가 나서서 말하기도 그렇다. 이런 답답함은 커뮤니티에서나 풀 수 있지 않은가? 힘없는 초짜는 오늘도 그저 눈치만 볼 뿐이다.

4 │ 다양성 관련 사례

X

조직에서 가장 해결 어려운 것이 상대적 박탈감인 듯하다. 열심히 일한다고 생각하는 직원에게 덜 열심히 하는 직원은 박탈감을 가져오게 한다. 리더는 최대한 형평성을 가지고 직원들을 대하고, 조직 내에서 어려운 사람을 지원해야 한다. 하지만 리더는 사람 관리 말고 성과 관리도 필요하다. 임신한 직원은 보다 성과를 낼 수 있게 하고(성과 관리), 주변 직원들은 그 직원을 고려하도록(사람 관리) 하는 리더의 역할이 필요하다.

Y

정말 안타까운 반응이다. 이런 의견이 나왔고, 또한 공감했다는 것 자체가 해당 회사가 가지고 있는 문화를 도드라지게 나타내고 있다. 다양성에 대한 존중과 배려 따위는 생각할 수도 없을 정도로 숨 막히는 성과 강요, 90년대식 조직 문화가 예상된다.

Z

왜 '임산부'라는 타이틀이 도드라지는 것일까? 그 사람이 일을 게을리하는 것일 수는 있다. 그러나 임산부가 문제인가? 그냥 그 사람 자체를 비난하는 것은 받아들일 수 있다. 그러나 임산부라는 특정 상태를 지칭하여 잘못되었다는 식의 비난은 지양해야 한다. 비단 임산부뿐만이 아니라 개인의 고유 영역(성, 종교, 장애 등)과 연관하여 평가하는 것은 시대를 역행하는 후진적인 문화이다.

5 | 복리후생 관련 사례

10년 근속 선물

모 회사는 10년 근속 선물로 1,000만 원 카드 지급한다던데 우리는 뭐 주냐?

👤 "50만 원", "상패, 퇴직 압박", "종이 쪼가리", "권고사직 후보리스트 등재", "부럽당", "우린 쓰레기 같은 잠바 주던데", "질병을 줌", "우린 아무것도 안 줌"

👁 7,357　👍 16　💬 22

X

그래도 회사에서는 짧게 일한 사람보다는 조직의 로열티 차원에서 최소 10년 이상 근무한 직원에게 무언가 보상을 주는 것이 바르다고 생각한다. 짧게 근무한 분도 조직에 도움이 되지만 10년 이상 근무한 사람은 조직 입장에서 참 고마운 존재이다. 그렇다고 5년 정도 근무한 사람은 너무 많아 보상하게 되면 회삿돈도 많이 들고 희귀성도 부족해 보인다.

Y

앞서 장기근속 기준을 변경해야 한다고 언급했던 케이스와 일맥상통하는 사례이다. 장기근속의 개념도, 일하는 구성원들도 바뀌었는데 10~20년 넘게 기존 기준과 방식을 유지하고 있는 기업들은 도대체….

Z

근속 선물은 사실 남의 나라 이야기 같다. 한 조직에서의 근속 기간이 급격히 짧아진 우리에게는 무의미한 상이라고나 할까? 물론 우리 윗세대들의 로열티에 대해서는 충분히 인정한다. 하지만 내게 욕심이 나는 상일까 하는 의문에서는 회의적이다. 근속 선물보다는 승진 선물을 좀 더 크게 주는 것이 동기부여, 축하 측면에서 더 합리적이라고 생각된다.

6 | 반반차 사례

반반차 도입의 필요성

반반차 하면 좋은데 회사에서는 인정해주지 않네요.

👤 "그냥 자율 출퇴근제 도입하면 됨", "반반차는 없어요", "반반차 쓰는 곳 보니 좋아 보임. 금요일에 반반차 쓰고 다 집 감", "그냥 시간 단위로 씁시다", " 한심한 XX", "반반차가 나쁠 게 있나요?"

👁 1,502   👍 20   💬 17

X

반반차는 필요 없다는 생각이 든다. 그냥 반차로 해결하면 되고 2시간 미만은 리더랑 잘 협의해서 쓰면 되지 않나? 회사에서 그 정도 리더 권한은 있지 않나? 진짜 나중에는 시간 단위 휴가도 이야기할 듯하다.

Y

연차(휴가)는 회사가 선심 쓰며 주는 것이 아니라, 근로기준법에 명시된 권리이다. 오히려 리더가 신임하는, 혹은 권력 발휘 수단으로 자신을 잘 따르는 구성원에게만 특혜(그래, 일찍 들어가 봐! 시간도 애매하니 연차는 안 올려도 돼!)를 제공해주는 것이 조직에는 더 큰 문제이다. 그러한 이유로 최근에는 많은 회사에서 이 반반차를 도입하고 있는 추이라 생각된다.

Z

Y의 의견대로 명백한 권리이다. 하지만 조직에서 정정당당하게 요구하면 욕을 먹는다. 그렇기에 더욱 제도화하여야 한다. 당연한 권리를 행할 수 있음을 보장해야 눈치 보지 않고 누구나 당당하게 사용할 수 있다. 천편일률적으로 행하는 근태는 다양한 조직, 구성원에게 맞지 않는 방법이다.

7 | 재택근무 사례

코로나로 재택근무

30프로 재택이라는 다음 주 재택은 어떻게 되는 건가요?

👤 "필수 인력은 재택 안 된다", "과장 이상은 다 필수 인력이다", "너를 희생시켜 회사를 지켜라", "전체가 아니면 고과 낮은 애들 재택시켜라", "우리는 재택이 포상이다", "팀 장이랑 잘 이야기해 봐"

👤 X

재택은 보상도, 고과 낮은 사람을 위한 제도도 아님. 리더가 업무에 따라, 개인 상황에 따라 재택을 결정하여야 함. 물론 코로나와 같이 특수 상황인 경우 형평성도 고려해야 하며, 코로나 이후에 일상에서의 재택은 업무 기준에 따라, 내부 규정에 따라 철저하게 계획되고 실행되어야 한다. 재택은 단순 유행이 아닌 대세가 될 수도 있다.

Y

관련하여 특정 직급, 관리자는 의무적으로 출근하라는 커뮤니케이션이 이루어지는 바로 그 순간부터 리더의 성향은 두 가지 형태로 발현되는 것 같다. 구성원을 신뢰하는 리더와 그렇지 못한 리더로 말이다. 아마도 해당 조직의 경우 리더─구성원 간 충분한 신뢰가 이루어지지 않았고, 자율적 업무 수행이 불가하다는 리더의 판단도 어느 정도 존재할 것이다. 또한 비대면 환경에서 기존 업무 수행이 당연히 불편하다. 새로운 변화에 적응이 빠른 팀 그리고 리더는 재택근무의 효율성을 십분 활용했을 것이다. 그렇다고 리더의 문제만은 아닐 수도 있다(구성원 관리가 쉽지 않은 조직, 대면 필수 조직의 경우).

👤 Z

재택은 장단점이 동시에 존재한다. 출퇴근 시간을 아끼고, 집에서 편하게 일한다는 장점은 분명하다. 하지만 아직 업무가 익숙하지 못한 우리는 출근하여 어깨 너머로 선배에게 배우는 것도 필요하다. 특정 기준 없이 매주 왔다 갔다 하는 재택근무 규정 때문에 업무 효율이 더 떨어지는 것 같다. 이럴 때일수록 빠르게 판단하여 명확한 규정이 공유되어야 한다.

8 | 복장 자율화 사례

남자 직원 반바지 허용되나요

복장 자율화 이후 남자가 반바지 입는 것이 가능한가에 대한 의견

👤 "자유로운 복장은 창의적인 조직 문화 조성", "가능하고 바로 나가서 사 입어도 됨", "반바지 입으면 팀장이 뭐라 한다", "털복숭이들 볼 생각에 기분이 나쁘다", "반바지하고 창의력하고 뭔 상관"

👁 2,160 👍 5 💬 9

X

복장 자율화가 된 회사는 대부분 복장이 가능하다고 생각한다. 하지만 남에게 불편함을 줄 정도는 문제가 있다고 생각한다. 남자의 반바지가 애매한데, 사람에 따라서 아직은 불편함이 있는 복장이다.

Y

개인적 자율성을 침해하는 회사의 범주가 어디까지인가를 가장 잘 보여주는 사례라고 생각된다. 분명 통일된 복장을 강요하는 구시대적 정책에는 Y 역시 부정적인 입장이나, X의 의견처럼 타인에게 불쾌감을 준다거나, 과도한 노출로 민망함을 선사하는 복장은 부적절하다고 생각한다. 특히 회사를 대표하여 고객을 만나는 미팅, 회의 시에는 조금 더 포멀한 복장을 입을 필요도 분명 존재한다고 생각한다.

Z

복장 자율화를 규정하였으면 눈치를 주면 안 된다. 물론 외부와의 미팅에서는 톤 앤 매너를 지켜야 한다. 하지만 회사 내에서는 개인의 복장이 업무에 지장을 주지 않는다면 자율성을 보장해야 한다. 복장에 대해 이러쿵저러쿵하는 것은 괜한 트집을 잡는 것처럼 느껴진다.

9 | 직장 내 괴롭힘 사례

직장 내 괴롭힘으로 힘이 듭니다

직장 내 같은 팀원이 상사에게 나를 욕하고, 나에 대한 나쁜 소문을 내고 다님. 바보 취급함

👤 "업무 실력으로 한번 반격하는 게 답", "조금만 더 참으세요, 그러면 기회가 옵니다", "바보라 하면 바보인 척 했음", "윗사람하고 더 친해져야 함", "정 힘들면 퇴사해", "인사랑 면담해"

X

직장 내 괴롭힘 방지법도 발포되었기 때문에, 이제 리더는 직장 내 괴롭힘도 관리해야 함. 옛날처럼 시간이 지나면 해결될 거란 생각을 하면 안 되고, 적극적으로 내부 구성원을 면담하고 관리해야 함. 단 면담 시 진짜로 괴롭힘을 받는 건지, 윗사람에게 피해를 주고 싶어 하는지를 냉정하게 판단할 필요가 있고, 모든 조직 생활이 쌍방이라는 생각을 가지고, 괴롭힘을 주는 것으로 지목된 사람도 같이 면담을 해야 함.

Y

나를 험담하는 동료뿐만 아니라, 객관적인 판단 없이 수용하는 리더, 선배에게 책임이 더욱 크다. 현실에서는 저런 상황에서 대부분 답이 없다. 인사 부서이든, 2차 상사이든 전체 구성원을 관리하기보다는 몇몇 리더들을 통해 조직을 진단하고, 이들의 레퍼런스를 체크하는 정도에 머무르는 것이 현실이다. 참 어려운 문제이다. 학교뿐만 아니라 회사, 나아가 우리 사회에서 타인을 비방함으로써 자신의 자존감을 높이려는 사람들은 어느 곳에서나 존재한다. 그렇기에 조직의 문화, 제도적 측면(평가, 인력 운영 등)에서의 충분한 진단과 고민이 필요한 것이다.

Z

함께 일을 하기 위해 모인 공간에서 누군가를 모욕하고, 소외시키는 것은 참으로 못난 행동이다. 사람이 모인 것이기에 갈등은 존재할 수 있다. 이를 해결하려 하지 않고 편을 먹고, 괴롭히는 것은 성숙하지 못한 행동이다. 법이 제정되었음에도 불구하고 이와 관련된 문제는 지속해서 발생하고 있다. 리더는 더욱 명백하게 이를 다잡아야 한다. 리더가 아니더라도 이를 주변에서 신고하고, 해소할 수 있는 창구를 더욱 분명하게 마련하여야 한다. 고발에 따른 불이익을 당하지 않도록 신원 보장도 확실하게 해야 한다.

10 | 회식 사례

승진자 회식

경력 입사자가 ○○○사의 승진자 회식 모습이 이해가 안 된다고 함. 최고급 음식점에서 승진자 돈을 걷어서 50명 넘는 전체 회식을 송년회 겸 하는 게 이해가 안 감

👤 "이번 기회에 없어졌으면 함", "직책자들 돌아가면서 승진 접대 회식함", "절대 안 없어짐, 회사가 하지 말라 해도 늙은 꼰대들이 강행함", "팀마다 다름 우리 팀은 찬조 일부만 함", "100만 원 이상 나옴"

👁 1,627   👍 28   💬 25

X

승진은 본인이 잘한 것도 있지만, 주변 사람들의 도움 또는 희생을 통해서 하는 거라 무언가 고마움을 표현하는 것이 좋다고 생각함. 다만 너무 과도한 금액은 문제가 있다고 생각함. 최대 30만 원은 넘지 않는 것이 합리적이라고 생각함.

Y

종의 관습으로 위 사례의 방식뿐만 아니라 승진자가 팀 전체에게 이른바 '승진 턱'을 사는 경우가 있다. 물론 개인의 자율적 선택이라면 상관없지만, 이를 강요하는 분위기는 시대에 뒤떨어진 발상이라고 생각한다. 물론 개인적으로 정말 감사한 마음을 표현하는 것은 어디까지나 개인의 선택일 뿐이다.

Z

계속해왔기에 나도 무언의 압박으로 '승진 턱'을 내야만 할 것 같다. 생각만 해도 숨이 턱 막힐 정도로 부담스럽다. 팀 규모가 작은 것도 아니고, 그렇다고 저렴한 음식으로 대접하는 것도 민망하다. 누가 이런 허례허식을 만들었는지 원망스럽다. 사실 감사한지도 잘 모르겠다. 열심히 일했고 공을 인정받아 승진한 건데 다른 사람에게 대접해야 한다니…. 무서워서 승진하겠나.

11 │승진(평가) 관련 사례(2건)

승진자 리스트 가관이다

어차피 아부 떠는 족속들이, 지들끼리 다 해먹는다

👁 5,127　　👍 33　　💬 8

○○에서는 어떻게 하면 승진이 되나요?

이번 승진자 명단 가관이다(고과, 어학, 성과 초과 달성자는 승진이 누락되고 반면 성과도, 어학도 없는데 승진 기준에도 못 미치는 사람은 승진이 되었다)

👤 "현장보다는 본사 위주의 승진", "조직성과 안 좋아서 미안하다며, 지들은 고평가에 승진까지", "승진=사내정치+아첨+접대+의전+평가자 심기 건드리지 말기", "윗선 파워 싸움 영향이 더 큼, 리더빨이 전부", "고과 충족 못 해도 다 됨, 나만 빼고"

👁 5,697　　👍 8　　💬 36

X

승진과 고과는 리더의 권한이다. 고생하고 더 성과를 낸 사람에게 높은 고과와 승진을 부여해야 한다. 하지만 일부에서는 오래 일한 "정" 때문에 성과와 상관없이 승진을 시켜 주는 경우도 있다. 하지만 앞으로는 아마도 이렇게 하기는 어려울 것 같고, 철저한 공개와 실력주의로 가야 한다고 생각한다.

Y

심심치 않게 발생하는 문제이다. 제도적인 기준에 예외를 적용하는 것은 그만큼 신중해야 한다. 대부분의 기업에서 승진을 위한 일정 조건이 존재하고, 구성원들에게 공표된다. 그리고 이는 반드시 지켜져야 한다. 이는 공정성을 떠나 최소한의 임직원과의 약속이다. 생각보다 많은 기업에서 이런 사례가 오늘날까지 발생하고, 관리자들은 쉬쉬하지만 결국에는 모두 오픈되어 공개된다. 불합리한 것도 억울한데 불공정함까지 용인하고 감내할 직원들은 이 세상에 존재하지 않는다. 최근 발생한 성과급 이슈도 같은 맥락으로 생각된다.

 Z

사실 승진에 대해 명확한 기준이 없는 건 어느 정도 공감한다. 누가 봐도 명백하게 승진을 앞둔 그야말로 일 잘하는 자는 밀리고, 사내에서 소위 말하는 정치를 잘하는 자가 발탁되는 경우가 심심찮게 보이기 때문이다. 회사에서 내거는 승진의 기준이 진짜 작용하기는 할까 봐 의문이지만 누구한테 물어보기도 뭐하다. 이런 경우가 발생할 때마다 우리는 의욕을 잃어간다. 구성원 중 누군가가 의문을 가질 때 명백한 근거를 낼 수 있는 공정한 고과와 승진이 이루어져야 한다.

12 | 회사 로열티 관련 사례

대기업 순위 ○○위로 하락, 곧 ○○위 밖

다른 계열사도 더 팔고 나면 이제 ○○위권도 머지않았군ㅋㅋㅋ, 가즈아~(다른 회사로)

👤 "애초에 대기업이 아니기 때문에 제자리를 찾아가는 것임", "대기업인척 ㄴㄴ", "에휴 그룹 망해가네", "순위가 오른다 한들 직원들에게 떨어지는 건 1도 없으니 걱정말라", "거품 빠지는거쥬", "욕하며 이직한 선배 지금 회사는 쑥쑥 성장 중"

👁 6,732　👍 16　💬 39

👤 X

과거같이 정년과 평생직장을 지켜주는 회사 문화라면 본인이 속한 회사에 로열티가 생기는 것은 당연하다. 어느새부터 한국 사회도 평생직장이라는 개념이 사라지고 있어서 무조건적인 로열티는 어려워 보인다. 이제는 회사가 더 좋은 문화를 만들어서 직원들의 로열티를 생기게 하는 것이 맞다.

Y 👤

어느 조직이든 누군가는 불만이 존재하고, 블라인드는 이러한 불만들이 집대성된 하나의 데이터다. 하지만 이러한 불만에 귀를 닫고, 변화하지 않는 기업은 결국 내부로부터 무너지게 된다고 확신한다. 구성원의 애사심, 로열티는 강요하는 것이 아니다. 이는 자발적으로 우러나와야 하는 분야이다.

👤 Z

사실 회사에 대한 로열티는 입사 초에 크게 작용할 뿐 일하다 보면 점점 주는 것 같다. 누구의 잘못이라기보다는 일하면서 지쳐가기 때문이 아닐까. 이럴 때일수록 회사에서는 구성원의 의견에 귀를 기울여야 할 것이다. 귀를 닫고 방치한다면 이처럼 포기하고 의욕 없는 구성원이 많아질 것이고 이는 곧 회사 브랜드의 하락으로 이어질 것이다.

그 어디에도 완벽한 회사는 없다. 누구에게나 크고 작은 불만이 존재하고, 앞서 사례를 발췌한 블라인드는 이러한 불만들이 집대성된 일종의 데이터(이를테면 직원 VOC랄까)이다. 만약 이러한 불만을 이야기하는 Speaker들이 소수이고, 혹은 그 내용이 편향된 정보라면 너무 예민하게 반응할 필요가 없겠지만, 다수의 임직원들 공감을 얻고, 잦은 불만을 외면한다면 결국 조직은 내부로부터 무너지게 된다. 어쩌면 변화할 소중한 기회를, 변화했으면 하는 직원들의 바람을 외면해 버리는 일이다. 물론 X, Y, Z의 의견은 모두 상이했다. 조금은 조직 전체의 입장에서 대변하는 X와 변화를 요구하는 Y 그리고 완전히 새로운 생각을 하는 Z가 존재했다. 상기 예시는 극히 일부분이었다. "퇴사한 선배가 보고 싶다", "꼭 남아 있어야 할 사람은 나가고, 잉여 찌꺼기들만 남아서 불한당 정치인들이 된다" 등의 부정적 게시물도 많은 관심과 공감을 얻었다(비속어가 너무 많아 차마 소개할 수 없었다). 그리고 이러한 부정적 목소리가 넘치는 기업 게시 글에는 안타깝지만 옹호하는 의견을 거의 발견할 수 없었다(실제 재직자 평점이 좋은 기업에서는 반박 글이 존재하거나, 공감도가 떨어지거나, 해당 유형의 게시물이 상대적으로 적었다).

기업마다 처한 상황도, 일하는 방식도, 제도도, 문화도 심지어 사람들도 모두 제각각이다. 그런데도 임직원들의 조직 몰입과 로열티가 높은 조직은 그만큼 임직원들의 시좌에서 문제를 생각하고 이를 개선하려는 노력을 지속하는 경우가 많다. 반대로 점점 침몰해 가고 있는 기업의 내부에서는 위와 같은 불만이 쌓이고 쌓여 '마지못해 다니는 회사', '적당히 머물다 떠나는 회사'로 전락하고 있다. 그렇기에 우리는 노력이 필요하다. 기업의 문화는 모두가 함께 만들어가는 것이며, 또한 계속 변화해야 한다. 기존 시대, 기존 멤버들에게는 올바른 문화였을지라도, 새로운 세대에게는 그렇지 않을 수도 있다. 그렇기에 모두가 공감할 수 있고, 함께 더 나은 내일을 만들 수 있는 합리적인 조직 문화를 만들기 위해 노력해야 한다. 금번 블라인드 사례에서 지적된 문제점은 모두 세대 간의 차이에서 발생한 것이 아니다. 단지 XYZ 모두가 공감하지 못하는 기존의 프로세스와 관행, 변화할 수 있지만 변하지 않는 조직에 대한 애정 어린 조언들이다.

1 | 실리콘밸리의 자포스

모두가 동등한 조직, 직원이 즐거워야 고객도 즐겁다

전 세계에서 가장 혁신적인 곳 실리콘밸리는 과거부터 수평적인 조직 문화로 유명하다. 현재도 유연하고 수평적인 조직을 위해 다양한 조직 문화 개선이 진행되고 있다. 실리콘밸리가 다양한 성공 기업들을 배출하면서 전 세계적으로 이러한 실리콘밸리의 기업문화를 벤치마킹하고 적용하려고 노력하고 있다. 대표적인 기업이 미국의 신발 온라인 쇼핑몰인 자포스Zappos이다. Zappos.com은 주로 신발에 초점을 맞춘 전자상거래 회사로 본사는 미국 네바다 라스베가스 인근의 도시인 헨더슨에게 있다. 1999년 설립되어서 신발 관련한 전자상거래 회사 중 최대의 회사로 성장하게 되었고, 2008년에는 매출액이 10억 달러를 돌파하는 경이적인 성과를 기록했다. 2009년 7월 22일, 아마존이 자포스를 인수하였으며, 매입 가격은 12억 달러로 높은 가격이었다.

자포스의 비즈니스 성공 신화 자체도 흥미로운 일이지만, 여러 가지 조직 문화 차원에서 시사점이 많은 회사이다. 우선 이 회사의 모토가 "행복을 전달한다 Delivering Happiness"이다. 이 문장의 의미는 고객들뿐만 아니라 이 회사에서 일하는 모든 직원에 대한 행복까지 포함된 것이다. 그들은 홀라크라시 Holacracy라는 말로 유명한데 이는 holachy와 cracy가 합쳐진 말로 조직의 위계질서를 없애고 수평적인 문화를 구축한다는 의미이다. 이들은 홀라크라시를 도입하고, 1,500명이 넘는 직원들의 직위를 없애고, 모두 동등한 입장의 수평 조직을 만들었다.

홀라크라시의 시작으로 자포스의 모든 직원은 나이, 성별, 연차와 관계없이 누구나 자유롭게 의견을 낼 수 있게 되었다. 직원들이 각 팀으로 발령되는 것이 아니라, 자신이 가장 잘할 수 있는 분야라고 생각하는 각각의 프로젝트 또는 부서에 본인이 직접 찾아가 모였다. 직급과 규칙을 파괴한 자리에는 '책임'을 부여해 모두 자신이 기업의 리더라는 생각이 들 수 있도록 한 것이다. 누구에게도 지시를 받지 않는 직원들은 지속적인 회의를 통해 하나의 목표를 잡고 앞으로 나아갔다. 각 부서의 역할을 정하고 구성원에게 책임을 부여하는 '거버넌스 미팅', 그리고 주요 이슈를 점검하고 대응 방안을 검토하는 '주간 전략 미팅'을 추진하였다. 이들은 오직 '어제 뭘 했나, 오늘 뭘 할 것인가, 현재 방해되는 요소가 있나'의 세 가지 질문만으로 진행되는 '일일 스탠더드 미팅'도 진행하였다.

홀라크라시 처음에는 20% 직원(대부분 매니저/관리자급)이 떠날 정도로 진통을 겪었으나, 현재도 변화를 위한 시도를 계속하고 있다. 이는 성과에 대한 보상으로 여겼던 승진 기회가 사라지면서 동기 부여를 악화시키는 역효과도 가져왔다. 책임을 회피하는 모습, 암묵적인 서열, 많은 미팅으로 인한 비효율적이고 오랜 시간이 걸리는 의사결정 프로세스 등의 부정적인 모습도 나타났다.

하지만 다양한 시도를 통해 수평 조직 문화를 지속해서 완성해 가고 있다. 우선 전 직원들에게 매월 50달러를 주는데, 이 돈은 동료 직원 중에 가장 도움이 된 사람에게 보너스를 주는 용도이다. 이것 말고도 직원들이 서로 보상(보너스)을 주는 시스템을 다양하게 만들었다. 이러한 제도를 통해 수평 조직에서의 협업을 강조하고 있다. 그리고 CEO의 자리가 직원들과 똑같은 파티션에 있어서, 누구든지 찾아와서 얘기할 수 있도록 하고 있다. 매년 모든 직원으로부터 회사에 대한 피드백을 받아 책으로 엮어 발행(Zappos Culture Book)하는 등, 회사의 정책에 모든 사람의 목소리가 반영될 수 있도록 하고 있다. 모든 직원이 하루 8시간 근무하는 것만 지키고 자신의 출퇴근 시간을 직접 정한다. 그리고 자기 자리를 꾸미는 것에 대한 자유를 보장하는 등, 주인 의식을 갖고 일할 수 있도록 배려하고 있다. 또한 콜센터 직원들에게 고객 응대 스크립트를 주지 않으며, 자유롭게 말할 수 있는 재량권을 준다. 이를 통해 어느 정도 기본 방침 안에서 재량껏 고객과 소통할 수 있다. 그래서 그들은 고객에게 자유롭게 농담도 할 뿐만 아니라 카드, 쿠키, 초콜릿, 꽃다발도 자율적으로 보낼 수 있다.

이들은 또한 즐거운 회사 문화를 위해 고객과 함께 직원들이 마음껏 놀 수 있는 즐거운 이벤트를 많이 조직한다. 회사 내부에 재미라는 요소를 도입해서, 임직원들이 재미있게 모이고 떠들고 놀 수 있도록 하였고, 자포스를 아끼는 고객들과 함께 누릴 수 있도록 하여 자연스럽게 고객들이 자포스의 열광적인 팬이 되도록 만들었다. 그리고 매달 Zappos Hero를 직원 내에서 선정하여 축하해주고, 액자를 만들어 벽에 거는 등 직원들이 '존중받고 있음'을 느끼게 하고 있다.

또한 가장 중요한 것이 조직 문화 관련 직원 교육 부분으로, 핵심 가치와 문화와 관련된 교육을 위해 모든 직원이 5주 정도의 핵심 역량 및 조직 문화, 고객 서비스와 창고 관리에 이르는 교육을 전체적으로 받는다. 그다음에 전 직원들에 대해 수시로 인터뷰를 통해 현장의 문제점을 파악하고, 이를 해결하려고 노력한다. 또한 트위터를 적극적으로 활용, 직원들이 회사의 가치를 외부에 알리도록 하고, 동시에 회사 조직원들의 소리도 실시간으로 들을 수 있는 창구로 적극적으로 활용하고 있다. 이들이 열심히 교육하는 이 회사의 10대 핵심 가치를 보면 이 회사가 얼마나 고객과 내부 직원을 위한 즐거운 조직을 만들려고 노력하는지 알 수 있다. 다음은 자포스의 10대 핵심 가치이다.

1. Deliver WOW Through Service('와' 하는 감탄사가 나올 정도의 서비스를 한다)
2. Embrace and Drive Change(변화를 포용하고 추진한다)
3. Create Fun and Little Weirdness(재미를 창조하고, 이상한 행동은 하지 않는다)
4. Be Adventurous, Creative, and Open-Minded(모험적이고, 창조적이며, 개방적인 마음을 가져라)
5. Pursue Growth and Learning(성장과 학습을 추구한다)
6. Build Open and Honest Relationships with Communication(소통을 통해 개방되고 정직한 관계를 구축한다)
7. Build a Positive Team and Family Spirit(긍정적인 팀과 가족과 같은 관계를 구축한다)
8. Do More with Less(적게 일하고, 많은 것을 성취하라)
9. Be Passionate and Determined(열정적이고, 결연한 의지를 가져라)
10. Be Humble(겸손하라)

이러한 핵심 가치를 실현하는 조직 문화를 통해 이들이 생각하는 창조적이고 개방적인 조직을 완성해 나가려고 하고 있다. 이러한 조직 문화는 한국의 새로운 세대와의 조직 문화에 많은 시사점을 준다. 월스트리트저널에 따르면 홀라크라시를 도입한 곳은 자포스 외에도

300개 이상이라고 한다. 하지만 이들 중 1년도 안 돼 이 방식을 포기하는 비율이 20%에 해당한다. 책임이라는 무게가 상급자 및 하급자 모두에게 부담스럽기 때문에 실제 기업에서 성공하기 어려운 제도이다. 물론 가장 진보적인 형태의 조직 모습이고, 아직 다양한 시도와 실패가 일어나고 있지만, 분명 그 모습에서 여러 가지를 배울 수 있다. 특히 많은 불편함을 감수하더라도, 효율적인 수평 조직을 끝까지 구축하려고 노력하는 것과 직원이 행복해야지만 고객도 행복하다는 기업 철학은 명확하게 훌륭한 부분이다. 향후 조직에 늘어날 새로운 세대, 특히 Z세대는 지금보다 수평 조직을 더 원하며, 회사에서 재미와 행복을 더 요구할 것이다. 기존 선배들이 경험했던 조직 문화가 아닌 새로운 세상에 필요한 조직 문화에 대해 계속 고민하고, 같이 만들어 가야 할 것이다.

2 | 아마존

조직 문화에 맞는 인재를 선발하고 자유롭게 팀을 만들고 책임진다

아마존의 조직 문화에 대해서는 긍정적 의견과 부정적 의견이 모두 존재한다. 특유의 성과주의 조직 문화를 부정적인 시각에서 해석하는 경우도 많다. 현재 아마존의 기업 가치는 1,500조 원에 달하며, 코로나 사태 이후에 오히려 500조 원가량 더 늘었다. 대표적인 코로나 수혜 기업으로, 세계적 재난 상황에서 역대급 도약을 하였다. 매년 아마존이 기록적인 매출액을 달성하는 데 제프 베조스의 혁신적인 경영관리 시스템이 큰 역할을 했다. 그는 전통적인 경영 방식을 통째로 흔들어 놓고 있다. 이러한 성과주의 경영 원칙 중에 조직 문화와 관련된 것들은 다음과 같다.

가장 먼저 자신들의 조직 문화, 핵심 가치에 동의하고 이와 맞는 사람들만 같이 가는 제도들이다. 대표적인 제도가 자진 퇴사 장려금 프로그램이다. 회사를 그만두면 돈을 주겠다고 제안하는 것인데, 첫해에는 2,000달러로 시작해서 5,000달러가 될 때까지 1년에 1,000달러씩 오른다. 아마존도 직원들이 남기를 원하고 있을 텐데, 왜 이런 제도를 운영할까? 직원들이 잠시 시간을 갖고 진정으로 원하는 것이 무엇인지 생각해보게 하기 위해서라고 한다. 원하지 않는 곳에서 일하는 직원은 동료 직원과 회사에 도움이 되지 않기 때문이다. 즉 아마존의 조직 문화를 원하는 사람만 먼저 남게 하고, 이들과 함께 성과를 내기 위해서이다. 또한 남은 직원을 위해 스톡옵션 제도도 운영하고 있는데, 이를 통해 반대로 장기근속을 유도하고 있다. 아마존의 대부분 보상은 주식으로 이루어지는데, 스톡옵션의 권한 확정 기간은 장기근속을 유도하는 방식으로 구성되어 있다. 1년 차 5%, 2년 차 15%, 그리고 향후 4년 반 동안 각 해에 20%씩 행사할 수 있도록 설계되어 있다.

조직 문화에 맞는 인재를 유지하기 위한 다른 제도로 채용 단계에서 바 레이저 bar raiser 를 활용한다. 이는 아마존 직원들의 수준 bar 을 높이는 raise 의미로 채용 단계에서 엄격한 채용 과정을 거쳐 조직 문화와 핵심 가치에 맞는 사람을 뽑는 제도이다. 전반적인 채용 단계는 페이스북, 구글 등 다른 IT기업과 유사하다. 이메일로 지원서를 제출하거나, 링크드인에 이력서를 올리면 연락이 간다. 이후 2번의 전화 인터뷰를 한다. 함께 일할 사람의 학력(신입), 경력(경력사원)을 묻는 스크리닝과 코딩 등 실무 능력을 확인하는 테크니컬로 나눠서 진행한다. 테크니컬 단계에서는 문제를 제시하고 어떻게 알고리즘 등을 구성해서 문제를 해결할지 등을 토론한다. 전화 면접이 끝나면 회사로 불러 온사이트 on-site 면접을 진행한다. 실무 담당자들이 4명씩 각 1시간씩 진행한다. 전화 면접에서 했던 테크니컬을 반쯤 실시하고, 나머지는 행동 질문 BEHAVIOUR questions 들로 압박 면접을 한다. 바로 이때 등장하는 사람이 바 레이저이다.

바 레이저는 아마존 직원 중에 100명 정도로, 업무 이외 시간에 이력서를 검토하고 주당 10명의 지원자를 인터뷰한다. 이러한 업무에 대한 추가 수당은 없으며, 인사 평가에 약간의 혜택을 주는 것뿐이다. 이들은 최소 100회 이상의 팀원 인터뷰 경험이 있어야 하며, 1년의 임기로 1년마다 적격심사를 해서 자격을 유지하고 박탈한다. 이렇게 선발된 바 레이저들은 지원자가 아마존 문화에 맞을지, 필요 역량과 능력을 갖췄는지를 검증한다. 지원자는 4명의 면접관 중 누가 바 레이저인지 알 수 없다. 바 레이저는 자신과 상관없는 부서 지원자를 면접하며, 아마존의 리더십, 핵심 가치 원칙에 기초한 행동 질문으로 압박 면접을 실시한다. 이들은 지원자가 아마존의 능력 기준치 bar를 하락시킬 것으로 판단되면, 채용 거부권을 행사할 수 있다. 이 거부권은 인사 담당 임원도 기각할 수 없다. 이러한 제도를 통해 조직 문화와 핵심 가치에 맞는 인재를 채용하는 것이다. 바 레이저 시스템 때문에 채용 기간이 길어지기도 하는 역작용이 일어나기도 했지만 제프 베조스는 1998년 이후 한 번도 이 정책을 바꾸지 않았다. 성장에 집중하면 부족한 사람을 채용하기 위해 채용 기준을 낮추는데, 아마존은 그런 일이 발생하지 않게 하기 위해 이 제도를 도입하고 계속 지속하고 있다.

조직 문화에 맞는 인재를 선발한 이후 성과주의 조직 문화를 강화하고 있는데, 이를 위해 이 신속하고 탁월한 의사결정을 강조하고 있다. 그 대표적인 예가 2004년부터 시행했던, 파워포인트 사용 금지이다. 아마존은 전사적으로 파워포인트 사용을 금지하고 있으며, 6페이지 보고서로 대신하고 있다. 파워포인트를 사용한 프레젠테이션은 발표자의 생각을 얼버무리게 하고, 자세한 설명을 생략하게 할 수 있다는 것이다. 이와 다르게 6페이지 보고서 작성을 하려면 본인의 발표 내용을 철저히 분석해야 하고, 명확한 논리를 세워서 준비해야 한다. 보고서를 반복해서 검토하는 과정을 통해 더욱 명확한 보고서를 작성하라는 것이다. 이러한 원칙을 적용한 이후 아마존의 회의는 30

분 동안 침묵 속에 문서를 읽는 것으로 시작한다. 임원들도 발표 자료를 끝까지 읽고 회의를 시작하기 때문에, 뒤에 나오는 내용 때문에 임원이 발표 중간에 끊지 않게 되며, 이를 통해 더 많이 같이 사고하고, 빠르게 의사 결정하게 하는 것이다. 이렇게 6페이지 보고서를 함께 읽으면 회의 참석한 모든 사람이 전체 발표 내용을 파악할 수 있으며 제대로 된 토론을 할 수 있다. 이를 통해 아마존 회의는 명확한 결론과 구체적인 조치를 도출해낼 수 있게 끝나는 것이다. 즉 회의 문화 개선을 통해 조직 전체의 성과를 향상시키고 있는 것이다.

다음으로 성과 중심을 강조하는 조직 문화는 제프 베조스가 도입한 '두 개의 피자 팀 Two Pizza Teams'이라는 개념이다. 피자 두 개를 먹을 수 있는 10명 수준의 팀을 꾸려 자유롭게 사업을 전개하라는 뜻이지만, 그 의지에는 분명한 책임이 따라오는 것이다. 아마존은 이러한 팀들의 성과 달성 여부를 적합성 함수 Fitness Functions라는 명확한 실측으로 평가하고 있다. 모든 직원에게 기회는 주지만 성과를 창출하지 못하면 직원을 혹독하게 내치는 걸로도 유명한 제도이다. 이 제도는 부정적인 평가도 많이 받고 있다. 극도의 성과주의를 지향하는 제도이다. 현재 아마존 직원은 두 개의 피자 팀도 적합성 함수도 싫어하는 것으로 알려져 있다. 하지만 여기서 국내 기업이 배워야 할 점은 철저하게 데이터 기반으로 평가하는 조직 구조이다. 팀을 평가하면서 국내에서도 다양한 정량적 평가 제도를 도입하고 있지만, 국내 조직에는 데이터보다는 감각, 연공서열, 승진 대상, 상호 관계 등으로 평가하는 경우가 아직 남아 있다. 여러 부작용은 있지만 그럼에도 자유롭게 팀을 구성하고, 팀의 성과를 정량적으로 평가받고, 책임지는 아마존의 철학은 향후 공정성에 대해 민감하고 강조하는 새로운 세대와의 조직 문화 구축에서 명확한 원칙이 될 것이다. 즉 국내에서 책임감을 느끼고 자유롭게 팀을 만들고, 그 성과를 정량적으로 평가받으며, 그것을 통해 조직을 성장하게 만드는 조직 문화는 앞으로 더 중요해질 것이다.

3 │ 현대차 그룹
우수 인재 영입이 젊은 세대를 위한 조직 문화 개선의 최종 목표

지금까지 해외 사례 2개를 살펴보았다. 자포스 사례는 수평 문화 조직의 가장 극단이고, 아마존 문화는 성과주의 조직 문화의 극단일 것이다. 그래서 이러한 조직 문화를 실제 한국에 바로 적용하기에는 어려움이 있을 수도 있다. 따라서 추가로 한국의 가장 보수적이라 할 수 있는 그룹의 변화를 통해, 새로운 세대를 위한 조직 문화 구축의 변화를 살펴보고자 한다.

현대차는 최근 2~3년간 급속도로 조직 문화 개선을 추진하고 있다. 현대차그룹 직원의 이미지는 반듯하고 진한 남색 정장을 입고, 흰

색 와이셔츠에 넥타이를 매고 출근하는 모습으로 보통 그려진다. 하지만 최근 새로운 MZ세대의 증가와 창의적인 업무 환경을 고려하여 빠르게 변화를 추진하고 있다. 기존 여러 조사에서 현대차의 조직 문화 이미지는 남성적이고 딱딱한 이미지가 대부분이다. 아무래도 자동차는 IT 업종보다는 안전에 집중해야 하는 업무이기에 보수적인 기업 문화가 더 지배적이다. 그래서 오랫동안 제조 현장뿐 아니라 양재 본사 직원들의 모습도 이러한 보수적인 이미지가 강했다. 첫 변화는 직급 체계의 변경이었다. 기존 사원, 대리, 과장, 차장, 부장 등 5단계 직급 체계를 '매니저'와 '책임 매니저' 2단계로 축소하였다. 타 그룹사에서도 대부분 추진하는 변화이지만 이러한 변화를 불과 2~3년 만에 모두 추진하면서, 그룹사 내에 많은 변화가 진행되고 있다.

가장 많이 바뀐 것이 소통 부분이다. 이와 관련해서 파격적 선언을 활용한 사례가 "결재판 사용 금지"이다. 과거 결재 서류에 결재판을 준비해서 외근 나간 임원이 들어오기만 기다리던 문화는 사라진 것이다. 즉시 결정이 필요한 경우 카카오톡으로 보고한다. 다른 기업에서는 이미 오래전부터 시행된 것일 수 있으나, 아직 보수적인 문화를 가진 곳에서는 결재판이라는 게 존재한다. 특히 현대차의 보수적인 문화에서 결재판을 고집하는 부서들이 존재했다. 그렇기 때문에 "전자 보고 활성화" 이런 식으로 조직 문화 개선 활동을 했으면, 실패할 가능성이 높다. 조직 문화 개선을 위해서는 때론 파격적인 시도가 필요하다. 현대차의 경우 전체 그룹사에 결재판을 없애는 작업부터 시작하였다. 각 책상 위에 있던 결재판을 전부 없애면서, 대면 보고를 최소화하였다.

타운 홀 미팅 이후 카카오톡 오픈채팅방 링크를 통해 직원 대상 익명 채팅을 추진하였으며, 이 자리에서 최고경영진과 많은 소통이 이루어졌다. 그중 보고에 대해 최고 경영진은 "메일로 할 수 있는 건 메일로 하고, 전화나 화상으로 얘기할 수도 있다."라며 "포인트만 적어서, 단 몇 줄이라도 뜻만 전달되면 된다."라고 말하였다. 이러한 보고 소통 방식은 팀원들 또는 팀원 팀장 간에는 가능한 일이었지만, 현대차 그룹에서 경영진과는 어려운 일이었다. 하지만 최고 경영진의 이러한 메시지로 기존과는 다른 보고 방식이 정착되어 가고 있다. 이런 형태 보고는 이미 IT기업에서는 흔히 있는 일이지만, 현대차의 경우 파격적인 변화라 할 수 있다. 즉 가장 보수적인 회사 중 하나가, 불과 2년 만에 IT 기업처럼 변화한 것이다. 이는 "인재를 모아야 한다"는 생존을 위한 절박한 변화라 할 수 있다. 현재도 진행 중인 현대차의 변화를 통해 MZ세대와의 소통을 위해 어떤 변화의 방향이 필요한지 살펴볼 수 있을 것이다.

가장 큰 변화 방향은 직원들의 자율성에 대한 강조이다. 자율성을 강조한 복장 규정에 대한 언급이다. 2019년 현대차에서 열린 타운 홀 미팅에서 경영진에게 직원이 질문한다. "반바지나 운동복을 입어도 되느냐"는 질문이다. 이에 현대차 경영진은 "시간, 장소, 경우와 상황에 맞게 본인이 자율적으로 해석하고 판단하면 된다."며 "자율이 다양성, 창의성으로 이어지길 바란다."라고 답했다. 이러한 변화가 조직 문화 변화의 시작일 것이다. 회사에서 어떤 변화가 있으면, 세부적으로 모든 것들을 규정하기 어려운 경우가 많다. 이런 경우 직원의 자율성에 맡기고, 또한 내부적인 조율을 통해 문화가 정착된다는 것을 잘 표현한 사례라 할 수 있다. 현재 현대차 그룹에서는 청바지, 운동화 그리고 반바지 복장도 허용된다.

다음으로 익명 오픈 채팅방의 온라인 소통을 활용한 조직 문화 개선이다. 일회성으로 오픈 채팅방을 활용한 것이 아니라, 상시로 700명의 임직원이 오픈 채팅방을 통해 대화를 나누고 있으며, 매주 금요일에 건의된 사항에 대해 기업문화를 담당하는 팀에서 피드백을 정리해 공유하고 있다. 기존과 다르게 익명을 통한 채팅방에서는 다양한 조직 문화 개선을 위한 아이디어가 제안되고 있으며, 이러한 의견은 조직 내에서 적용 가능한지를 검토하여, 지속해서 변화를 시도하는 것이다. 당연히 이 익명 게시판에는 경영진도 참여한다. 기존 조직 문화 개선 방식은 팀원이나 팀장들이 어느 정도 안을 만들어서 내부적으로 수정 절차를 거친 이후 경영진에 보고된다. 그런 경우 중간에서 좋은 의견이 있어도 너무 파격적이거나, 윗사람들의 심기를 불편하게 할 내용은 팀장 선에서 삭제하고 보고하는 경우도 발생하였다. 하지만 현재는 경영진이 참여한 오픈 채팅방을 통해 가장 말단 직원의 소리가 경영진에게도 전달될 수 있게 하였다. 소규모 회사에서는 언제나 가능한 프로세스이지만 대형 그룹사에서 이렇게 진행되는 것은 새로운 시도이다.

2019년 열린 최고 경영진과의 타운 홀 미팅에서 최고 경영진은 "자동차 볼륨으로 1등 하는 게 중요한 것이 아닌 기업문화가 진보적으로 나가서 그 면에서 1등을 하는 것, 가장 오고 싶어 하는 회사가 되는 것이 우리가 추구해야 할 목적"이라고 하였다. 이는 조직 문화 개선의 목적이 무엇인지 명확하게 표현한 것이다. 이러한 변화를 위해 신입 공채를 폐지하고 상시 채용 제도를 도입하며, 직원 추천 채용 제도도 도입하고 있다. 연 1회 진행하던 석, 박사급 해외 인재채용을 상시 지원, 선발로 바꿨다. 즉 조직 문화를 개선하고 MZ세대가 선호하는 조직을 만들며, 이를 통해 우수 인재가 적극적으로 유입되도록 하는 것이다. 조직 문화는 계속 변화되어야 하며, 새로운 세대를 위해 국내 대형 그룹사도 변화에 동참하는 것이다.

4 | 마켓컬리
모두가 주연인 조직 문화

2015년 5월 샛별처럼 등장해, '밤늦게 주문해도 아침이면 문 앞에 도착'하는 새벽 배송 시장을 선도해온 모바일 장보기 서비스 '마켓컬리'. 배송 시간뿐만 아니라 판매하고 있는 제품들의 퀄리티가 우수하기로 아주 유명하다. 회사 홈페이지에서도 확인할 수 있는 마켓컬리의 첫 번째 기업 운영 원칙은 "나와 내 가족이 사고 싶은 상품을 판매한다"이다. 카테고리별 전문 MD가 70여 가지 내부 기준에 맞춰 안정성, 맛, 브랜드 심지어 인증서도 검토한다. 실제로 해당 플랫폼을 이용해 본 사람들은 안다. 비싸지만 퀄리티가 좋다. 그 누구라도 인정할 수밖에 없는 부분이다. 그 어떤 제품을 고르더라도 최소한 형편없는 퀄리티의 제품, 맛으로 사기(?)당할 확률은 없다(Y는 비싸서 가끔 이용한다). 창업 당해 연도에 29억의 매출을 기록했던 컬리는 2020년에는 약 1조 원으로 5년 만에 무려 3,450배나 성장했다. 회원 수도 2015년 6만 명에서 시작하여 2020년 기준 580만 명에 달한다. 놀라운 것은 재구매율이다. 다소 비싸더라도 좋은 음식을 가족들과 즐기기 위한 고객들이 단단한 컬리 팬덤을 조성하고 있다.

베스트셀러 『트렌드 코리아』 시리즈로 유명한 서울대 김난도 교수는 그의 저서에서 마켓컬리 사람들은 오래 일했든 새로 입사했든, 팀의 리더이든 아니든 다른 조직에 비해 '내 일은 내가 한다'는 책임감과 자부심이 무척 강하다는 것을 느낄 수 있었다고 한다. 보통은 소속 부서의 리더가 정해주는 방향과 범위 내에서만 자기의 역할을 수행할 수 있다. 일반적인 기업들은 그러하다. 하지만 마켓컬리에서는 구성원 전체가 '내가 정말 중요한 일을 하고 있다'는 생각을 하고 업무에 임한다고 한다.

이들의 조직 문화는 몇 가지 특징을 가지고 있다. 우선 '일단 빨리 시도하고 안 되면 바꾸자는 문화'를 가지고 있다. 마켓컬리 직원들은 초창기부터 '퀵 하게'라는 말을 굉장히 많이 썼다고 한다. '30분 내 바꿀 수 없으면 오늘을 바꿀 수 없다'는 생각을 가지고 있으며, 이는 실제 회의 시간에 반영된다(최대 회의 가능 시간이 30분). 또한 고객에 대한 정의가 분명하다. 사실 대부분 직장인의 실제 주 고객은 그들의 리더(평가자)이다. 하지만 컬리는 달랐다. 설사 대표가 낸 의견에도 '고객에게 옳은 일'이 아니라는 판단이 들면 서슴지 않고 반론을 제기하는 문화가 이미 장착되어 있었다. 회사의 철학에 공감하는 직원들이 주인 의식을 가지고, 자율적으로 움직인다. 스타트업 특유의 열정을 발휘하게 한 마켓컬리에는 다음 4가지의 조직 문화 원칙이 존재한다.[39]

1. 불필요한 건 없애고 핵심에 집중한다.

   → 과도한 문서 작업을 지양하고, 프레젠테이션 파일은 거의 쓸 일이 없다고 한다.

2. 수시로 팀을 만들고 언제든 협업한다.

   → 수시로 TF가 만들어짐. 누군가가 안건을 던지면 그 문제를 풀기 위한 TF가 형성된다.

3. 직급은 없다. 존중만 있다.

   → 이른바 "님" 문화를 가지고 있다. 또한 대표이사/임원도 일반 직원 옆자리에 앉는다.

---

[39] 김난도(2020), 『마켓컬리 인사이트』, 다산북스.

4. 타운 홀에 모여 시너지를 만든다.

→ 매달 셋째 주 목요일 타운 홀 미팅을 통해 투자 소식 등 정보 공유 및 토론을 진행한다.

※ 이 밖에도 직원 간 긴밀한 소통 장려를 위한 커피 챗(리더와 스태프가 회사 밖 커피숍에서 1:1로 대화), 타부서와 회식 시 회식비 두 배 지원 제도 등이 있다.

처음부터 조연이 되고 싶은 연기자는 없다. 처음에는 누구나 주연을 꿈꾼다. 다만 꿈을 향해 달려가는 과정에서 여러 장애물을 만나면서 점차 목표는 낮아진다. 결국 현실적인 목표는 훌륭한 조연이 되는 것이라는 사실을 뒤늦게 깨닫는다. 그리고 비록 엑스트라이지만 주어진 배역에 최선을 다한다. 과거에는 분명 그랬다. TV라는 플랫폼은 전 국민이라는 든든한 시청자(고객)가 존재하는 시장인 반면, 채널은 기껏해야 3~4개만이 존재했었다. 극장에서 2~3개월 상영할 수 있는 흥행 보증 영화를 제작할 수 있는 제작사나 감독은 더욱더 제한적이었다. 당시에는 대중에게 나아갈 수 있는 길이 너무 좁았고 어두웠다. 하지만 세상이 변했다. TV가 끝났다. 아니 이제 안 본다. 누구나 광고 없이 넷플릭스, 왓챠, 유튜브 프리미엄을 통해 영화, 드라마 등 각종 콘텐츠를 시청한다. 그리고 누구나 콘텐츠를 만들거나, 스스로가 콘텐츠가 될 수 있다.

기업에서도 마찬가지이다. 단순히 연차와 경력이 실력을 증명해 주는 시대는 지났다. 직접 시장의 니즈를 발굴해서, 사업 아이템을 창조하고 스스로 투자를 유치한다. 그리고 그렇게 성장해 기업 가치 10억 달러 이상을 만들어낸 스타트업 기업들을 우리는 유니콘이라고 부른다. 그들은 대기업에서 일하는 그 어떤 사람들보다 능력자이다. 그리고 그들의 실력 중심에는 '주인의식'이 있다. 대다수의 스타트업은 창업자가 소수의 직원을 일일이 신경 쓸 여유가 없다. 각자가 자율성을 가지고 결정할 수 있는 조직 문화만이 존재한다. 아마도 야근이 가장 많은 유형이 바로 스타트업일 것이다. 대신 불필요한 권위, 비효율을 과감히 버릴 수 있다. 컬리도 그랬다. 각자의 역할만이 존재할 뿐이다. 대표, 임원을 위한 특별한 대우(집무실 등)도 없다. 언제든 새로운 팀이 만들어지고 협력한다. 불필요한 보고 절차를 간소화하니, 다른 경쟁 기업 근로자들이 PPT/보고서 만들 시간에 더 중요한 일을 한다. 협업을 강요하는 불필요한 회의도 존재하지 않는다. 다만 자발적인 소통과 시너지를 창출해 낼 수 있는 여러 가지 넛징(타운 홀 미팅, 커피챗)이 존재한다.

이미 선도기업이라 할지라도, 과거에 해왔던 것처럼 앞으로도 잘해낸다고 해도 현재의 위치를 유지하기가 어려울 수 있다. 기업이 발전하는 속도보다 기술, 시장, 고객이 더욱 급격하게 변화하고 있기 때문이다. 이상한 나라의 앨리스에서 붉은 여왕은 이러한 이야기를 한다. "여기서는 힘껏 달려야 제자리야. 나무를 벗어나려면 두 배는 빨리 달려야 해!" 스탠퍼드대 경영대학원 교수인 윌리엄 바넷 William Barnett 은 붉은 여왕 경쟁이론을 통해 "경쟁은 시장의 모든 기업을 더 강하게 만들기 때문에 일순간 시장의 승자가 된 기업이라도 후발주자에게 따라잡히기 쉽고, 결국 진화의 속도가 빠른 기업이 경쟁에서 살아남는다."라고 했다. 정말 힘껏 달려야 겨우 제자리일 뿐이다. 현실에 안주하고 만족하는 바로 그 순간, 경쟁자에게는 역전의 찬스가 주어진다. 과거에는 한 명의 대표선수와 이를 서브해주는 감독, 코치가 존재했다면 앞으로는 모두가 대표 선수가 되어야 한다. 기존에는 필요했지만, 현재와 미래에는 불필요한 기존 체계를 과감히 개선할 수 있는 문화. 모두가 공정하게 경쟁하고 그 결과(실력)에 따라 평가받을 수 있는 시스템 속에서 모두가 주인공이 될 수 있는 그런 조직 문화가 조성될 수 있었으면 한다. 굳이 흥행이 잘 될지도 모를 영화 속에서 주인공을 고집할 필요는 결코 없다. 우리의 영화가 다른 영화들보다 더 많은 관객에게 사랑받을 수 있도록 만드는 일이 우선이다. 진정한 주인공과 조연들은 그 이후에 관객들에 의해 판단될 것이다.

5 | 파타고니아
조직에 가치, 자유, 재미가 있다

Y가 사랑하는 브랜드 파타고니아의 창업자 이본 취나드는 1938년 11월 9일생이다. 올해 한국 나이로 미국 뉴잉글랜드 메인주(캐나다 퀘백주 바로 아래)에서 태어난 그는 어려서부터 산을 좋아했다. 그도 그럴 것이 메인주는 여러 호수와 산, 그리고 바다(북대서양)를 원 없이 볼 수

있는 자연의 요새다. 이후 동네를 벗어나 완전히 반대편에 있는 캘리포니아주의 요세미티를 정복한 클라이머로 이름을 날렸다(참고로 요세미티 국립공원에서 가장 높은 산은 '라이엘'로 그 높이가 3,997m이다). 참고로 쉬나드는 대한민국에서 주한 미군으로 복무하기도 했다(참 여러모로 대단한 사람이다). 그래서일까, 북한산 인수봉에는 쉬나드가 개척했고, 그의 이름을 딴 등산로가 존재한다(쉬나드A, B). 일부 인물정보에는 기업인보다 산악인이라는 수식어가 먼저 나올 정도이니 그가 얼마나 산을 사랑하는지는 더 이야기하지 않겠다. 대략 15년 전에는 『파도가 칠 때는 서핑을』이라는 멋진 책을 쓰기도 했다.

쉬나드는 산 그리고 자연을 사랑했다. 그는 아웃도어 패션 업계의 CEO이지만, 명확한 신념을 가지고 있고 이는 고스란히 해당 기업의 의사결정, 전략, 상품, 브랜드에 모두 내재화되었다. 한편 MZ세대들은 제품 이전에 브랜드를 본다. 해당 회사, 브랜드의 아이덴티티와 나의 소비가 미치는 가치를 중요하게 생각한다. 이들은 그 어떤 세대보다 사회적, 환경적 이슈에 관심을 가지고 이를 지원하는 기업의 상품을 구매하는 이른바 '가치 소비'를 중시한다(전체의 89% 수준, 딜로이트 조사 결과). 또한 MZ세대는 가장 높은 구매력을 가진 전 세계의 타깃 세대층이기도 하다.[40] 똑같은 기능과 디자인의 신발일지라도 해당 브랜드, 회사의 가치를 존중하고 이에 기꺼이 소비한다.

---

[40] 통계청(2016), 국내의 경우 전체 인구의 43.9% 수준, 1980~2010년 출생인구.

또한 파타고니아는 명확한 이야기를 전한다. 바로 '자연을 사랑하는 것'이다. 그들은 쓰레기로 명품 가방을 만든다. 모든 면 종류의 제품은 유기농 재배 원료만을 사용한다. 또한 이 비용을 고객에게 떠넘기지 않고 대신 회사 이윤을 줄인다(예를 들어 마케팅 비용 등). 물론 그렇다고 결코 저렴한 편은 아니다. 일반 티셔츠가 5~10만 원 수준이니 옆 동네 자라보다는 훨씬 비싼 편이기는 하다. 하지만 이 브랜드의 가치를 알고 있는 고객들은 기꺼이 지갑을 연다. 올해 3월 현재 파타고니아의 한국 캠페인 이름은 바로 '푸른 심장'이다.

파타고니아 코리아 홈페이지에 실린 푸른 심장 서명 운동

홈페이지 우측 최상단에서 손쉽게 찾을 수 있는 이 캠페인은 대한민국 강 하천 심폐 소생을 위해 전국 파손된 보를 제거하자는 서명 운동이다. 홈페이지 메인 배너 7개 중의 3개만 제품과 관련이 있다. 게

다가 전체 매출액의 1%를 환경운동 단체에 지속해서 지원하고 있다. 1985년 이후 약 1억 4백만 달러에 달하는 금액으로 전 세계 환경단체를 후원했고, 그 노고로 UN 환경 분야 노벨상으로 불리는 '지구 환경 대상'을 받기도 했다. 영업이익이 아닌 총 매출의 1%! 적자가 나도 어김없이 시행하며, 심지어 자사 제품 중 뒤늦게 환경오염을 유발하는 제품을 1년 중 가장 성수기인 블랙프라이데이에 굳이 돈을 들여 "우리 제품 중에 ○○ 사지 마세요!"라는 광고를 내보낸다. 취나드는 이렇게 이야기한다. "언제나 옳은 일을 하려고 노력하다 보면 그것은 좋은 비즈니스로 연결된다."

이러한 지속적 노력과 진정성으로 형성된 MZ세대를 포함한 가치 소비자들의 팬덤 증가는 곧 매출 상승으로 이어졌다. 1980년대 중반부터 90년 사이에 파타고니아의 매출액은 2,000만 달러 수준이었다. 하지만 현재는 매년 10억 달러에 가까운 매출을 기록하고 있다(더 대단한 것은 이들에게 매출은 그렇게 중요하지 않다, 그들이 지키고자 하는 신념이 더욱 소중하다). 국내에서도 많은 고객의 관심과 지지를 받으며 2019년까지 최근 3년간 연평균 35%의 성장률을 보여주고 있다.

이제 조직의 문화를 보자. 파타고니아의 조직 문화에는 모두가 공감할 수 있는 분명한 가치가 있다. 모두가 가치에 공감한다는 것은, 그만큼 CEO와 말단 임직원 모두가 일관성 있게 조직이 추구하는 가치를 실천하고 있다는 뜻이다. 게다가 특별하다. 우리와 미래 세대를 위해 물려줄 환경보호를 위해 최선을 다하는 기업이라니… "꼭 필요하지 않으면 우리 옷을 사지 마라"라고 이야기할 수 있는 회사에서 일하는 것은 과연 어떤 기분일까? 매일 매출, 실적 압박이 아니라 어떻게 하면 나의 업에서 내 리더, 동료와 함께 우리가 함께 사는 이 세상을, 우리의 환경을 개선할 수 있을까를 고민한다면 분명 책임감과 자부심은 자연스럽게 뒤따라올 것이다.

또한 파타고니아에는 '자유와 재미'도 있다. 쉬나드는 창업자로서 직원들이 신나서 일할 수 있고, 행복할 수 있는 회사를 만들고 싶었고 (정말 대단합니다!), 스스로 대접받고자 원하는 만큼 직원들을 대우했다. 그는 상대방에게 줄 수 있는 가장 큰 대우가 바로 직원들을 '믿어주는 것'이라고 생각했다. 그리고 정말 제대로 믿었다. 국내 보수적인 기업문화 환경이 마치 1평 남짓한 독서실에 모아놓고 실시간으로 감시하며, 매일 같은 시간에 출퇴근하고 심지어 정기 테스트도 봐야 하는 것이라면 파타고니아는 경치 좋은 드넓은 해변에 그 누구라도 놀고 싶을 만큼 멋진 환경 속에서 공부하라고 하는 것이다. 그리고 내버려 둔다. 그러므로 채용, 선발에 있어 독립심이 강하고 스스로 동기부여를 잘하는 사람을 뽑는다. 그리고 일단 뽑고 나면 철저하게 내버려 둔다. 복장 등에 대한 규제는 당연히 없다. 맨발로 걸어 다니든, 반바지를 입든 상관없다. 이른바 9 to 6의 엄격한 근태도 없다. 일하는 시간도 직원이 알아서 관리한다. 실제로 멋진 파도가 오면 서핑을 하러 갈 수도 있고, 눈이 오는 날에는 스키를 타기 위해 산으로 간다.

너무나 당연하게도 파타고니아는 6년 연속 포브스 선정 '일하기 좋은 100대 기업'에 선정되었고, 기업평가 사이트 '글래스도어'에서 평점 4.3점, CEO 지지율은 91%를 달성하고 있다. 가장 놀라운 것은 이직률이다. 미국 소매업계 평균 이직률은 60%에 달한다. 하지만 파타고니아는 미국 언론이 Freakingly!(기이하다!)라고 할 정도로 낮은 이직률(4%)을 기록하고 있다. 여러 정의가 존재하지만, 전 MIT 교수인 Edgar Schein은 조직 문화란 일정 형태를 보이는 조직 활동의 기본 가정(또는 전제, 믿음)이라고 했다. 해당 조직이 속한 산업, 산업 내 포지셔닝, 기업 환경, 문화 등 다양한 변수들로 인해 이 세상에는 각양각색의 기업과 조직 문화가 존재한다. 파타고니아의 모든 것이 장점일 수도 없고, 이러한 문화가 적합하지 않은 기업도 물론 존재할 수 있다. 하지만 분명한 교훈도 존재한다. 적어도 해당 조직의 CEO부터 모든 임직원이 가장 최우선으로 실천해야 할 가치가 존재하고, 이를 실현해야만 진정한 공감이 이루어진다는 사실이다. 다음은 재미와 자유에 대한 재해석이 필요하다. 앞서 Y는 MZ의 시선과 직원 경험EX 측면에서 자율성에 기반을 두고 일을 통한 재미, 성장 경험을 리더가 제공해야 함을 강조했다. 하지만 리더의 노력만으로는 지속력이 부족하다. 리더십 측면과 아울러 구성원들이 자기 일의 가치, 재미를 느낄 수 있는 제도와 문화를 만드는 노력이 병행되어야 한다. 그리고 이는 향후 회사 성장을 견인해 나아갈 MZ 인재 확보와 성장에 든든한 자양분이 될 수 있을 것이다.

6 | 넷플릭스
최고의 선수들이 최고의 팀(경기)을 만든다

작년에는 '넷맥'이라는 신조어가 등장했다. 코로나 19 장기화로 인해 가장 선호하는 여가 트렌드가 된 넷맥은 넷플릭스를 시청하며 맥주를 마시는 것을 의미한다. 넷플릭스는 1997년 100명가량의 직원, 가입 회원 30만의 우편 DVD 대여업체였으나, 2020년 기준 8,600명의 임직원과 190여 개국에 1억 9,300만 명의 전 세계 구독자를 거느리고 있다. 넷플릭스의 성공 비결 중 하나는 역시나 풍성한 콘텐츠이다. 특히 넷플릭스 오리지널 등의 작품들은 시청자들에게 즐거움을 줄 뿐만 아니라 다수의 영화제에서 언급되었고, 심지어 아카데미상을 받기도 했다. 직설적으로 유명한 미국의 모 배우는 시상식 수상소감에서 많은 배우들이 넷플릭스로 넘어가고 있다며 뼈 때리는 비판을 하기도 했다(아마 유튜브에서 많이들 보셨을 것이다). 무엇보다 요즘 같은 시기에는 테슬라와 더불어 왜 진작 주식을 사지 않았을까 후회의 눈물을 흘릴 정도로 높은 기업 가치를 가진 것이 넷플릭스다. 하이테크 인재의 온라인 구직 시장인 하이어드Hired가 2018년에 실시한 조사에서 기술직 근로자들이 가장 일하고 싶은 회사 1위로도 뽑혔다(국내에서는 구글 코리아 다음으로 꼭 가고 싶은 외국계 기업 2위). 넷플릭스는 과연 어떤 조직 문화를 가지고 있을까?

넷플릭스는 CEO 리드 헤이스팅스와 인사담당자 패티 맥코드가 만든 '컬처 데크 Culture Deck'라는 일종의 조직 문화 지침서를 2009년에 공개했다. 결론적으로 넷플릭스가 표방하는 조직 문화는 자유와 책임의 문화이다. 넷플릭스는 성과에 주목했다. 성과는 전염성이 강하기 때문에 비범한 동료들 서로가 의욕을 불어넣을 수 있는 환경을 조성한다고 봤다. 그리고 이를 위해 높은 보상과 과감한 해고를 병행한다(국내에는 적합하지 않을 수도…). 또한 리더는 평균 이상의 높은 실력을 갖춘 비범한 동료들로 구성된 소규모 팀과 근무 환경을 조성할 수 있다. 별도의 성과 연동 인센티브는 존재하지 않지만, 업계 최고 수준의 연봉으로 최고의 인재를 영입한다. 모든 직원이 뛰어나면 각자 중요한 일을 능숙하게 처리하며 창의적이고 생산적으로 수행한다고 믿고 있다. 최고가 모여, 서로가 서로에게 배우고 경쟁하며, 성과는 수직으로 상승한다. 당연히 별도의 통제 장치가 필요 없어지고, 인재 밀도가 높을수록 직원들에게 허용되는 자유는 더욱 커지는 구조이다.

마치 프로 스포츠 팀의 운영 방식과 유사하다. 구단은 수익을 극대화하기 위해 최고의 감독과 코치, 스텝, 선수들을 영입한다. 시즌을 거듭하며 성과가 부진한 선수들은 당연히 경기에 등판하지 못하고, 곧이어 퇴출된다. 굳이 아마추어 선수들을 교육할 필요가 없다. 세계 최고 선수들을 영입하고, 활용하며, 최고의 대우로 보상한다. 하지만 이렇게 이상적인 구단 운영에도 문제는 발생한다. 자칫 실력 있는 선수들이 실력과 상관없는 이유(감독과의 불화 등)로 경기 자체에 출전하지 못하거나, 팀워크가 무너질 수도 있다. 그렇기 때문에 넷플릭스는 최고의 선수들을 위해 보상, 인력의 선발, 운영 외에 다음과 같은 팀, 조직 문화를 조성하고 있다.

우선 투명한 문화를 조성하기 위해 노력한다. 회사 관련 모든 정보를 모든 직원들에게 공개함으로써 리더, 조직에 대한 신뢰를 높인다. 개방형 사무실에서 누가 어떤 일을 하고 있는지 실시간으로 공개되며, 대표 혹은 임원을 위한 비서도 없다. 심지어 비밀번호로 잠가둔 공간 자체가 없다. 혹시나 공개된 재무 정보를 해석하지 못하는 직원들을 위해 기꺼이 손익계산서 보는 법을 교육하고, 민감한 재무 정보 및 전략도 전 직원에게 언제든 공유한다. 직장 내에서 일어난 모든 일과 정보, 심지어 문제점도 사태의 전말까지 솔직하게 공개한다. 자신의 실수를 당당히 말하게 하고, 특히 리더일 경우 호감도와 신뢰도를 높이기 위해 이와 같은 행위를 더욱 권장하기도 한다. 또한 '키퍼 테스트(keeper test: 직원 평가)'라는 것이 존재한다. 키퍼 테스트는 각 팀의 관리자가 다른 회사에서 자신의 팀원들에게 스카우트 제안을 했다고 가정하고, 누구를 붙잡을지 정하는 테스트이다. 이를 통해 자칫 실제 실력보다 저평가를 받는 인재들을 유지할 수도 있고, 반대로 지나치게 고평가를 받는 임직원을 내보낼 수도 있다.

결국 투명하고 공정한 평가제도 내에서 성과로 이야기하는 조직이다. 자유롭게 일하고 결과로 이야기하는 것은 Y가 생각하는 가장 이상적인 조직의 문화이기도 하다. 당연히 이런 기업에서 휴가, 휴식은 자유로울 수밖에 없다. 최고의 성과를 내기 위해 스스로의 시간을 알아서 통제하고, 성과가 나지 않으면 퇴출당할 수밖에 없으니 알아서 최선을 다할 수밖에 없다. 그렇기 때문에 넷플릭스에서 휴가는 당연히 사전승인을 받을 필요가 없으며, 직위에 상관없이 휴가 기간은 직원 스스로가 정한다. (TMI: 넷플릭스와 같이 직원의 휴가 기간을 확인하지 않는 회사들이 증가하고 있다. IT 분야의 Glassdoor, Linkedin, Songkick, HubSpot, Eventbrite 외에도 로펌 Fisher Phillips와 PR회사 Golin, 마케팅 에이전시 Visual soft 등이 도입. 앞서 살펴본 파타고니아도 마찬가지다.)

물론 아직은 국내 기업 정서와 거리가 있는 조직 문화 유형이다. 우선 대한민국은 사측 입장에서 해고가 자유로운 노동환경도 아닐뿐더러, 반대로 직원들은 직업적 안정감을 원한다. 또한 이와 같은 문화가 다른 산업에 속한 기업(제조업 등)에서도 성공 요인으로 작용할지는 확실치 않다. 다만 역시나 교훈은 존재한다. 사실 가장 큰 교훈은 투명성이다.

Y는 앞으로 이 투명성 이슈가 국내 모든 기업, 공공기관, 정부 기관까지 확대될 것으로 확신한다. 앞으로의 메인 고객 그리고 조직 구성원인 MZ세대들은 투명성이 중요하다. 반대로 투명한 조직일수록 보다 공정하고, 신뢰할 수 있다고 판단한다. 의도적으로 차단된 정보, 특히 부정행위 Cheating 는 이들을 분노케 한다. 또 한 가지 우리가 생각해봐야 할 점은 개인의 성과 외에 조직에 선한 영향력을 미치는 존재들의 가치이다. 자칫 개인의 퍼포먼스만으로 평가하게 되면 개인의

성과만 챙기고, 타인들에게는 무감각한 이기주의자들만 조직에 존재하게 된다. 그런 환경에서는 협업도, 동료에 대한 신뢰도, 시너지도 존재하지 않는다. 완벽한 솔루션이라고 볼 수는 없겠지만, 키퍼 테스트가 리더로 하여금 구성원 개인의 성과뿐만 아니라 팀 그리고 동료들에게 제공하고 있는 영향력을 함께 생각해보는 계기를 제공해 줄 수 있을 것이다.

7 | 러쉬
행복한 사람이 행복한 제품을 만들 수 있다

소셜 임팩트란 기업 등 조직이 사회적 가치를 추구하는 활동을 통해 사회에 긍정적인 임팩트(영향력)를 끼치는 것을 말한다. 기업의 사회적 책임인 CSR은 대체로 금전적 지원에 초점을 두어 진행된다. 소셜 임팩트는 그러한 수준을 넘어 과정 및 성과 전반에 걸쳐 사회와 보다 직접적으로 연계된 활동이라는 점에서 차이가 있다. 최근 많은 소셜 벤처와 사회적 기업들이 등장하고 성과를 거두면서, 소셜 임팩트는 단순히 사회적 책임의 측면을 넘어 기업의 성장을 견인하는 지속가능성의 열쇠로 평가받고 있다.

MZ세대가 기업을 보는 관점도 바뀌었다. 기업이 사회를 위해 무엇을 하는지 유심히 보고 사회적으로 가치 있는 일을 만들어 내지 않거나 사회에 기여하지 않는 기업은 부정적으로 본다. 이들은 기업의 상품을 구매하는 수동적인 소비자가 아니라 시민으로서의 권리를 적극적으로 주장하고, 이들이 가진 신념에 맞는 브랜드를 찾는다. 갑질 기업의 제품은 불매 운동하고, 인종차별 기업에는 광고를 철회하도록 압박한다. 사회적으로 선한 영향을 끼치는 기업에 대해서는 값이 조금 더 비싸더라도 친환경적이고 윤리적인 상품을 선호한다. 이들의 기호를 맞춘 기업은 타 기업과 다른 면모를 보인다. 소셜 임팩트를 중시하는 윤리적 기업이 여기에 해당한다.[41] 직원은 기업 입장에서 소비자인 동시에 구성원이다. 소비의 구축이면서 사회의 주역으로 자리매김한 MZ를 사로잡기 위해서는 조직 문화에 소셜 임팩트가 반영되어야 한다. 소셜 임팩트를 창출해내고 있는 기업은 실제로 구성원도 만족하며 다니는 경우가 많기 때문이다. 착한 기업으로 사회적 역할을 다하는 기업에 긍정의 찬사를 보낼 준비가 되어있는 MZ가 열광하는 한 기업의 조직 문화를 소개하고자 한다.

학창 시절 아르바이트를 하며 여러 기업을 간접 경험했다. 외식, 뷰티 등 여러 분야에서 친구들이 일했기 때문에 간접적으로 다양한 기업의 분위기를 엿볼 수 있었다. 사실 아르바이트는 직업이 아니라고 생각하는 경우가 많아 특별한 직업의식을 엿보기 힘든 경우가 많다. 그러나 이 기업에서 일하는 친구들은 달랐다. SNS에 이곳에서 일하는 것을 자랑스럽게 올리고, 자발적으로 브랜드를 칭찬하며 제품을

---

41 최인석(2020), 『사회적 가치 비즈니스: 착한 기업이 세상을 바꾼다』, 웅진북스.

추천하는 열정을 보였다. 일하는 직원들이 좋아하는 기업인 러쉬를 보며 자연스럽게 관심을 가지게 되었고, 긍정적인 이미지를 갖게 됐다. 매력적인 러쉬의 일하는 방식, 문화는 다음과 같다.[42]

러쉬는 세 가지의 균형을 지키기 위해 고집스럽게 철학을 이어온 브랜드이다. 러쉬의 한결같은 신념은 'we believe'에서 확실하게 찾을 수 있다. 러쉬 매장에 가면 벽면에 다양한 아이콘이 붙어있는 것을 볼 수 있다. 러쉬의 핵심적인 신념들이다. 러쉬의 6가지 신념은 다음과 같다.

■ **러쉬의 신념서 'we believe'**

1. Fighting animal testing(동물 실험 거부): 러쉬는 제품 개발 과정에서 어떠한 종류의 동물 실험도 하지 않는다.

2. Freshest cosmetics online(신선 기간): 음식에 유통기한을 표기하듯이 러쉬는 제품을 가장 신선하게 사용할 수 있는 '신선 기간'을 표기한다.

3. Ethical buying(윤리적 구매): 원재료를 구매할 때는 재배 과정에서 자연에 해를 주지는 않는지, 아동 노동이나 노동 착취가 일어나지는 않는지, 지역사회의 자립을 돕는지 등을 까다롭게 체크한다.

4. 100% Vegetarian(100% 식물성): 2019년 4월, 러쉬는 에그 프리 egg-free 를 선언하고 달걀의 대체재를 사용하기 시작하면서 완전한 비건으로 나아가고 있다. 2019년 12

---

42 헤이그라운드(2019), [조직 문화 201] 러쉬 LUSH 가 일하는 방식. 브런치 칼럼.

월 기준 전 제품의 85%가 비건 제품으로 구성되었다.

5. Handmade(수작업): 러쉬는 모든 제품을 손으로 만든다. 핸드메이드가 주는 아날로 그 감성과 정성, 안전성까지 담는 러쉬만의 고집이다.

6. Naked Packaging(포장을 벗다): 러쉬는 불필요한 쓰레기를 줄이기 위해 제품 포장을 과감하게 벗긴다. 현재 제품의 52% 정도를 포장 없는 누드 라인 nude line 으로 판매하고 있으며, 포장이 불가피한 경우 환경에 피해가 적은 포장재를 사용한다.

러쉬에 가 보면 스태프들은 항상 활기찬 미소로 손님을 맞이한다. 정성을 다해 손님들의 손을 직접 닦아주고 제품을 체험할 수 있도록 돕는다. 러쉬의 직원들이 정말 행복하게 일하고 있다는 것은 가게에 들어가자마자 알 수 있다. 실제 러쉬는 "직원은 우리의 첫 번째 고객"이라고 믿을 정도인데 인재상을 살펴보면 알 수 있다.

1. Work hard: 러쉬는 열심히 일한다. 일 자체에 의미를 부여하고, 우리의 일이 무엇에 영향을 미치는지를 고민하며 일한다.

2. Play hard: 러쉬는 열심히 논다. 잘 놀면서 영감과 에너지를 충전해야 이를 고객들에게 전달할 수 있다.

3. Be kind: 러쉬는 친절하다. 동물, 자연, 사람이 조화로운 세상을 위해서는 나와 다른 존재를 존중하고 인정할 줄 알아야 한다.

러쉬가 이러한 조직 문화를 잘 유지하는 비결은 잘 맞는 사람을 채용하는 것이다. "사람 한 명을 뽑는다는 건 그 사람의 인생을 들이는 것이다." 러쉬 코리아 대표의 말이다. 흔한 이력서와 자기소개서 대신 '내가 러쉬에 필요한 이유'를 담은 셀프 홍보 영상으로 서류전형을 대신한다. '리크루팅 파티'는 캐주얼한 분위기로 진행하는 면접으로 실제 러쉬 매장에서 지원자가 고객을 어떻게 응대하는지를 살펴본다. 러쉬의 채용방식에서 알 수 있듯이 러쉬는 사람을 존중하기 위해 노력한다. 다양성에 대한 공감대 형성에 큰 힘을 쓰고 있는 것도 이와 같은 이유이다. 조직 내 다양한 소수자들에게 지속적인 응원과 지지를 보내며 한국 사회에서 서로의 '다름'을 인정하고 존중하는 문화의 모습을 보여주었다.

러쉬의 직원은 이러한 조직 문화 안에서 본인들이 무엇을 할 수 있을까 고민한다. 실제로 2017년 수능을 앞두고 포항 대규모 지진이 났을 때 직원들은 자발적으로 포항으로 향하여 학생들에게 비누와 함께 응원을 전했다. 러쉬는 러쉬만의 방식으로 세상을 점차 바꾸고 있다. 그리고 이러한 조직 문화가 개개인에게 공감을 불러일으켰기에 러쉬 바이브가 한마음이 되어 긍정적인 결과가 점차 커지고 있다.

8 │ 우아한형제들
엄격한 규율 위에서 자율이 보장되는 문화

배달의 민족이 우리나라에서 새로 쓰는 기업 역사는 여러 가지가 있을 것이다. 그중 '배민다움'은 국내 스타트업계의 조직 문화 모범 사례로 불리고 있다. '배달의 민족' 서비스로 유명한 우아한형제들은 지금은 수평 문화가 보편적으로 자리를 잡았지만, 그 이전부터 이를 실제로 행하고 열린 문화를 만들기 위해 노력해왔다. 얼마 전 재산 절반 이상을 사회에 환원하여 세계 최고 부자 기부 클럽에 가입한 김봉진 창업자는 배민다움을 창업 초반부터 회사가 성장한 지금까지 꾸준히 지켜오고 있다.

배민다움의 본질은 '업무는 수직적이되 인간관계는 수평적'인 조직 문화다. 얼핏 보면 서로가 양립하기 어려워 보이는 규율과 자유로움이 공존하는 조직 문화이다. 규율과 자유로움은 '자율과 자치'에서 나온다. 중요한 결정은 직원들이 함께 결정한다. 회사의 비전도 대표가 만들어 탑다운 하는 것이 아니라 전 직원이 함께 만들어 액자에 낀다. 구성원이 갖는 생각을 함께 이루고자 하는 의지를 가장 잘 보여주는 것이 유명한 '송파구에서 일 잘하는 방법 11가지'와 '우아한 버킷리스트'다.

송파구에서 일을 더 잘하는 11가지 방법은 구성원들끼리 지키고자 한 행동 약속이다. 추상적인 것이 아니라 구체적으로 내용을 정해 우아한형제들의 일하는 방식인 '규율 위의 자율, 스타보다 팀워크'가 잘 녹아내려 있다.

우아한 버킷리스트에 있는 주 35시간 근무, 주 4.5일제, 마음껏 읽

우아한형제들

송파구에서
일을 더 잘하는
11가지 방법 물흔로성역편

1 ~~9시 1분은 9시가 아니다.~~ 12시 1분은 12시가 아니다.
2 실행은 수직적! 문화는 수평적~
3 잡담을 많이 나누는 것이 경쟁력이다.
4 쓰레기는 먼저 본 사람이 줍는다.
5 휴가나 퇴근시 눈치 주는 농담을 하지 않는다.
6 보고는 팩트에 기반한다.
7 일의 목적, 기간, 결과, 공유자를 고민하며 일한다.
8 책임은 실행한 사람이 아닌 결정한 사람이 진다.
9 가족에게 부끄러운 일은 하지 않는다.
10 모든 일의 궁극적인 목적은 '고객창출'과 '고객만족'이다.
11 이끌거나, 따르거나, 떠나거나!

을 수 있는 책, 월요일 늦은 출근과 같은 내용은 실제로 이뤄졌다. 우아한형제들에서는 구성원이 원하는 대로 회사가 바뀐다. 대표님과 이야기하고 싶다는 의견이 받아들여져 '우수타(우아한 수다 타임)'가 만들어졌다. 도서비는 무제한 제공되어 오피스에는 책이 널브러져 있다. 이 외에도 우아한 런치, 학부모 특별 휴가 등 일과 삶이 양립할 수 있도록 구성원 중심으로 계속 바뀌고 있다.

우아한형제들에서는 다른 기업들과 달리 인사 팀보다 피플 팀이 먼저 생겼다. 피플 팀은 오직 조직 문화를 잘 가꾸기 위해 생긴 조직이다. 우아한형제들에서 '엄마'의 역할을 하며 직원을 단순한 관리의 대상이 아닌 보살핌의 대상으로 본다. 단 한 명의 구성원도 소외되지 않도록 모두에게 관심을 기울이는 것이 이들의 역할이다. 직원들의 식사와 간식을 챙기고, 기념일을 잊지 않도록 팀원들에게 알리는 등 직원들이 우아한형제들에서 행복하게 일과 삶을 균형 있게 가져가기 위해 돕는다.

많은 기업이 조직의 복지를 위해 다양한 제도와 조직을 두고 있다. 하지만 제대로 운영되지 않는 경우가 허다하다. 피플 팀은 허상으로 존재할 수 있는 제도를 바깥으로 꺼내고 촉진하는 역할을 하고 있다. 실제로 이들의 고민은 "사람이 어떤 때에 가장 행복함을 느끼는지 고민했는데, 결론은 구성원들이 내외부적으로 좋은 사람들과 좋은 관계를 맺는 것이었다. 그렇다 보니, 좋은 사람들과 보낼 수 있는 시간을 선물하자는 게 근로시간 단축의 계기가 됐다."라고 한겨레와의 인터뷰에서 박세헌 경영지원실장이 밝혔다.

이 외에도 피플 팀은 직원이 아프면 함께 병원에 데려가고, 회사 기념일을 함께 축하하기 위해 사내 행사를 기획하기도 한다. 우아한형제의 대소사를 피플 팀이 함께하기 위해 열심히 뛰어다닌다. 다양한 활동을 통해 구성원 간의 소통을 늘리고 관계를 촉진하며 행복하게 일하기 위해 이들은 끊임없이 고민한다. 배민다움도 '피플'의 노력과 지속적인 혁신이 만들어낸 긍정적인 결과라고 생각한다.

03

XYZ가 함께 행복하게 일하는 방법

XYZ는 서로 다른 시대를 살아왔지만, 어찌 되었든 동시대에 함께 살아가고 있다. 그동안 XYZ는 서로의 생각이 다름을 확인했고, 이를 통해 서로를 더욱 이해할 수 있었다. 일상 중 가장 많은 시간을 함께 하는 우리이지만 불필요한 오해와 갈등으로 인해 누군가는 상처를 받고, 신뢰는 감소하게 된다. 소속된 조직의 내외부 환경에 따라 다소 상이할 수는 있지만, 다행(?)히 우리는 서로 비슷한 오해와 갈등이 있었다. 이번 파트에서는 조직 문화에서 자주 이슈가 되는 부분들(회의, 회식 등)에 대한 XYZ의 생각, 함께 만든 Work Rule을 제시하며 5장을 마무리하고자 한다.

1 | 회의/미팅

기업 그리고 사람마다 다르지만, 내부 이해관계자와의 의견 교류의 장을 '회의', 외부 관계자 혹은 가벼운 주제로 만날 때는 '미팅'이라고 구분하거나, 보통은 혼용하여 사용하는 경우도 많다. XYZ가 함께 회의 혹은 미팅을 진행하게 되는 경우 발생하는 문제점에 대한 각각의 생각은 다음과 같다.

각자의 입장

X 특별히 불편한 점은 없다, 어차피 내 뜻대로 진행을 하니….

Y 너무 X 위주로 진행되는 면이 많다, 그리고 너무 쓸데없는 이야기가 많다(회의가 길다).

Z X와 Y의 눈치만 보다가 끝나는 회의와 미팅.

이 밖에도 꼭 회의 형태가 아니어도 되는 주제로 진행되거나 혹은 주제와 관련 없는 불필요한 이야기로 회의 시간이 길어진다는 점. 또한 너무 소수의 발언자에 의해 진행되고 결론이 정해지는 회의(이럴 거면 내가 여기 왜 있나 하는 생각이 드는). 특히 특별한 목적성이 없는 혹은 단순 정보 공유를 위한 회의에 대한 불필요함을 공감했다(하지만 끝까지 X는 정기회의를 고집했는데, 편하고 매번 별도로 스케줄 잡기가 힘들며 업무 관리에 용이하다는 이유에서). 정말 오랜 합의 끝에 XYZ가 모두 만족하는 회의/미팅의 형태는 다음과 같았다.

합의점

① 정기 회의는 불필요하다(YZ가 원한다면야⋯ 하지만 불편하다 by X).

    → 정기적으로 보고해야 할 경영성과 공유는 시스템으로 충분히 가능하다.

    → 중요한 피드백은 만나서 해라.

② 꼭 회의가 필요한 주제에 대해서만 논의한다.

    → 리더가 본인의 생각에 대한 확신을 얻고 싶어 한다거나, 과도한 아이데이션, 단순 정보 공유, 특히 보고를 위한 회의는 진행돼서는 안 된다.

    → 기존 회의들이 시간에 Focus 되어 있는데, 이는 중요하지 않다. 안건이 해결되면 자연히 회의가 종료되는 것이다. 그것이 1분이든 1시간이든.

③ 회의 주제, 일정은 모두에게 공개되고, 참여자는 자율적으로 참석한다(또 불편한 by X).

    → 단 필수 참여 필요 인력들은 개별적으로 안내한다.

④ 상대가 무슨 말을 하든 일단은 듣는다(얼굴 찡그리지 말아요 by Z).

    → 회의 참석자가 발언을 못 하는 여러 가지 이유 중 가장 큰 원인은 즉각적이고, 부정적인 피드백 때문이다. 어떤 의견/이야기이든 우선은 경청할 수 있는 회의 분위기를 조성하거나, 프로세스적으로 회의 사전에 의견을 익명으로 제시하는 것도 좋은 방법이다.

2 | 업무 지시와 보고

사실 해당 문제는 각각의 역할에 따라 서로 다른 문제가 발생한다. X의 애로 사항은 중간에 보고하지 않고 상황이 다 끝나고 X가 개입할 수 없는 상황에서 보고하는 점이다. 반면 Y의 입장에서는 사전 업무 계획 외에 갑작스럽게 치고 들어오는(지시받는) 업무 지시가 많고, 납기 역시 짧다. 그러다 보니 효율적인 업무 수행이 어려울 때가 많다. Z의 경우에는 조금 더 완성도 높게 보고하고 싶은데(잘해서 인정받고 싶은데), 너무 급하게 결과물을 요구하고 미완성 본을 가지고 너무 신랄한 부정적인 피드백을 받게 되어 자존감이 하락하는 경우가 많다. XYZ, 과연 어떻게 해야 할까?

각자의 입장

- **X** 꼭 결과가 아니더라도 업무 중간에 의사결정이 필요하거나, 주요 진행 상황에 대해서 수시 보고를 해주었으면 좋겠다.

- **Y** 업무를 조금 계획성 있게 진행하면 좋을 텐데, 전략적으로 접근하지 못하고 너무 근시안적인 업무에 과도하게 많은 노력을 투입하는 것은 비효율적이라고 생각한다.

- **Z** 리더가 분명한 가이드라인을 주지 않아 스스로 답을 찾아 업무를 수행해서 최종 보고를 했는데 결국은 이게 아니라고 비판하고, 결국 본인(리더) 입맛대로 결론이 나온다(시간 낭비).

합의점

① 업무 지시는 분명하게, Out-put 이미지를 미리 제시하라.

→ 답(결론)을 100% 정해준다는 의미보다는, 구체적인 방향, 방법에 대한 제시.

→ 이제 리더의 직무 전문성은 필수다. 과거에는 리더가 조직 관리만 잘하면 됐지만, 이제는 리더 스스로가 직무의 전문성을 갖추어야 한다.

② 업무 지시의 일관성을 유지해라.

→ 최초 업무 지시 방향에 따라 진행했지만, 이후 리더의 방향성이 바뀌는 것은 지양.

→ 가급적 주어진 일정은 지켜주었으면 한다(리더, 팔로워 모두). 정해진 일정보다 더 빨리 결과물을 요구하거나, 반대로 데드라인을 오버하는 경우에는 서로 충분한 양해를 구한다.

→ 물론 진행 과정에서 예상하지 못한 리스크가 발생한 경우, 업무의 변경이 필요한 경우에는 그 과정에서 충분한 공유 및 구성원(업무 수행자)의 양해를 구하는 절차가 필요하다.

③ 보고/납기 일정에 대한 부분을 상호 명확하게 한다.

→ 중간보고가 필요한 사항인 경우 리더가 사전에 명확하게 지시를 해주되, 완성된 버전이라는 이유로 부정적 피드백은 지양한다(발전적 피드백은 OK).

→ 상호 약속된 납기 일정은 반드시 준수하되, 추가적인 디벨롭이 필요한 경우 리더가 중심이 되어 보다 발전적인 방향에

대한 방향과 솔루션을 제시한다(제발 화내지 말고… by Y).

3 | 근태/휴가(워라벨)

가장 뜨거운 주제이다. 아무리 근태/휴가가 개인의 권리라고 하지만, 모두가 함께 일하는 체계에서 갑작스러운 인력 공백은 주변 동료들을 힘들게 할 수도 있다(X). 반면 나의 업무 일정을 충분히 고려한다면 개인이 언제든 휴가를 사용할 수도 있다고 생각한다(Y). 정말 위급한 상황이 아니라면 일주일 정도 전에만 공유하면 충분하지 않나? (Z) 솔직히 특별히 별일이 없으면 당일, 전일에 사용해도 무엇이 문제인가? (Y) 그게 아니라 장기로 사용하는 경우가 문제다, 단기는 업무 공백이 심하지 않다 (X). 그러면 X는 휴가를 갈 때 구성원들에게 양해를 구하는가? (Z)

각자의 입장

X 장기(3일 이상) 휴가는 최소 한 달 전, 단기(2일 이하)는 1주일 전에 알려줬으면 함.

Y 개인 업무에 지장이 없다면 언제든 사용할 수 있다고 봄. 특히 법적 기본 연차의 경우 엄연히 근로기준법에 따라 부여된 개인의 권리인데 리더가 간섭하는 것은 아니라고 봄. 단 휴가 신청자의 공백이 팀 업무에 지장을 주는 경우 반대로 리더가 양해를

구해야 함.

Z 팀 업무 일정을 알아서 고려하여 휴가를 사용한다면, 전날도 요청 가능. 특히 휴가 기간 연락은 절대 금지(X: 정말 긴급하고 대체 불가능한 업무가 아니라면…).

합의점

① 업무에 지장이 없는 경우에 한하여 휴가는 자유롭게 사용한다.

→ 단 현재 진행 중이고, 주요한 업무 상황에 대해서는 사전에 리더에게 설명해주고 간다.

② 휴가 사유에 관해 묻지도 따지지도 않는다. 휴가 복귀 후 선물 사 오는 문화도 없애야 함.

③ 휴가 기간에는 절대로 어떤 형태든지 연락하지 않는다.

→ 공백에 따른 업무 차질이 예상되는 경우 사전에 충분한 협의를 거친다(대체자 지정 등).

→ 단 부재중이라는 사실을 알 수 있도록 해야 한다(ex 휴가 사항 표기, 자동응답 메일 등).

→ X도 휴가 기간에 구성원 연락받으면 진심 짜증 남(꼭 내가 없을 때 결제 올리더라…).

※ 자율 출퇴근제 등 직종/업무 형태에 따라 적용이 어려운 부분에 대해서는 공통적인 합의점 도출이 어렵다는 결론이다(제조업 현장 근로자, 매장 영업직 등).

4 | 프라이버시 (TMI)

X에게는 프라이버시 관련 조직 문화 이슈가 나오지 않거나 생소하다. 하지만 어린 MZ세대의 경우 제법 민감한 주제이다. 중간에 있는 Y만 하더라도 가족, 민감한 개인사에 대해 과도한 관심과 질문은 부담스럽다(물론 충분한 신뢰와 친분이 있다면 모를까…). Z의 경우 나이를 굳이 물어보지 않았으면 한다(업무와 상관없고, 어차피 직급이 존재). 또한 유추 가능한 간접 질문(학번, 군번)도 부담스럽게 생각한다. 기존의 X 그리고 Y(일부)의 경우 개인적인 친분과 관심의 표현일 수도 있고… 과연 어떻게 해야 할까?

각자의 입장

X 상호 친밀감을 위해서, 또한 내가 신경 써야 하거나 도움을 줄 수 있는 부분은 없는지 알기 위해 물어본다(배우자 직업, 집 위치, 자녀 나이/유무).

Y X의 생각을 존중하고 감사하나, 먼저 이야기하기 전에 너무 디테일한 질문은 삼갔으면 좋겠음. 다만 충분한 신뢰가 전제된다면 얼마든지 가능함.

Z 업무와 관련 없는 질문은 실례. 묻지도 않았는데 내가 먼저 말하면 부담스럽게 느끼지 않나? 오죽하면 카카오톡에서 업무용 프로필을 만드는 기능이 생기지 않았나.

※ 종합: 프라이버시 공유는 X는 친해지기 위해, Y는 일단 친해지

면, Z는 대부분 불쾌하다.

합의점

① 업무와 관계없는 사생활은 가급적 물어보지 않는다(아랫사람이 먼저 말하거나, 물어보지 않는 한).

② 다만 업무에 영향을 줄 수 있는 개인 프라이버시는 구성원이 먼저 이야기한다.

③ SNS 친구 맺기는 링크드인까지만(상대방을 배려하는 차원. 개인 사생활 영역의 카카오, 인스타, 페북은 건들지 마라).

5 | 평가/보상

많은 리더, 인사전문가뿐만 아니라 해당 당사자들도 많은 어려움을 겪고 있는 주제이다. 가장 큰 문제는 "과연 평가가 투명하고 공정하게 이루어지고 있는가?"와 "정당한 보상을 해주고 있는가?"의 두 가지 측면이다. 매해 고과/승진 철이 되면 끊임없이 나오는 단골 문제. 이에 대해 과연 XYZ는 각각 어떤 생각을 가지고 있을까?

각자의 입장

X 연공서열에 대한 배려 혹은 실제 실력과는 상관없이 더 고생한 사람도 사실 챙겨주고 싶다. 더 솔직히 나한테 더 잘하는 구성

3
2
6

원에게 마음이 간다. 내 편을 드는 사람, 나에게 로열티가 있는 사람, 나를 믿고 따르는 사람 등을 더 챙겨주고 싶다. 팔은 안으로 굽는 법이니까.

Y 평가 시스템과 프로세스가 정교해도, 결국 평가자의 견해가 100% 반영되게 되어 있다. 최근 국내 기업에 도입된 여러 평가 제도(e.g. peer 평가)도 사실 완벽하지 않다. 의도적으로 특정 한 명을 미워하고, 희생시켜 상대적으로 자신의 평가를 높이려는 행위를 근본적으로 차단할 수는 없다.

Z 인륜에 어긋나지 않는 선에서, 공평한 평가와 보상이 이루어져야 한다.

합의점

① 성과 평가는 철저하게 Data 중심의 '성과'로만 평가한다. (평가자의 주관이 개입되는 '태도' 등은 철저하게 제외. 단 역량 평가에 일부 반영은 가능.)
→ 자유롭게 일하고, 결과로 평가받자!

② 이상적인 조직은 팀장이 성과/보상에 대한 높은 권한을 가지되, 구성원 역시 잡 크래프팅, 로테이션을 원활하게 할 수 있는 인사 시스템을 구축해야 한다.

③ 직원 경험 EX, 인본주의 관점에서의 접근도 필요하다. 팀장에게 모든 평가 권한을 주는 것보다, HR에서 명확한 가이드라인을 제공하고 모니터링할 수 있는 시스템이 필요하다. 평가자 교육

이 가장 중요하다. 결국 최종 평가자는 사람이기 때문이다.

(TMI: 텍스트마이닝 등 AI 기술을 활용하여 비인격적, 감정적 피드백을 원천 차단하는 예방책도 검토해볼 만하다–IBM의 메일 스크리닝 사례 등)

④ 최고의 비금전적 보상은 '칭찬'과 '인정'이다.

※ 조직, 구축된 평가 프로세스마다 상이한 환경을 가지고 있어, 가장 바람직하다고 생각되는 원론적인 해결책을 제시하였다. 결국 해당 조직의 문화와 시스템, 리더가 얼마만큼 성숙했는지가 보다 더 중요하다고 본다.

6 | 회식/단합

코로나 이슈 장기화로 기존의 회식이 없어지거나, 사회적 거리 두기를 준수하며 5인 미만의 소수 인원과 9~10시 종료 시간이 일상화되었다. 생각보다 많은 사람이 회식을 안 하니 개인 시간이 늘어났다, 더 건강해졌다, 심지어 업무 효율도 늘었다는 평가가 지배적이다. 우리가 꿈꾸는 코로나 종료 이후의 변화된 직장 회식/단합 문화에 대해 XYZ는 어떤 생각을 가지고 있을까?

각자의 입장

X 문화 회식은 참 재미없더라. 단합도 안 되는 것 같다. 역시 친해지기 위해서는 저녁 늦게까지 먹는 술만 한 게 없다.

Y 솔직히 술을 먹든, 영화를 보든, 스포츠를 하든 싫어하는 사람들과는 무엇이든 함께하기가 싫다. 회식을 꼭 전체가 같이할 필요 없이, 자발적으로 네트워킹 할 수 있도록 지원만 해주었으면 한다(필요하면 알아서 끼리끼리 할 것이다).

Z 다 같이 밥을 먹어야만 단합이 이루어지는 것이라고 보지 않는다. 술도 편한 사람과 먹어야 제맛이다. 과음은 당연한 것이 아니다. 회식에도 다양성을 존중한 각자도생, 취향 존중 회식이 필요하다. 단 비용은 회사에서 지원. (같이 먹는데 왜 X는 다음 날 멀쩡하죠? 회식한다면, 점심시간에 해장 보장 필요)

합의점

① 회식/단합은 자율적으로 한다.
  → 참가하는 대상, 인원 등 자유롭게, 또한 자발적으로(승진 턱, 결혼 답례 등 금지) 한다.
  → 단 회식/단합을 통한 팀 빌딩이 필요한 경우 조직에서 비용을 지원해 준다.
  → 단체 회식은 환영회, 송별회 등 꼭 필요한 경우에 한해서만 최소화하여 진행한다(이 역시도 참석 안 해도 무방, 자발적 참석, 불참자 보복 금지).
② 회식을 하더라도 2차는 절대 금지(정 하고 싶다면 혼술하세요).
  → 구성원이 가자고 해도 가지 말도록 하자, 그 구성원은 취했다, 본심이 아니다.

→ 커피도 안 됨. 왜 쓸데없이 커피숍에서 한 시간 넘게 있는지 (보기 안 좋음, 더 힘듦).

③ 친해지고 싶으면 1:1로 접근해라(최대 5인 미만, 코로나 끝나도 준수하자).

7 | 복리후생

회사의 복리후생은 정말 정답이 없다. 각양각색이다. 회사의 문화나 재원(지원할 수 있는 예산)은 당연히 상이할 수밖에 없다. 상대적으로 최근 인재 확보에 열을 올리고 있는 IT 기업처럼 빵빵한 보상과 입이 떡 벌어지는 복리후생을 과연 일반 기업에서도 지원해야 할 것인가? 과연 높은 복리후생 수준이 높은 업무 성과로 이어질까? XYZ의 생각을 나누어 보았다.

각자의 입장

X 폼 나는 게 좋다. 남들한테 자랑할 만한 복리후생을 선호한다. 당연히 있어야 할 것(콘도, 자녀 대학 학자금 지원, 의료비 지원)은 있어야 한다.

Y 진정성이 중요하다고 본다. 얼마만큼 직원 경험EX 측면에서 접근했는지가 더 크게 와닿는 부분인 것 같다. 예를 들어 당연히 받아야 하는 연봉 급여를 상여로 지출한다던가, 10~20년 넘게

변경 없이 기존 제도를 유지하는 것은 바꾸어야 한다(ex 장기근속 시상).

Z 허상으로 존재하는 복리후생은 그만. 복리후생은 회사에서 정해 내려오는 것이 아니라 직원과 함께 합의하여 만들어야 한다. 필요할 때 즉시 쓸 수 있는 실용성과 다양성이 반영되어야 한다.

합의점

① 다양한 리스트를 준비하되, 개인이 원하는 제도를 자유롭게 사용할 수 있도록(카페테리아) 해야 한다.

→ 특히 재원이 한정적인 조직일수록 해당 방법은 적은 비용으로 높은 만족도를 누릴 수 있다.

② 회사의 장점을 이용한 복리후생 제도를 적극 설계/활용한다(애사심, 자부심 향상은 덤).

→ 자사 제품 할인, 자사 서비스 무료 이용권, 출시 전 자사 제품 테스트/사용 권한

③ 기존부터 지속해서 운영하는 제도의 경우 시대의 흐름에 따라 변경한다.

→ 장기근속의 개념이 변화하고 있는 만큼 기존 10년에서 7년 이상으로 기준을 변경하는 등

※ 산업, 회사별 상이한 수익률, 사업구조 및 재원 차이 등을 반영하여 가장 기본/공통적 부분에 한하여 합의점을 도출함

XYZ가 함께 행복하게 일하는 **7** 가지 방법

회의는 적재적시(適材適時) 1

회의는 필요한 사람만, 필요할 때만, 투명하게!

?보다는 !로 2
그래서 어쩌라고?
→아하!

업무 지시와 보고는 상호 간 명확하게!

일해라 절해라 하지 마세요 3

휴가는 개인의 자유와 책임!

접근금지 4
#사생활

SNS 친구 신청은 링크드인까지!

성과는 결과로(Data) 5

연공서열/개인관계/인맥/ 주관적 평가는 절대금지!

친목은 각자도생(各自圖生) 6

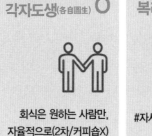

회식은 원하는 사람만, 자율적으로(2차/커피숍X)

취존(취향 존중) 복리후생 7

#카페테리아
#자사제품할인은화끈하게
#장기근속은5년부터

참고 문헌

Barna Group(2018), Gen Z : the culture, beliefs and motivations shaping the next generation, Barna Group.

Bass(1985), Leadership and Performance Beyond Expectations, Free Press.

Briscoe, J. P., Hall, D. T., & DeMuth, R. L. F. (2006). Protean and boundaryless careers: An empirical exploration. Journal of vocational behavior, 69(1).

Colquitt, J. A. (2001). On the dimensionality of organizational justice: a construct validation of a measure. Journal of applied psychology, 86(3).

Douglas Coupland(1991), Generation X: Tales for an Accelerated Culture, St. Martin's Griffin.

Fromm, Jeff(2018), 최강소비권력 : Z세대가 온다, 홍익출판사.

Gentina, Elodie(2020), The new Generation Z in Asia : dynamics, differences, digitalization, Emerald Publishing.

Homans(1961), Social Behavior, Harcourt, Brace & World.

HR Insight(2020년 9월호), 구성원들의 소통을 돕는 오피스_직방.

HR Insight(2020년 9월호), 구성원들의 소통을 돕는 오피스_토스.

Jenkins, Ryan(2109), The generation Z guide : the complete manual to understand, recruit, and lead the next generation, Ryan Jenkins, LLC.

Kelley(1992), The Power of Followership, Doubleday Dell.

Koulopoulos, Thomas M(2014), The Gen Z effect : the six forces shaping the future of business, Bibliomotion, books + media.

Kurt Dirks, Donald L. Ferrin(2001), The role of trust in organizational settings.

MBC 뉴스데스크(2019.10.13), 사장에게 "괜찮겠어?" '반말 소통' 파격.

Miler, V. D., & Jablin, F. M. (1991), Information seeking during organizational entry: Influences, tactics, and a model of the process. Academy of Management Review, 16. Olweus, D(1994), Bullying at school.

Roberts, B. W, Mroczek, D(2008), Personality trait change in adulthood.

Seemiller, Corey(2019), Generation Z : a century in the making /, Routledge, Taylor & Francis Group.

Stillman, David(2017), Gen Z @ work : how the next generation is transforming the workplace, Harper Business, an imprint of HarperCollinsPublishers.

Warren G. Bennis(2009), On Becoming Leader, Basic Books.

WP Barnett, MT Hansen(1996), The red queen in organizational evolution, Strategic management journal.

게르트 기거렌처, 발터 크래머, 토마스 바우어(2017), 통계의 함정, 율리시즈

고광열(2021), MZ세대크렌드 코드, 밀리언서재

고승연(2020), Z세대는 그런 게 아니고, 스리체어스.

교육부(2020), 학교폭력 실태조사.

김난도(2020), 마켓컬리 인사이트, 다산북스.

김난도, 전미영, 최지혜, 이향은, 이준영(2020), 트렌드 코리아 2021, 미래의창

김성희(2020), 센 세대, 긴 세대, 신세대 3세대 전쟁과 평화, 쌤앤파커스

김철수, 허일무(2020), 온택트 리더십, 플랜비디자인

김택환(2014),넥스트 리더십, 메디치미디어

대학내일20대연구소(2019), (밀레니얼-Z세대) 트렌드 2020 : 국내 유일의 20대 전문 연구소의 요즘 세대 본격 관찰기, 위즈덤하우스.

대학내일20대연구소(2020), 밀레니얼-Z세대 트렌드(2021), 위즈덤하우스

데이비드 로버트슨(2019), 사소한 아이디어의 힘, 세종연구원

데이비드 이글먼, 앤서니 브란트(2019), 창조하는 뇌, 쌤앤파커스

데일 카네기(2019), 인간관계론, 현대지성

로버트 아이거(2020), 디즈니만이 하는 것, 쌤앤파커스

론 개로우(2014.5.28), 월스트리트 저널 기사.

리드 헤이스팅스, 예린 마이어(2020), 규칙 없음, 알에이치코리아

리카이푸(2019), AI 슈퍼파워, 이콘

명성훈(2007), 사람을 즐기는 자가 행복하다, 크레도.

문화체육관광부(2019), 한국인의 의식 가치관 조사.

박진환 등(2020), 나는 (***) 팀장이다, 플랜비디자인.

브래드 카쉬, 커트니 템플린(2016), 넥스트 리더십 3.0, 글로세움.

사피 바칼(2020), 룬샷 : 전쟁, 질병, 불황의 위기를 승리로 이끄는 설계의 힘, 흐름출판.

서수한(2021), 퀘스천(Question), 플랜비디자인

실비아 앤 휴렛(2020), 후배 하나 잘 키웠을 뿐인데, 부키.

아사노 스스무(2020), 일을 잘 맡긴다는 것, 센시오.

알렉스 칸트로위츠(2021), 올웨이즈 데이 원, 한국경제신문

오두환(2020), 광고의 8원칙, 대한출판사.

유발 하라리(2020), 21세기를 위한 21가지 제언, 김영사.

유발 하라리, 제레드 다이아몬드, 닉 보스트롬, 린다 그래튼, 다니엘 코튼, 조앤 윌리엄스, 넬 페인터, 윌리엄 페리(2019), 초예측, 웅진지식하우스

이상준(2020), 밀레니얼은 어떻게 배우고 일하며 성장하는가, 다른상상.

이용준(2020), 삼성은 왜 CIA 극비문서를 검토했는가. 더봄

이재형(2020). 더골 성과관리리더십, 플랜비디자인.

이철승(2019), 불평등의 세대, 문학과지성사

인문정보학 Wiki, http://dh.aks.ac.kr/Edu/wiki/index.php

인발 아리엘리(2020), 후츠파 : 창조와 혁신은 어디서 만들어지는가, 안드로메디안.

인터비즈(2019.11.21), 기업 소통 전략 - '오피스 카페'가 주목받는 이유, 블로그 기사.

임홍택(2018), 90년생이 온다, 웨일북.

정권택(2017), 실리콘밸리 사람들은 어떻게 일할까?, 삼성경제연구소

정성호(2006), 20대의 정체성, 살림.

제이슨 솅커(2020), 코로나 이후 세계, 미디어숲

제임스 클리어(2019), 아주 작은 습관의 힘, 비즈니스북스.

조슈아 프리드먼(2019), 리더의 심장, 쌤앤파커스

조윤제(2019), 우아한 승부사, 21세기북스

존 G. 밀러 저, 송경근 역(2017), 바보들은 항상 남의 탓만 한다, 한언.

최인석(2020), 사회적 가치 비즈니스: 착한 기업이 세상을 바꾼다, 웅진북스.

크레이그 킬버거(2020), 위코노미, 한빛비즈

킴 스콧(2019), 실리콘밸리의 팀장들, 청림출판사

탈레스 S. 테이셰이라(2019), 디커플링, 인플루엔셜

통계청(2016), 국내의 경우 전체 인구의 43.9% 수준, 1980~2010년 출생인구.

통계청(2019), 경제활동 인구조사.

통계청(2019), 장래인구추계.

파타고니아, http://www.patagonia.co.kr/shop/main/index.php.

피터 G. 한슨(1995), 스트레스를 즐기는 사람이 성공한다, 한국산업훈련연구소.

하버드 비즈니스 리뷰 경영 인사이트 BEST 11(2019), 마이클 E. 포터 외, 매일경제신문사.

헤이그라운드(2019), [조직 문화 201] 러쉬(LUSH) 가 일하는 방식. 브런치 칼럼.

홍상수(2019), 식을 줄 모르는 '마라'의 인기(2019), 웰스데일리.